"上海市属高校应用型本科试点专业建设"项目

税收学应用型本科专业建设的理论与实践探索

杨光焰　赵迎春　主编

立信会计出版社
LIXIN ACCOUNTING PUBLISHING HOUSE

图书在版编目(CIP)数据

税收学应用型本科专业建设的理论与实践探索/杨
光焰,赵迎春主编. —上海:立信会计出版社,2018.9
ISBN 978 - 7 - 5429 - 5237 - 0

Ⅰ.①税… Ⅱ.①杨… ②赵… Ⅲ.①本科—税收
理论—专业设置—研究 Ⅳ.①F810.42

中国版本图书馆 CIP 数据核字(2018)第 221997 号

策划编辑	方士华	
责任编辑	方士华	秦思慧
封面设计	南房间	

税收学应用型本科专业建设的理论与实践探索

出版发行	立信会计出版社		
地　　址	上海市中山西路 2230 号	邮政编码	200235
电　　话	(021)64411389	传　　真	(021)64411325
网　　址	www.lixinaph.com	电子邮箱	lxaph@sh163.net
网上书店	www.shlx.net	电　　话	(021)64411071
经　　销	各地新华书店		
印　　刷	江苏凤凰数码印务有限公司		
开　　本	787 毫米×1092 毫米	1/16	
印　　张	15	插　　页	1
字　　数	278 千字		
版　　次	2018 年 9 月第 1 版		
印　　次	2018 年 9 月第 1 次		
书　　号	ISBN 978 - 7 - 5429 - 5237 - 0/F		
定　　价	45.00 元		

前　言

党的十九大报告明确提出,建设教育强国是中华民族伟大复兴的基础工程,必须把教育事业放在优先位置,加快教育现代化建设,办好人民满意的教育。在新时代如何办好人民满意的本科教育是教育界的重大课题。

2018年6月,新时代全国高等学校本科教育工作会议召开,会议提出了高等教育要坚持"以本为本",把本科教育放在人才培养的核心地位、教育教学的基础地位、新时代教育发展的前沿地位。近年来,面对创新驱动发展战略的实施、创新型国家建设,我国经济已由高速增长阶段转向高质量发展阶段,正处在转变发展方式、优化经济结构、转换增长动力的攻关期,高等教育结构性矛盾更加突出,高等教育改革进入深水区。高等教育的转型是经济发展方式转变的必然要求。教育部、国家发展和改革委员会、财政部也发布了关于引导部分地方普通本科高校向应用型转变的指导意见,为建设现代职业教育体系,引导本科高校主动适应国家和地方经济社会发展需求,各省、自治区、直辖市也积极开展应用型本科试点专业建设。上海立信会计金融学院税收学专业在获得"上海市属高校应用型本科试点专业建设"项目后,学院围绕建设目标,按照"专业设置与产业需求相对接、课程内容与职业标准相对接、教学过程与生产过程相对接"的基本原则要求,围绕特色鲜明的人才培养方案研制、能力为本的课程体系建设、教学方法改革、校企联合运行机制构建、实践教学条件完善、特色教学团队打造、国际交流与合作深化及加强专业教学管理等专业发展的重要环节进行改革,有效推进了税收学应用型本科试点专业的建设,提高了应用型人才培养质量,增强了服务区域经济社会发展能力。

在项目建设过程中,财税与公共管理学院老师围绕税收学应用型本科试点专业建设中的突出问题与矛盾,积极开展教育教学改革,取得了较为丰硕的成果,现将老师们的研究成果汇编成集。本论文集共包括四个部分:人才培养篇、教学改革篇、教学管理篇、教育探索篇。各位作者结合自身的教育教学改革实践,对税收学应用型本科试点专业的建设进行了不同的探索,这些研究将会对专业建设起到很好的促进作用。

人才培养篇，主要围绕税收学应用型人才培养模式展开研究，包括税务本硕融通人才培养、"三位一体"人才培养模式、课程体系优化、校企合作机制构建、"一带一路"财税人才培养、人才培养国际化合作等方面，分析了税收学应用型人才培养模式存在的问题，并探讨了应用型人才培养模式改进的方向。

教学改革篇，通过人才培养方案优化，结合课堂教学综合改革，主要围绕教学理念更新、教学团队建设、实践教学能力提升、案例教学方法研究、主要课程教学方法改进等方面进行探讨，这将对税收应用型人才培养起到重要推进作用。

教学管理篇，主要围绕税收应用型本科专业评价体系、教师教学质量评价体系、教学管理改革、毕业论文质量控制、图书资料管理等方面进行研究，通过管理体系的完善来提升税收应用型本科人才培养的质量。

教育探索篇，主要围绕税收应用型本科人才培养中的学风建设、就业能力培养、创新实践机制构建、诚信道德品质养成、学生干部培养、民族自信心培育等方面进行研究，积极探讨应用型本科人才培养的育人体系。

近年来，上海立信会计金融学院财税与公共管理学院的教师，在税收应用型本科试点专业建设中，进行大胆的改革与探索，在教育教学改革中取得了一系列成果，尽管有些改革还是阶段性的，有些做法还不尽完善，但是这种探索对应用型本科试点专业建设将大有裨益。

本论文集能够出版，要感谢"上海市属高校应用型本科试点专业建设"项目的大力资助，感谢上海立信会计金融学院财税与公共管理学院全体教职员工在项目建设中付出的艰辛努力。同时，特别感谢立信会计出版社及方士华副编审、秦思慧编辑对本论文集出版给予的支持与帮助。由于我们的水平有限，文中难免有不当甚至错误之处，敬请读者批评指正。

编者

2018 年 9 月

税收学应用型本科专业建设的理论与实践探索

目 录

税收学应用型本科专业建设的理论与实践探索

1

第一部分

人才培养篇

税务本硕融通人才培养的路径探索

杨光焰

内容提要：国家与上海经济社会发展对税务专硕人才有大量的需求,税务本硕融通人才培养符合社会对应用人才的需求。突出人才培养与行业需求、职业标准、实践过程相对接,在税收应用型本科专业发展的基础上,实现本硕应用型人才的贯通培养,可满足国家与上海对多层次应用型税收人才的需求。目前我国每年培养应用型高层次税务人才的数量非常有限,不能够满足社会经济发展对此类人才的需求。进一步打通税务本硕融通的通道将是税务专业转型发展的重要选择。税务本硕融通人才培养,税收本科人才培养转型是基础,同时应与行业进行深度融通对接,合理制定人才培养方案,加大国际化人才培养的力度。

关键词：专业转型　本硕融通　行业对接

一、税务本硕融通人才培养符合社会对应用人才的需求

1. 国家规划对高层次税务专业人才培养提出更高要求

《中华人民共和国国民经济和社会发展第十三个五年规划纲要》指出,要实施创新驱动、人才优先发展战略,加快我国人才强国建设。《国家中长期人才发展规划纲要(2010—2020 年)》提出了我国未来人才发展的战略目标,提出到 2020 年,在经济重点领域培养开发急需紧缺专门人才 500 多万人,专业技术人才总量达到 7500 万人。因此,从国家层面,大力发展税务服务业,着力培养高层次税务专业人才,符合经济社会发展的需要。

2. 政府职能转换对高层次税务专业管理人才提出更多需求

加快政府职能转变,创新政府服务方式,给政府行政管理带来了新的挑战。而目前税务系统的人才结构还不能满足现代管理需求。《中国税务年鉴(2015)》的数据显示,2014 年国家税务系统从业人员学历结构中,研究生(含博士、硕士)

占从业人员的比重只有 3.79%。《上海税务年鉴(2014)》显示,截至 2013 年年底,上海市税务系统职工中研究生占比仅为 5.7%,为了适应管理的需求,研究生占比还有很大提升空间。现有税务管理人员的专业素质、学历层次都不能满足现代税收征收和管理的要求。

3. 税务师行业发展对高水平税务专业服务人才提出更高需求

据中国注册税务师协会统计,截至 2015 年 12 月 31 日,全国从事经营的税务师事务所 5 511 家;从业人员 102 161 人;在从业人员的学历结构中,研究生(硕士、博士)为 2 911 人,只占从业人员的 3%,明显偏低。根据上海市注册税务师行业协会提供的资料,截至 2015 年 12 月 31 日,上海市共有税务师事务所 139 家,从业人员有 3 049 人,研究生 274 人,占从业人员比重为 9%,尽管比全国比例高 6 个百分点,但学历层次总体还是明显偏低,容易导致行业发展快速发展与执业人才现状不相匹配的现象。同时笔者还看到,上海大中型企业众多,国际化程度高,大中型企业对高级税务经理人才有巨大需求。

突出人才培养与行业需求、职业标准、实践过程相对接,在税收应用型本科专业发展的基础上,实现本硕应用型人才的贯通培养,可满足国家与上海对多层次应用型税收人才的需求。

综合国家、上海对高层次、应用型税务专业人才的需求,人才需求主要集中在如下几个方面:①能够满足我国政府职能转变、经济社会结构转型需求的税务管理专业人才。②能够满足现代企业发展与税务风险控制需求的税务经理专业人才。③能够满足现代中介专业服务创新需求的税务服务专业人才。以社会人才需求为导向,决定了高校税务专业硕士人才培养应该着力满足这些需求。④能够满足开放经济条件下国际税收管理与业务处理的税务专业人才。

二、税务本硕融通与人才培养的现状

1. 税务专硕人才培养单位状况

税务硕士专业学位(Master of Taxation,简称 MT)是 2010 年 1 月经国务院学位委员会批准新增设的 19 个硕士专业学位之一。2010 年我国首批获得全国税务硕士专业学位授权点的单位为厦门大学等 36 个单位。2014 年,国务院学位委员会又批准增列了北京国家会计学院等 9 个税务硕士专业学位授权点。2011 年教育部同意山东经济学院和山东财政学院合并为山东财经大学,因此,截至 2016 年,全国共有 44 所高校或研究机构招收与培养税务专业硕士。除了北京、

上海、厦门三个地区的国家会计学院、中国社会科学院研究生院没有本科生，其他 40 所高校都实现了税务本硕融通人才培养。

2. 税务本硕融通人才培养状况

各税务硕士专业学位招生单位根据自身的优势与对社会需求的判断，44 个招生单位设置了税务管理、税收制度、企业税务、税收筹划、税务代理与税收筹划、国际税务、国际税收与跨国公司税务管理等近 50 个研究方向，一些方向具有重复性或相近性。但综合来看，税务硕士招生方向可分四类：①服务政府税务管理需求。②服务企业税务需求。③服务专业中介需求。④服务国际税收事务需求。

根据对 2016 年各个高校税务硕士专业招收计划的初步统计，全国年度招生人数为 1 100 余人，面对社会需求，税务专硕人才培养规模还非常小。

从上海税务专硕人才培养情况看，上海有复旦大学等 4 个税务硕士专业学位授权单位。2016 年上海 4 家单位税务硕士专业招收计划人数约为 110 人，招生人数约占全国的十分之一。具体如表 1 所示。

表 1　　　　　　　　　　2016 年上海税务硕士专业招收计划

招生单位	招生人数	专业方向	学位点增设时间
复旦大学	20	企业税务；税务管理	2010 年
上海财经大学	45	税收政策与管理	2010 年
上海海关学院	40	税收管理；海关税收	2010 年
上海国家会计学院	5	不分方向	2014 年
总计	110	—	—

说明：根据招生计划整理，可能与实际有出入。

国家与上海税务硕士专业招收计划与培养情况表明，目前我国与上海每年培养应用型高层次税务人才的数量非常有限，与人才发展规划及社会需求相比有巨大缺口，完全不能够满足经济社会发展对此类人才的需求。因此，加大改革力度，进一步打通税务本硕融通的通道将是税务专业转型发展的重要选择。

三、税务本硕融通人才培养的基本路径

1. 税务本硕融通的基本原则

本硕融通应体现现代职业教育的精神，围绕应用型人才培养目标，实施专业

综合改革试点,提高应用型人才培养质量,通过本硕融通来满足社会对不同层次人才的需求。

（1）应用基础原则。伴随人才培养模式的转型,不论是税收本科人才的培养,还是专业硕士人才的培养,都应体现应用性。税收应用型本科人才既是硕士人才培养的基础,也是政府、企业、中介机构中的高层管理人才的重要来源,应该具备复合型的知识,熟练的业务能力。在人才培养方法上,高校要依托用人单位,与行业协会、大中型企业及政府财税部门开展深度合作,走"合作办学、合作育人、合作就业、合作发展"之路,这样才能实现税收人才培养的本硕融通。

（2）职业导向原则。本硕税收人才培养都应面向社会需求,在税收职业化人才培养定位的基础上,逐步实现专业设置与职业岗位相联系,课程体系与职业标准相对接,人才培养以职业需求为导向,在此基础上,充分发挥税收本硕融通在职业化人才培养中的作用。

（3）融通发展原则。本科发展要考虑为更高层次的硕士人才培养输送人才,在人才培养定位上要主动与硕士人才培养对接;专业硕士人才培养也要加大宣传力度,通过培养方案设计、人才培养模式改革、培养方向的合理安排,提高税务专硕对本科生的吸引力,从而真正实现本硕融通发展。

2. 税务本硕融通人才培养的基本路径分析

与传统的学术型硕士人才培养相区别,税收专业硕士重在培养应用型的硕士人才,面向税务机关、企业、中介机构及司法部门等相关职业,培养具备良好职业道德素养,具有国际视野,系统掌握税收理论与政策、税收制度、税务管理以及相关领域的知识和技能,充分了解税务稽查、税收筹划、税务代理等高级税收实务并熟练掌握其分析方法与操作技能,具有解决实际涉税问题能力的高层次、应用型专门税收人才。人才培养方式上突出高校与实务部门的协同创新,采用校内外"双导师制",重视运用团队学习、案例分析、现场研究等教学方法,注重学生分析能力和创造性解决实际问题能力的培养。因此,根据税务专硕人才培养要求,应从如下几个方面探讨税务本硕融通人才培养的基本路径。

（1）税收本科人才培养转型是基础。税收本科人才培养是当前我国税收人才培养的主体,起到承上启下的作用。改革开放以来,伴随着我国经济的发展、社会对税务本科专业人才需求的变化,其本身经历了"设立—取消—恢复—发展"的过程。专业名称也由原来的"税务"改为"税收学"。

长期以来,我国的用人单位普遍认为学历教育的含金量较高,重视学历教育也是我国高校人才培养的传统。从一些高校人才培养方案与教学计划看,税收人才学历教育主要具备如下特点:①重视学业完成而忽视能力培养。只要学生

税收学应用型本科专业建设的理论与实践探索

按照学校制定的培养方案与教学计划,完成其毕业所要求的课程与学分,达到授予学位的条件,即可获得学历证书与学位证书。②重视学科建设而忽视专业建设。长期以来,学科建设的成就是教育主管部门进行高校资源分配的重要依据,也是我国教育主管部门对高校进行评价的指挥棒。这样办学的结果是专业建设得不到应有的重视,人才培养越来越走向学术性,与社会经济发展对职业化人才的需求脱离得越来越远。③重视理论教学而忽视实践教学。忽视实践教学的重要体现则表现在:忽视实践教学师资队伍的建设,实践性教学的学时与学分偏低。而对实践教学师资队伍的建设的政策支持不足与评价不公平是导致教师不愿投入实践性教学的重要原因。④重视课堂教学而忽视社会实践。大学课堂长期以来以教师为主角,"一言堂""填鸭式"的教学方式还在延续,课堂教学改革不够,课堂教学与实务专家、社会实践结合不紧密。传统的学历教育面临严峻挑战。

综合看,传统的偏重学历教育的税收人才培养模式,已很难适应社会对应用型、职业化人才的大量需求,像税收这种应用性突出的专业,突出学生的实践创新能力,由传统的学历教育向学历教育与职业教育并重转变将是必然选择,由此也必然会推动税务专硕人才的培养。

(2)与行业深度融通对接是前提。应用型人才培养不能关门办学,一定要与行业进行深度融通对接,在互利双赢的情况下,开展合作育人。主要包括校协合作、校企合作、校政合作,其中尤其应重视校协合作。通过合作逐步建立以高校本硕职业化人才培养为导向,以税务师行业协会为纽带、以多家税务师事务所分工协作为支持,校协与校企紧密合作、协同创新、良性互动的紧密联合体。通过校、协、企三方密切合作,共同构建人才培养与协同创新的综合体。

近年来,上海立信会计金融学院税收专业在与行业协会合作方面进行了多方面的探索。在前期与中国注册税务师协会签署框架性产学研合作协议的基础上,根据税收应用型本科试点专业建设与双证融通教育的要求,又与中国注册税务师协会签署联合开展应用型税收专业建设的合作协议。高校与行业协会的深度合作,充分体现了专业转型与行业对接,学历教育与职业教育融通的税收本科试点专业建设目标,为本硕融通人才培育奠定了良好基础。

高校与行业协会围绕应用型税收专业建设展开合作,合作的重点包括:

第一,联合开展税务师人才培养。通过组建税务师方向班,合作开展实用型税务师人才培养实践,探索学院与协会合作建设税务师特色专业,同时提升学院老师实践课程的教学水平,培养实用型教学师资队伍,为税务师行业输送更多的优秀储备人才。

第二,联合开展应用型税收专业建设课题研究。包括"税务师人才培养的体制与机制研究"课题研究等,对高校税务师人才培养的规格与课程体系设计、税务师人才联合培养的路径进行分析。

第三,与协会联合开展税务师人才培养、应用型税收专业建设研讨会。

第四,联合进行税收案例开发。重点进行增值税案例开发、营改增案例开发、个人所得税案例开发、企业所得税案例开发、土地增值税案例开发,案例成果由合作方共有。

上海立信会计金融学院税收学专业与上海市注册税务师协会开展深度合作,合作的主要内容是以"立信·税协校园行"为平台,双方联合主办税收实务人才培养研讨会、大型事务所校园宣讲会、税务师事务所校园招聘专场等系列活动,这种合作突出了合作育人、合作就业的理念。

(3)合理的人才培养方案是关键。税务专硕就是要面向社会需求培养复合型高层次的应用型人才,而人才培养方案是实现人才培养目标与定位的关键。实现税务本硕融通人才培养,客观上需要本科人才培养方案与硕士人才培养方案对接。结合专硕人才培养的特点,人才培养方案制定中应注意如下几个问题:一是人才培养方案要与专业人才培育方向相衔接。目前,全国有 44 个招生单位设置了税务管理、税收政策与管理、税收制度、企业税务、税收筹划、税务代理与税收筹划、国际税务、国际税收与跨国公司税务管理等近 50 个研究方向。这些方向的设置,体现了社会对人才的不同需求,但是从一些学校的人才培养方案看,不同方向的区分度非常小,很难体现不同方向人才培养的要求。这会使人才培养的质量打折扣。二是人才培养方案及方向选择要与专业基础相衔接。本硕融通人才培养客观需要本科专业基础,通过本科人才培养,可为硕士人才培养奠定师资、学科、专业基础。因此,硕士人才培育一定要建立在本科专业基础上。上海立信会计金融学院税收学专业,先后设立税收学、税务师、国际税收等专业与方向,这为硕士人才培育创造了条件。三是人才培养方案及方向选择与高校特色相衔接。不同的学校在专业学科方面具有不同的特色与优势,在硕士人才培养中应突显本校优势,体现本校竞争力。

(4)提升人才国际化培养水平是重要选择。上海是国际化大都市,在建设过程中,需要培养具有国际视野的高层次税收人才,重点应该采取如下措施:首先,大力提升教师国际化水平。包括通过人才引进、外送培养,大幅度提高具有国际化背景的教师比例,打造一支具有国际交流能力与适应国际化教学的师资队伍。其次,引进国外特聘教授、海外名师等高层次人才,通过引进高层次人才来引进先进的教学理念,推进专业学科发展。再次,大幅提高学生海外交流的比例,通过移动课堂、长短期交流,提高人才国际化培养水平。最后,加强与海外高校、研究机构的合作,建设海外交流学习的基地。

"三位一体"应用型教学模式探索[①]

——以税收学专业为例

赵迎春

内容提要： 我国高等教育大众化发展速度较快，但高等学校教育理念和方法较人才的发展明显滞后，尤其是应用型本科教学模式不够成熟，主要表现在教育理念和教学模式相对滞后，校企合作明显不足，教师队伍建设滞后等。积极推进应用型本科教育教学探索，提升教育理念，调整教师队伍较单一的结构，学习引进国外实践教学的成功经验，突出能力教育，对提高应用型人才培养效率会有很大的促进。

关键词： 应用型本科　教学模式　三位一体

一、应用型本科教学模式现状和存在问题

我国高等教育大众化发展较快，相对于经济的快速增长，以及人才发展的快速变化，应用型本科教学模式明显滞后，主要表现在以下方面。

1. 教育理念和教学模式相对滞后

传统本科的教育理念是学与术兼容，以学为主；而应用型教育理念则是学与术并进，崇尚技术与技能。为加快发展，各个高校提倡具有本校特点的办学理念，但实施中没能贯彻到教学的具体操作中，也就是说传统本科教育理念的根基依然居主导。

我国很多应用型大学实验教学时数不足 20%，而德、美、英等国的应用型大学实验教学时数达到 50%。

在实践教学方面，有利于应用技能的设计性实验、实习、训练等实践教学比例明显过小，很多高校依然将实践教学看作是理论教学的辅助手段。

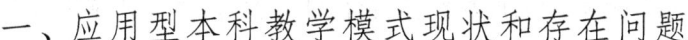

① 该文为"税务师人才培养协同创新教学团队"建设阶段性成果。

2. 校企合作明显不足

校企合作无论是广度还是深度都不够。与学校建立合作的企业、部门仍然不足，没有覆盖所有应用型本科专业，不能满足学生的多样性实践需求。在合作上，多数停留在企业接纳学生实习，合作办学的许多功能没有得到体现。

合作关系上有些松散，缺少长期合作基础。合作双方按各自需要，仅形成松散的、非固定的合作关系，没有建立长期合作基础，没有形成双方互惠、互利的契约关系。

3. 教师队伍建设滞后

目前的实践教学教师队伍，从整体上看缺少从业经历和经验，没有定期轮流到企业进行实战培训，缺乏制度的长期保障和缺少经费的持续支持是主要原因。兼职实践教师比例过少。一些高校也从企业中聘请了一些兼职教师，但受制度和经费制约，兼职教师比例少，满足不了实践教学的要求。

二、建立"三位一体"的培养目标

积极推进应用型本科教育教学探索，提升教育理念，调整教师队伍较单一的结构，学习引进国外实践教学的成功经验，突出能力教育，对提高应用型人才培养效率会有很大的帮助。

教学理念设定："以学生活动为主体""以明确的职业操守为引导""以掌握实用技能为导向""以实践操作巩固基础理论"。

培养目标：学生毕业时应具备扎实的基础理论、掌握熟练的基本操作技能、树立良好的职业操守"三位一体"的培养目标。

三、"技能导向""操守引导"的教学模式及方法

1. "职业操守引导"的教学模式

职业操守是职业活动中应遵守的行为规范的总和。既是对从业人员在职业活动中的行为要求，又是对社会所应承担的道德、责任和义务。无论从事何种职业，都必须具备良好的职业操守，否则将一事无成。良好的职业操守包括：诚信的价值观、遵守相关法规、保守秘密、文明礼貌、办事公道等。

"职业操守引导"的教学模式是以行为操守及工作任务为主导方向，此种教学模式是已被国内外教学及工作实践较多印证了的好方法，会成为应用型专业

教学的一个发展方向。但目前国内财经类高校教学实践还没有到位,应当加强。具体如表1所示。

表1   "职业操守引导"教学模式的培养目标及内容(税收专业)

培养目标	内　　容
职业操守	《税务人员"五要""十不准"规定》和《税务人员廉洁自律若干规定》
基本技能	掌握判定标准(国家税务法规);适用环境;精准分析能力;解决问题能力;政策把握能力;团队合作能力
基础理论	专业知识的掌握与运用;内在规律的研判;创新意识

2. "技能导向"的人才培养模式

"技能导向"教育模式已在美、德等发达国家教育机构中采用,强调毕业生应具备和展现出"素质、知识和能力"三位一体的目标;教学实践中强调以学生为主体;培养模式以专业技能目标的实现为出发点,倒序规划设计教学培养方案和课程大纲;对目标达成与教学过程的紧密度及效果进行量化考核。

3. "开放式"教与学理念

采取"请进来""走出去""学生实战"模式,进行开放式教学和学习实践。具体如表2所示。

表2   "开放式"教学理念与传统教学方法对比

对比项目	开放式教学法	传统教学法
教学形式	以学生活动为主,以学生为中心	以教师传授为主,以教师为中心
教学目的	兼顾三目标(认知、情感和行为)共同实现	注重认知目标
学习内容	获得直接经验	获得间接经验为主
教师职责	教师不仅是传授者,更是学生行为的指导者	知识的传授者
师资来源	本校有从业经历教师和聘任的实际部门专家	理论知识教师为主
传授模式	双向型,教师根据学生活动功效,获悉其接受信息多少和深浅度,给予指导和交流	教师单向演示,学生模仿
参与程度	学生参与程度很强,主动学习	学生被动学习
激励机制	个人综合成就感	以分数为主激励手段
督导控制	综合质量控制	单一质量控

4. 实战演练教学法

该教学法将学生直接扮演成实际工作部门新员工,模拟实战操作;教师扮演实际部门领导或主管,按实际部门工作程序及要求,教授学生规范操作,达到实际工作目标质量和效率。

教师要将课程内容分解(适合课堂教学)为若干模块,按实际工作程序设计并实施。

四、教学环境设计

1. 原则

(1) 整体性原则。老师在设计教学环境时,从整体上对教学环境的各个方面进行调整和规划,以便把各种环境因素有机地协调为一个整体,发挥最佳效用。在设计教学环境时,教育行政人员和教师要密切合作统筹安排,既要重视校园物质文化环境的设计、又要积极创造良好的校风,既要改进领导方式,又要革新师生关系,改革教学结构,更新学校组织结构等。

只有树立全局观念,从整体出发,才能使各种教学环境因素协调起来,使教学环境向着有利于促进学生身心健康和提高教学质量的方向发展。

(2) 针对性原则。老师在设计教学环境时,要针对特定的教学目的通过突出教学环境的某些特性,形成特定的环境条件来影响学生,促进学生的身心发展。人在改变环境的同时,环境也在改变着人。为了达成特定的教学目的,根据具体的情况可以适当突出或增强环境的某些特性或要素,有针对性地教育学生。如有些学生因人际关系欠缺而影响其学习,那么教师就需要特别注意同这些学生建立民主、平等、和谐的关系,使学生在热情、温暖的氛围中产生强烈的学习兴趣。

(3) 转化性原则。在设计教学环境时要对各种经验和信息进行一定的选择转化,使其积极地促进学生的身心健康,尽可能地消除不良影响。因此,在设计教学环境时,教师要根据学生身心发展的特点,对涌入学校的各种信息和价值进行及时的调节和控制,并加以适当地选择转化,将自发的信息和价值影响转化为学生可接受的、有目的的信息和价值,培养学生分辨信息和价值的能力,自觉抵制不良信息和价值倾向。

(4) 因地制宜原则。老师在设计教学环境时,不能脱离本校的实际情况,在充分利用学校已有的、有利条件的基础上做好教学环境的建设。

（5）主体性原则。老师在设计教学环境的过程中要充分重视学生主体的作用培养。教师是教学环境的主人，学生同样是教学环境的主人。教学环境的改善和建设离不开学生的参与、支持和合作。

2. 职业技能标准

职业技能标准包括职业概况、基本要求、工作要求和技能比重四个部分，其中工作要求为主体部分。

（1）职业概况是对本职业的基本情况的描述，包括职业名称、职业定义、职业等级、职业环境条件、职业能力特征、培训要求、鉴定要求等内容。

（2）基本要求包括职业道德和基础知识，其中职业道德是指从事本职业工作应具备的基本观念、意识、品质和行为的要求，一般包括职业道德知识、职业态度、行为规范；基础知识是指本职业各等级从业人员都必须掌握的通用基础知识，主要是与本职业密切相关并贯穿于整个职业的基本理论知识、有关法律知识和安全卫生、环境保护知识。

（3）工作要求是在对职业活动内容进行分解和细化的基础上，从技能和知识两个方面对完成各项具体工作所需职业能力的描述。它包括职业功能、工作内容、技能要求、相关知识。其中职业功能是指一个职业所要实现的活动目标，或是一个职业活动的主要方面（活动项目）。根据不同职业的性质和特点，可按工作领域、项目或工作程序来划分。工作内容是指完成职业功能所应做的工作，可以按种类划分，也可以按照程序划分。每项职业功能一般包含两个或两个以上的工作内容。技能要求是指完成每一项工作内容应达到的结果或应具备的技能。相关知识是指完成每项操作技能应具备的知识，主要是指与技能要求相对应的技术要求、有关法规、操作规程、安全知识和理论知识等。

（4）技能比重是指理论知识和技能各自所占比重。其中，理论知识比重反映基础知识和每一项工作内容的相关知识在培训考核中应占的比例；技能比重反映各项工作内容在培训考核中所占的比例。

3. 实训环境

实训环境包括校内实训教室和合作单位的实训基地。

（1）实训室是训练学生动手能力、提高学生综合能力的重要场所，加强实习实训室建设是学校彰显办学特色、提高教育教学质量、实现培养技能专门人才的必备条件，是实践教学工作的重要组成部分，是办好学校的基本条件之一。因此，建好实训室具有重要意义。

（2）合作单位实训。适宜的合作单位应具备以下条件：规模较大、发展历史

长、资本较雄厚、有自主的技术和模式,且该类技术和模式较为专业。它是提升员工工作技能、业务知识、思想教育水平,对外展示的集中平台。

4. 师资训练

提高教师的实践能力,安排教师到企业培训,有目的、有计划地组织教师深入一线,参加企业实践,使教师在实践中不断完善自我,提高专业技术水平。

建立教师轮训制度,强化实践教学教师的实践动手能力,鼓励教师考取各类资格、技术等级证书以及与本行业相关的技术职称,专业教师实行持证上岗,使部分教师成为既具有较高理论水平又具有较强动手能力的专业实践教师。

5. 学生入职标准达成

要求学生通过基础理论学习和实践操作,从技能和知识两个方面掌握完成各项具体工作所需的职业能力,同时,培养学生良好的职业操守。

"三加一"税收应用型人才培养模式研究

李延均

内容提要： 高校人才培养模式改革是高校改革发展的关键所在,结合专业特点探索人才培养模式,是专业建设的根本性措施。首先,本文对税务人才职业能力构成要素进行了分析,针对当前税务专业人才培养模式存在的问题和不足,在借鉴国际经验的基础上,提出了"三加一"的税收应用型人才培养模式的基本框架。其次,基于校内外两方面的教学资源和平台,从如何提高税法教学水平、学生熟练掌握税法知识与征税业务流程、加强实习基地建设、实施训练项目四个方面,提出了落实"三加一"培养模式具体建议的初步设想。

关键词： 应用型人才　职业能力　训练项目

人才培养模式改革是当前高校改革发展的重点问题之一。所谓人才培养模式,是指根据人才培养的目标,对教学内容、教学方式、教学方法和手段以及教学评价等主要教学过程的要素进行系统化的制度创新。人才培养模式改革应遵循问题导向。税收应用型本科人才培养模式改革要解决的关键问题是:目前税务专业人才培养普遍存在的实务能力不强,学生走向工作岗位后不能及时"上手",因此需要通过人才培养模式的改革,从传统的偏重税法知识的教学转向对税收专业实务能力的培养和训练。

本文从社会需求出发,针对目前税收学专业本科阶段人才培养存在的问题,根据应用技术型的办学定位,面向社会和行业对税务人才实务能力的基本要求,首先对税务职业能力的构成要素进行探讨,然后分析目前税务人才培养模式存在的问题,在借鉴其他高校人才培养模式成功经验借鉴的基础上,基于校内外两方面的教学资源和培养平台,探索税收应用型人才培养模式的改革与构建,提出了"三加一"培养模式的设想。

一、对税务职业能力构成要素的探讨

职业能力是用人单位对人才专业能力和基本素质的基本岗位要求,任何一种职业都会有基本的岗位职业能力的标准,这些标准有一些会随着社会进步尤其是技术手段的进步而不断改变。有一些标准则具有长期稳定性,这些标准主要是对人才基本素质方面的要求,如诚信的品质、勇于承担责任的素质、吃苦耐劳的敬业精神、善于人际沟通的能力等。高校首先要培养学生这些方面的基本素质,其次是要根据社会行业技术的不断进步,对相应的专业知识和业务能力要求进行适时的调整,以适应社会对专业人才的需求。

1. 财经类专业人才的基本素质要求

高校培养财经类专业人才是为了满足社会各类经济活动中对从事经济管理、服务、中介与经济法规研究等从业人员的需求,其中的本科层次,一般定位在高级管理服务人才层次。对一般的基本素质要求,与开展各类经济活动的共性有密切关系。基本素质要求的主要方面包括:第一是基本道德操行品质,如诚信、忠诚、职业道德、与人为善和意志力等。第二是学习能力,主要是"learning by doing"即"做中学"的能力。第三是人际交往与沟通能力。第四是对经济事务的敏锐判断力,即所谓的财商。

2. 税收专业本科人才专业能力的构成要素

税收专业培养的学生,除具备财经类专业的基本素质要求外,还需要具备三大基本要素:

首先,比较熟练地掌握和运用税法并懂得税收征管的基本流程和基本技能。这是税收专业的核心培养内容和学生必须具备的基本专业素质,是从事一切与税务相关业务应该掌握和打牢的知识基础和基本功。对税收法律、法规与相关政策的熟练掌握,是一项基本知识技能的要求。

其次,具备涉税会计实务的能力。在税收征管实践中,尤其是税收业务处理过程中,查阅账册,分析会计信息需要很强的税务会计能力,但是,在以往的税务专业教学中,对会计实务能力的培养被忽视。

最后,具备与人沟通的能力和较强的语言表达和写作能力。根据笔者与用人单位的交流,他们在录用人才时看中的基本素质就是沟通合作、语言表达和写作能力,因为这一能力是开展业务所必需的。

事实上,财经类本科院校在实际的人才培养过程中,不仅需要应对高职类财经院校的压力,也需要面对理工类院校和综合性院校的竞争。高职类财经院校人才培养具有强烈的职业特征,培养的学生职业技能较强,岗位能力突出,较好地实现了学生能力与企业的需求接轨,而财经类本科院校的学生注重理论学习却忽视了实践能力,经验不足,与企业需求存在着一定的差距。同时,理工类和

综合性院校在经济类人才培养方面，不仅注重学生综合能力的培养，而且其知识面也很广。而财经类院校受学科专业限制，学生大多只接触经管类知识，对其他知识鲜有涉足，这就限制了财经类本科院校人才培养。

二、目前税务人才培养模式存在的问题与不足

税收专业作为我国高校老牌的财经类专业，在计划经济时期主要是为政府部门和国有企业培养税收征管人才，由于当时我国财政收入的主要来源是国有企业上缴的利润，物价由国家统一制定和管理，基本不存在市场配置资源的机制，开征的税种也比较单一，税务部门和财政管理部门对工作人员的业务素质的要求比较单一，业务难度也比较小。因此，财经类高校由国家财政部门创办，根据国家的统一需要，主要培养财政、税务和国民经济管理所需要的干部人才，并根据这一需要，制定培养目标，设置课程体系，大学毕业后由国家统一分配，而用人部门对人才的能力要求反馈给高校的渠道存在不足，对于应用能力的培养，主要靠在岗位上的"再学习"。

随着我国改革开放和经济体制改革的不断深入，市场配置资源已经成为其基础性的机制，国家财政来源也发生了变化，税收已经成为国家财政收入的主要来源，适应市场经济的税收体制已经初步建立起来，税收征管的复杂性和业务量的空前增加，以及纳税人在征税过程中的博弈和遵从度问题，税务中介的兴起及其代理导致的委托代理问题，基于互联网出现的经济信息和经济活动的虚拟化交易等，税收征管和税务代理过程中的法律、财务、审计、管理、绩效、公平公正等问题交织在一起，凸现对新的税收专业能力的更高要求。但是，相对这一变化，我国高校的人才培养模式并没有及时跟进，在行政管理体制的控制下，呈现出"千校一面，专业雷同"的总体特征。虽然近年来高校改革的呼声渐高，很多高校也在积极探索人才培养模式改革，但是成效甚微。就税务专业人才培养模式而言，主要存在以下突出问题。

1. 人才培养方案缺乏创新

培养方案是人才培养模式的总体设计，是教育教学改革的重要抓手。虽然各高校都在改革探索，也充分重视对人才培养方案的制定，但是，由于缺少正确的顶层设计，人才培养方案的制定基本局限于对文字表述的推敲，例如，在人才培养目标定位上，纠结于培养"高级人才"还是"应用人才"，一般倾向于提出"复合型人才"的目标。但是，具体的方案制定却难以实现这些目标，基本是在不同模块之间进行量的选择，在课时分配上做文章。

2. 课程体系偏离培养目标

课程体系是落实培养目标的基本途径,重点解决"教什么"和"学什么"的问题,因此,课程体系是人才培养模式的重中之重。高校对这一点的重要性虽然有普遍共识,但是,囿于传统思维惯性,甚至由于涉及教师的切身利益,再加上一些制度设计的需要,课程体系的设计往往不是完全出于培养目标的需要,而是考虑各方面的情况甚至利益,再加上现有师资力量的条件限制,导致最终确定的课程体系缺乏科学论证和课程之间的协调,存在课程内容重复和机械组合,导致整个课程体系偏离了确定的培养目标。

3. 培养方式单一

培养方式是指根据培养方案和课程体系,确定通过何种方式和途径实现培养目标的具体措施。其核心是解决"怎样教"和"怎样学"。譬如一个已经设计好的大厦,必须解决如何施工才能使蓝图变为现实,因此,培养方式可以说是培养模式的核心。虽然目前很多高校都在积极探索培养方式的改革,例如,已经普遍实施的"大口径"招生、"大平台培养""产学研一体化""双师型"师资队伍、案例教学等,都在某一方面进行了有益的探索,但是,真正结合本专业特点的培养方式的科学化和系统化的培养方式的探索却少之又少。

4. 学生应用能力较差

对于应用性的税收专业人才培养,最终的目标是提高学生从事涉税业务的能力。但是,目前的培养方案、课程体系和培养方式,在很多重要环节缺乏有效的措施和手段,使一些改革流于形式。例如,专业实习和社会实践环节往往存在"放任自流",课堂教学以教师为主体,论文指导"前松后紧"和"变相抄袭"等突出问题得不到有效解决,使学生的"上手能力"没有得到系统化的训练,最终导致普遍的应用能力弱化。

三、对国外税务人才培养模式经验的借鉴

美国的大学对税务人才的培养,不是采取设立税收专业的途径,而是主要采取相关课程的选修来提升从事税务职业的综合能力,并且主要采取以政府税务部门的需要为导向,密切与政府税务部门的合作实现人才培养的方案与方式的设计。例如,美国的"国内收入局"(Internal Revenue Service)通过战略性人力资源管理模式(人力资源生命周期过程管理)管理人力资源,以满足纳税人对美国税务机关的需求,并具体实施"人力资源生命周期过程的六阶段管理",具体分

为：①计划，美国"国内收入局"采用精确的雇员模型来预测未来的人力资源需求；②雇用，这一阶段主要包括流水线式的招聘程序；③教育，通过与大学合作、借助网络等手段，提供高质量的培训，促进员工改进个人绩效和组织绩效；④开发，通过对税务人员长期发展的投资，确保未来的关键岗位有足够的候选人供应；⑤维持，以弹性化的补偿机制、综合性的津贴、有形和无形的报酬，鼓励员工去实现组织目标、业务目标和绩效考核指标；⑥转型，"所谓转型，就是管理'变化'，在'公正地对待员工'与'弹性化地实现组织再造和绩效改进'之间寻求平衡。同时，'转型'还包括帮助员工疏解由于环境和组织变迁带来的压力"①。

在日本，以政府设立的专门培养税务公务员而设立的税务学校的培训方式为例，其培养项目也体现了对税务公务员终身培训的理念。其培训体系分为三部分：一是以提高税务公务员综合素质及能力为目的的长期培训。二是以掌握与专业直接相关的必备知识为目的的短期培训。日本的税务公务员短期培训项目分为由总校实施的以国税局税务人员为实施对象的专业事务短期培训、按级别进行的短期培训和由分校实施的综合类短期培训。培训目标：让学员为能够圆满高效地完成税收业务或完成对税务局公务员的指导工作，而掌握必要的高层次知识和技能。培训分别设有行政复议、稽查、核查、诉讼、征收等约 30 个课程。分校的短期培训主要是综合培训，主要设置了税法、财务、会计学、国际化视野、信息化技术等科目。三是以掌握职务上所必备的特定科目相关知识为目的的远程培训。远程教育是以掌握税务执行工作上所必不可少的会计学、税务会计、英语等为目的而以远程的方式实施的培训。除了对课程进行远程指导外，还设有为期数日的面授课。②

虽然美国、日本对税务人员的培训主要针对已经被录用的税务从业人员，但是，从中可以启发我们对我国特色税务专业人才的应用能力培养的一些思路。例如，相对于需要进行终身专业教育的税务人才的培养，本科阶段的税务人才培养究竟需要解决什么问题？课程体系应该在起点上如何设计？培养路径是什么？培养模式是否能够适应国家和社会录用和雇用税务人才的基本需要？税务人才必备的相关学科知识和视野应包括哪些？

四、税务人才培养的"三加一"模式与实现措施

针对税收应用型人才培养的目标定位，根据税务型人才的基本素质要求，面

①　洪兆平：《美日两国税务人才管理的基本实践及借鉴意义》，《扬州大学税务学院学报》2009 年第 6 期。

②　洪兆平：《美日两国税务人才管理的基本实践及借鉴意义》，《扬州大学税务学院学报》2009 年第 6 期。

对当前在人才培养模式改革中存在的问题,在借鉴发达国家税务人才培养的有益经验的基础上,我们首先应该创新培养方案,主要考虑人才培养方案的顶层设计。顶层设计要明确专业属性、社会需求面向、学业层次和人才培养目标四大要素,据此可以将税收专业的顶层设计概括为:根据税收专业的应用型属性,面向政府税务部门对具备税收理论和税务业务专业能力人才以及社会其他涉税机构和职业岗位对办税人才的需求,以打牢专业功底和未来发展所需相关学科知识与能力为学业标准,培养专业知识全面熟练、实际动手能力强,具备诚实、勤奋、包容、上进品质的税务专门人才。根据这一顶层设计,通过深入广泛的社会调查和科学论证,制定和创新培养方案以及课程体系,在此基础上,需要解决的主要问题就是培养模式。基于上述分析,笔者提出税收应用型人才"三加一"的培养模式。

1. "三加一"培养模式的基本框架

"三加一"培养模式的基本框架,以"教""学""训""做"的有机结合为出发点,注重发挥教师、学生的主观能动性,由此形成"三大培养途径＋项目训练"的培养模式框架。

三大培养途径包括:一是通过课堂教学方式改革,加强学生对税法和税收征管知识掌握的熟练程度。改变目前的"我学过什么"为"我学会了什么",切实达到"应知尽知"和"应会尽会"的标准。二是针对目前税收专业学生操作能力差的主要原因在于相关会计基础差和实务能力不强,切实抓好对税务会计事务技能的培养这一关键环节,确保学生形成真实的"上手能力"。三是通过建立实训模拟实验室和专业实习基地,实现课内"训"与课外"做"的有机结合。在上述三大培养途径的基础上,根据教学内容和课程安排,设计针对性的训练项目,使学生无论是模拟试验还是进行专业实习,都是围绕"做项目"针对性地进行实务训练和获得实践感知,以打通"教""学""训""做",并最终实现"做"的能力的形成。

2. 实现"三加一"培养模式的基本途径

"三加一"培养模式基于校内外两方面的教学资源和培养平台,通过充分调动教师、学生和产学研基地的积极性,以实现培养模式的有效运作,达到培养应用型税务专门才的目标。虽然就上述三种途径而言,已有的探索都有涉足,但是,切实可行的措施并不多见,以下就如何实现这一模式的具体措施提出几点初步的设想。

(1)通过动员学生创作"税法歌",加强学生对税法知识的掌握。我国目前的税制由四大类近20个税种构成,有关的税法条文和政策内容庞杂,而学好、用好税法的基本前提和标志就是做到对税收的法律规定和具体操作知识的熟练掌握,因此,如何记住和记牢税法知识,就成为税收专业学生必须面对的难关。在实践中,本科学生虽然经过了几年的税法学习,了解了一些基本的法律规定,但是,普遍的现状是学生最终对所学税法的掌握基本处于考完就忘、"一知半解"和"似是而非"的状态,原因就在于学生没有很好地进行有效的记忆。人的记忆规律是对形象、可联想、可上口的东西容易记忆且时间长久,甚至终生不忘。如果老师在税法教学过程中,动员学生创作"税法歌",充分激发学生的聪明才智,把对枯燥的税法知识学习和记忆变为类似文学创作的过程,那些枯燥的法律规定变成了容易记忆的、有韵律、容易上口的诗歌,从而使学生产生学习税法知识的兴趣,对税法知识的掌握和记忆达到全面、熟练。

(2)对收受征管流程和相关业务采取图示化创作教学。图示化是理清事物构成结构和分析复杂问题的有效方法。税收的征管操作,在实际业务流程中,根据不同的行业和税种特点以及涉及的任何部门以及环节的不同,其流程会有所不同。熟练掌握这些流程,对于提高实际的应用能力至关重要。为此,老师也可以考虑动员学生参与,结合实验课和专业实习,要求学生对不同税务的业务流程绘制出流程图,然后由老师进行指导和修改,并结合案例教学进行讲解,以达到强化记忆和熟练掌握的目标。

(3)实行产学研基地"聘教"制度,切实落实实习指导教师指导责任。在目前的学生专业实习中,学生进入实习单位基本是由实习单位随意安排带教老师,带教老师对实习生的指导处于"放任自流"甚至"有名无实"的状态,有可能使学生也处于"失习失教"的状态。为加强实习指导,应聘任指导教师,并提出明确的指导要求,同时给予一定的指导报酬,切实落实指导环节的内容和考核。

(4)在专业培养的不同环节设置训练项目。项目训练是强化学生实践能力的根本性措施,根据专业学习的进度和不同环节要求,开发训练项目,结合导师制、专业实习和社会实践以及毕业论文,对学生进行项目化的训练和针对性的实践教学,通过组建项目小组,发挥合作学习的优势,提高学生运用所学理论知识解决实际问题的能力。实施这一措施的关键在于开发出优秀的训练项目,同时,指导老师(包括带教老师和聘任的实务部门的老师)要全程参与指导,组织开展社会调查、座谈研讨活动,全过程要体现学生自主地位,切实调动学生动脑、动手的积极性与创造性。

五、结 语

税收应用型人才培养的"三加一"模式,是在现有教学模式改革探索的基础上,根据改革探索中仍存在的问题而提出的。这一模式能否发挥作用,需要结合实际效果,不断探索新的具体措施,希望本文提出的思路在这方面能起到抛砖引玉的作用。

参 考 文 献

[1] 章程.税务人才培养的若干设想[J].税务研究,2005(7).

[2] 樊京虎.新常态下加强复合型税务人才培养的思考[J].财经界,2015(24).

[3] 洪兆平.美日两国税务人才管理的基本实践及借鉴意义[J].扬州大学税务学院学报,2009(6).

税收学应用型本科专业建设的理论与实践探索

"一带一路"倡议下的税务人才培养探讨

李伯涛

内容提要:"一带一路"建设是我国的重大战略决策,为我国企业走出国门提供了历史机遇,也催生了对涉外税收人才的大量需求。本文探讨了在"一带一路"建设中,作为高等学校,应如何培养适应社会需求的税务人才,分析了现行税收专业课程体系、实践教学体系中存在的问题,并提出了优化课程体系设置、完善实践教学、开展人才培养国际合作等改进举措。

关键词:"一带一路" 课程体系 实践教学 国际合作

当前,世界经济融合加速发展,区域合作方兴未艾。在这一背景下,我国提出和其他国家共建"丝绸之路经济带"和"21世纪海上丝绸之路"(简称"一带一路"),引起国际社会高度关注。这是新时期我国对外开放的重大战略决策,对推动和深化区域合作具有重要意义。"一带一路"贯穿亚欧非大陆,一头是活跃的东亚经济圈,另一头是发达的欧洲经济圈,中间广大腹地国家经济发展潜力巨大,这为我国企业走出国门,和沿线众多国家开展深入的经济合作提供了历史性机遇。而在走出去的过程中,企业必然会产生对涉外税收服务的需求,日益凸显对具有国际视野税务人才的需求。因此,作为高等学校,在这一过程中应该如何担当起"一带一路"人才培养的战略使命,为企业以及会计师事务所、税务师事务所等中介机构培养适应社会需求的税务人才是个值得认真探讨的问题。

一、优化税收专业课程体系设置

随着中国与"一带一路"沿线国家之间经济活动的联系和相互依存程度的提高,税收对企业的影响越来越突出,如何解决各国之间税收矛盾或国际税收问题已成为企业发展的突出问题之一。因此,企业迫切需要通晓国际税收制度、熟悉税收筹划、懂得规避税收风险、充分利用各国税收优惠政策的国际化税收人才帮助其处理各项税收事务,以提高企业的国际竞争力和抗风险能力。

而当前我国税收专业的课程体系设计明显滞后于社会的需要,突出表现为课程设置、教学内容重国内轻国外,自我封闭状态较严重。现行的高校税收学专业主干课程主要包括"财政学""税收学""税法""税务会计""税务代理实务""税收筹划""税务管理""纳税检查""税收征管信息化"等,这些课程的授课内容主要是以我国国内的财政税收制度为背景设计的,主要目的是培养学生处理国内涉税问题的能力,而对其他国家的经济制度和财税制度鲜有涉及。在这种课程体系下培养出来的税收人才不可避免地出现思维只囿于狭隘的国内市场的情况,只会从很小的范围内来研究分析市场状况,从而人为地把国内市场与国际市场割裂开来。这样的人才,不熟悉国际市场环境,也不熟悉其他国家的税收制度以及国际税收问题处理的一般惯例,也十分缺乏处理国际税收问题的实践经验,所以根本不能适应企业走出去的需要。因此,为适应"一带一路"建设中对税务人才的需求,首先需要优化我国目前的税收专业课程设置。具体措施如下:

税收学应用型本科专业建设的理论与实践探索

一是要加强"一带一路"各国的经济政策及经济发展的相关教学内容,增设"国际商务""国际经济"等课程,使学生对"一带一路"沿线国家政治体制、经济体制、法律体系有一定程度的了解,并能够对国际商务运营、国际贸易谈判的通行规则和方式有所掌握,从而具有开阔的国际市场视野。二是增加"西方财税理论""国际税收""比较税制""外国税制"等课程的学分和授课时数,提高学生对上述课程的重视程度,加深学生对国际税收理论和国际税收制度的了解和认识,从而培养能全面把握国际税收惯例、合理处理国际经济活动中的税收问题,维护我国在国际经济交往中合法权益的税务人才。目前我国大多数高校的税收专业都在开设上述课程,但通常学分较少,授课时数不足,讲授内容较少,不被学生重视,事实上处在被边缘化的状态。因此,需要对上述理论课程进行改革。与此同时,还应适当增加一些国际税收方面的案例教学,根据我国企业在"一带一路"沿线国家投资收购、工程项目承包、贸易往来等经济活动中遇到的具有代表性的实际税收问题案例,给出相应的处理和解决方案,以培养学生利用专业知识解决实际问题的能力。三是设置专业外语课程,强化专业外语培训,推进外语应用。一方面,在现有财税专业英语课程的基础上,继续拓宽授课内容,提高授课难度,加强财税专业英语的听说读写训练,提高学生的实际使用英语的能力。英语作为国际化的语言,在对外经济交往中起着其他语言无法替代的重要作用,在涉外税收问题上也不例外。另一方面,适当增加一些小语种的培训课程,强化学生对"一带一路"沿线国家较具有代表性的一些小语种如俄语、法语、葡萄牙语等的学习。小语种的学习可能会在与特定国家的沟通交流中发挥不可忽视的重要作用。专业外语的学习可以与地区研究、国别研究结合起来,在要求学生掌握外语的同时可以提供国家(或地区)专题课程让学生学习某一国家(或地区)的历史、文化、商业惯例,成长为符合需要的高层次专业人才。

二、完善实践教学体系

在应用型人才培养过程中,实践教学是贯穿始终、不可缺少的重要组成部分。实践教学可以加深学生对理论知识的理解和运用,起到事半功倍的教学效果,还可以在理论学习的基础上及时与实际问题相联系,既可以提高学生运用理论分析、解决实际问题的能力,又可以增强学生拓展式、延伸式的学习能力,培养科学思维和创新精神,是提高应用型人才培养质量的有效途径。

就现阶段我国各高校税收专业的实际情况而言,建立各类税务模拟实验室和校外实习基地是税收实践教学的两种主要形式。但这两种税收实践教学形式在培养适应"一带一路"建设的税收人才方面各自存在着一些不容忽视的问题,未来需要加以解决。一是现有的税务模拟实验室,和理论教学相类似,模拟的主要是国内税务问题的处理,缺少对国际税务问题的模拟模块。学生在模拟实验室学习到的税务处理方法可能和国内的纳税实践更一致,而不一定能够适合处理企业在"一带一路"沿线国家从事经营活动时所遇到的税收问题。因此,税收模拟实验室需要增加国际税务运行模块,对"一带一路"沿线较具代表性国家的税收实务操作进行模拟,使学生在实验室就可以接触到在企业走出去的过程中经常会遇到的一些国际税务问题,提高学生解决这些问题的能力。二是目前我国高校税收专业的人才培养实习基地基本上都是建在国内,和国内企业、税务代理中介机构、政府的财政税务机关进行合作培养税收人才。但和国内税收实习基地相比,海外实习基地的建立更有助于增强学生对不同国家税务实践活动差异的了解,提高学生处理不同国家涉税问题的能力。所以未来需要考虑在"一带一路"沿线国家建立海外实习基地。随着中国经济几十年的高速增长,我国高校的财务状况有了很大的改善,财政实力有了明显的提高,部分高校已具备了在海外建立实习基地的能力。再加上国内企业在国外设立分支机构和并购国外企业的数量日渐增多,在海外建立实习基地具有了现实可行性。因此,我国高校应当在现有国内实践基地的基础上,加紧海外实践基地的建设,让学生有机会实际接触各种类型的涉外税收业务。在海外实习基地,学生更容易深入项目所在国,了解当地特有的经济社会制度,特别是财政税收制度以及各种类型的涉税业务流程,在理论学习和实际国际税收工作之间更容易构筑起过渡的桥梁和纽带,缩短理论与实践对接的时间。

除了以上税收实践教学形式外,在培养适应"一带一路"建设的国际税收人才方面,还可以让学生参加教师承担的有关课题的调研,或者利用出国访学的机会让学生自己到沿线国家进行社会调查,分析调查内容,得出调查结论,撰写调

查报告。"一带一路"的建设在我国刚刚开始,还有许多问题需要加以深入研究,目前由高校教师承担的相关研究项目众多。在这种背景下,可以让学生参与到有关项目的研究中来,在研究中加深对沿线国家财政税收制度的了解和认识。另外,近几年,出国访学的学生人数日益增多,在这种情况下也可以鼓励学生借出国学习的机会到国外进行社会调查,比如调查当地中资企业在经营过程中所遇到的财税方面的困难,增强学生的感性认识。

三、开展税务人才培养的国际合作

在培养"一带一路"建设所需要的税务人才时,走国际合作之路是必不可少的。由于各种原因,国内通晓国际税收理论和国际税收实务的人才较少,因此大多数高校都缺乏国际税收教师。在这种情况下仅仅依靠国内高校的力量,很难完成培养足够国际税收人才的任务,因此开展国际交流和合作是很必要的。与普通高等教育相比,与国外有关高校合作办学教育也有助于引进国外优质教育资源,更新办学理念,提高办学水平和办学质量,培养国际化人才。具体可考虑以下措施:

一是开展国际合作办学项目,探索多元化培养模式。为了开拓教育国际合作与交流的新领域,引进国外优质教育资源和先进办学经验,培养通晓"一带一路"沿线各国政治、经济制度的国际税收人才,高校应考虑和沿线国家的有关高校签订合作协议,开展合作办学。高校可以每年选派一定比例的学生到合作学校留学,如短期访问交流,交换学生等,使学生在访问交流中和当地的师生充分沟通,从而能更深刻地理解各国文化、经济、社会等方面存在的差异。也可以对在学校里品学兼优的学生,通过公开选拔的方式,让其参加国际外语水平考试,对于通过者,高校为其提供公费奖学金并签订留学协议,对进入"一带一路"国家高水平大学或研究机构学习完成学业者,要求其履行回国服务的职责。另外,国内高校可以和国外高校实施"2+2""2+3"等联合培养项目,由经验丰富的中外教师按照中西合璧的课程设置共同授课,量体裁衣,因材施教,共同培养税收专业具有国际化专业知识的人才,使学生能够成为既熟悉国际经济运作,又熟练掌握外语、科技知识,了解各国国情、经济、社会的高端人才。

二是聘请国外高校学者来校任教。国内学校可以邀请"一带一路"沿线国家高校的学者来华进行短期的访问,为学生和教师开设学术讲座或者开设短期培训课程,对其国内某一方面的研究进行介绍。也可以对有关国家的专家进行长期聘任,引进其学术团队,开设一门和其所在国家经济政治制度密切相关的课程,并鼓励其对所在国家某一方面的问题进行长期研究,积累相关研究成果。

另外,学校还可以广泛招聘一定量的外籍教师承担相应的外语课程教学,培养小语种人才。外籍教师授课,有利于学生在学会知识、掌握外语的同时,接受国外文化的熏陶,提高他们的综合素质。

三是开展教师间的科研合作与学术交流,提高教师教学水平。为了适应国际化税收人才培养的需要,学校可以定期派专任教师去"一带一路"沿线国家高校学习,以访问学者的身份进修课程、讲授课程或者研究课题。教师在进修的过程中,通过与国外高校专家进行观点和思维的碰撞,能够及时了解和掌握当地的经济社会发展形势和有关政府的经济社会政策。

四是开展项目教学国际合作。项目教学是为企业解决实际问题而进行课程设计的教学方式,是一种新型的产学研合作教育形式。项目课题来自在国外开展经营活动的企业,学生结合企业需求,在中外教师指导下独立完成从市场调研到项目报告撰写整个过程,培养学生处理实践中遇到的复杂税务问题的能力。

四、小结

"一带一路"建设事关我国未来的长期可持续发展。在这一建设过程中,为国家培养合适的税务人才是我国高校税收专业义不容辞的历史责任。本文从税收专业课程设置、实践教学体系完善、人才培养的国际化合作几个方面初步探讨了在"一带一路"税务人才培养过程中需要解决的突出问题,提出了相关解决方案,希望对我国的"一带一路"建设有所助益。

参 考 文 献

[1] 樊慧霞.本科教育中税收学应用性人才培养的思考[J].内蒙古财经大学学报,2013(5).

[2] 高丽霞.加强国际交流合作,培养国际商务人才[J].现代商贸工业,2009(2).

[3] 古建芹,李金荣,刘献灿.税收专业实用性本科教育实践教学的思考[J].河北经贸大学学报(综合版),2009(4).

[4] 经庭如,崔志坤.关于高校本科税务专业实践能力培养的思考[J].淮北职业技术学院学报,2012(1).

[5] 刘珺,许宗凤,游振宇.地方本科高校转型背景下税收学专业实践教学体系建设与改革——以铜陵学院为例[J].铜陵学院学报,2016(1).

[6] 黎春燕,李伟铭.我国高校国际化人才培养路径与配套机制研究[J].科教导刊,2012(7)(上).

[7] 韦宁卫,罗江.中国—东盟自由贸易区新型税收人才的培养研究[J].会计之友,2009(3).

税收应用型本科人才培养模式改革探索

——基于课堂教学模式创新的视角

李　艳

内容提要：本文从应用型人才培养模式的内涵出发，在重新定位税收学专业人才培养目标的基础上，从课堂教学模式创新的视角，对税收学专业创新性应用型人才培养进行了新的探索，尝试使用"雨课堂"这种创新型教学模式，并取得了满意的效果，不仅激发了学生的创新性思维，还培养了学生的创新精神和创新能力。

关键词：税收学　应用型　人才培养模式　雨课堂

人才培养质量和人才培养体制问题越来越受到教育界及全社会的重视和关注。《国家中长期教育改革和发展规划纲要（2010—2020 年）》提出了改革人才培养体制一定要"创新人才培养模式""探索多种培养方式"的要求。人才培养模式创新既是高等教育研究的重大理论和实践问题，也是高等教育发展的综合性改革项目。

一、应用型人才培养模式的内涵

什么是人才培养模式，学者的表述虽有不同，但认识是趋同的。教育部在《关于深化教学改革，培养适应 21 世纪需要的高质量人才的意见》（教高〔1998〕2 号）中将其描述为："人才培养模式是学校为学生构建的知识、能力、素质结构，以及实现这种结构的方式，它从根本上规定了人才特征并集中地体现了教育思想和教育观念。"那么，什么是应用型人才呢？应用型人才的概念是相较于专门学术型人才概念提出的，所以我们先要了解一下什么是专门学术型人才。众所周知，专门学术型人才是为了寻求知识，对真理的追求是其驱动力，在其所属的学科专业领域内追求精、深、专的知识背景，在此基础上对现有知识作出批判性思考，检验知识的真伪。那么，应用型人才是以解决现实问题为目的，在知识运用的过程中提出问题，其有更宽广或者跨学科的知识视野，注重知识的有用性，有创新精神和综合运用知识的能力，但不一定需要非常精深的理论知识。简言之，

应用型本科的人才应是"具有较强技术理论基础,实践技能和应用能力,并且服务于生产建设,管理能力的技术人才"。

对于应用型人才的培养,不同的学者也给出了不同的观点。依据不同的培养目标或社会需求,学者纷纷提出了不同的模式类型。主要有以下三种模式:

一是服务型模式。胡赤弟等学者在分析我国就业形势后提出"服务型人才培养模式",强调"就业—可雇佣性",真正从知识与能力上提高大学生的可雇佣性。[①]

二是多样化模式。唐毅谦等学者提出三类模式。第一类是以就业为目标,为经济文化发展输送生产第一线、实践能力强的技术型人才。第二类是提高学生开发、设计能力,培养从事设计、生产管理的工程型人才。第三类是以科研促进教学,培养进一步学习深造、可从事应用科学技术研究和开发工作的研究型人才的培养体系。[②]

三是校地合作型模式。朱林生等学者提出了四种模式。一是"嵌入式"。引进企业课程体系,在不改变专业教学计划原有整体格局情况下,将课程有机嵌入专业教学计划,采用"2+1+1"模式。二是"订制式"。依托专业优势,为企业进行定向人才培养。三是"整体合作式"。与企业进行"实体合作",依托相关专业建立二级学院,双方共同开发专业课程,共同制定课程体系,共同建设师资队伍,共建实验室和实习实训基地。四是"校地企合作式"。与政府、国际知名企业合作,设置课程体系,共同打造职业训练平台,面向整个行业培养专业人才。[③]

上述几种应用型人才的培养模式,基本概括了目前高校的现实做法。只不过不同的高校依据自身不同的条件和不同的需求,而采用不同的应用型人才培养模式。

二、税收创新性应用型本科人才培养的定位

税收学专业应用型人才培养的目标定位是要求学生能够运用所学的税收知识分析和解决经济生活中的现实问题,做到学以致用,以便为学生将来从事财政、财务、税务管理工作提供必要的知识能力准备,以适应社会经济发展对复合型、应用型专门人才的需要。基于学院已有的基础,特别是学院秉承"开拓创新,

① 胡赤弟.构建服务型培养模式培养高素质应用型人才[J].中国高等教育,2009(19):35-36.
② 唐毅谦,陈琳,王钟箐.构建分类培养体系培养高素质应用型人才——以成都学院为例[J].中国大学教学,2010(1):34-36.
③ 朱林生,顾永安,高新华,钱忆平.新建本科院校培养应用型人才的探索:基于校地互动的视角[J].中国大学教学,2010(9):25-27.

办出特色,争创品牌"的办学理念,培养高素质、有特色的应用型财税人才的办学定位,为今后探索创新性应用型人才的培养目标的定位夯实了基础。此外,上海立信会计金融学院财税与公共管理学院已与中国注册税务师协会、上海注册税务师协会保持多年的产学研合作关系,加之立信、尤尼泰、闻政等实务部门校外实习基地可为学生提供大量实习机会。坚实的合作基础与实践基地,为今后探索税收学专业创新性应用型人才培养提供有力的保障。

税收学专业创新性应用型人才的培养,可以从课程平台设置、教学内容与形式、师资队伍等多角度、多方位来探讨,本文主要从教学形式这一角度来展开探讨税收学专业创新性应用型人才的培养。

三、"雨课堂"教学模式在税收学创新性应用型本科人才培养中的尝试

"雨课堂"是由学堂在线和清华大学在线教育部共同研发推出的智慧教学工具,它是通过 MOOC 平台"学堂在线"推出的混合式教学工具。通过"雨课堂",教师可以通过微信将带有 MOOC 视频、习题、语音的课前预习课件实时推送到学生手机上,并可按自己教学风格和教学节奏来进行教学设计。"雨课堂"科学地覆盖了课前、课上、课后的每一个教学环节,基本实现了教师对教学全周期的数据采集工作,从课前预习、课堂互动、课后作业等层面,帮助教师分析课程数据,量化分析学生的学习情况,实现精准教学,是教学模式的一种创新。

下文以税收学专业课程为例,借助于雨课堂软件及微信平台,从课前预习、课中讲授、课后总结三个教学环节呈现创新型的"雨课堂"教学模式在课堂教学过程中的应用情况,如图1所示。

1. 课前预习

教师在开始课堂教学活动前几天或是前一个星期,在"雨课堂"的"我的班级"中提前发布课件或是在班级微信平台上预先上传上课所用 PPT、学习内容的音视频材料等相材料,根据课时安排,教师布置学生的预习任务,学生通过"我的课件库"与"我的试题库"学习平台上提供的资源进行自主学习,并将自学过程中的学习难点做以标志,带着问题迎接教师的课堂教学,培养了学生的自学能力。

教师可通过查看学习日志,了解学生们的预习进度及部分学生报告给教师的不懂的问题,集中整理学生不懂问题作为课堂讲授的一个重点。具体如图2所示。

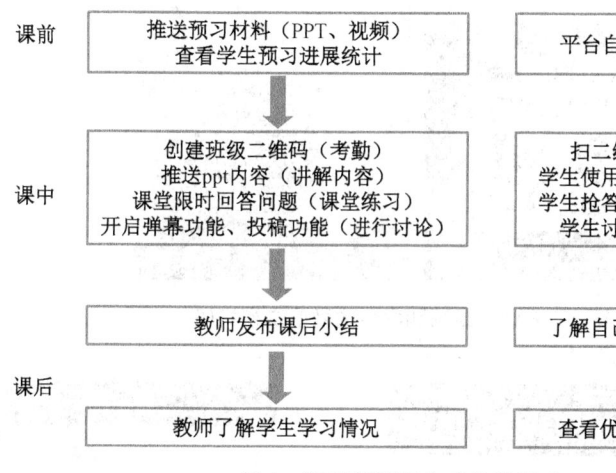

	教师	学生
课前	推送预习材料（PPT、视频）查看学生预习进展统计	平台自主预习、学习
课中	创建班级二维码（考勤）推送ppt内容（讲解内容）课堂限时回答问题（课堂练习）开启弹幕功能、投稿功能（进行讨论）	扫二维码进入班级 学生使用收藏、不懂按键 学生抢答，获得平时成绩 学生讨论，发布观点
课后	教师发布课后小结	了解自己课堂表现情况
	教师了解学生学习情况	查看优秀、预警名单

图1 "雨课堂"混合式教学模式

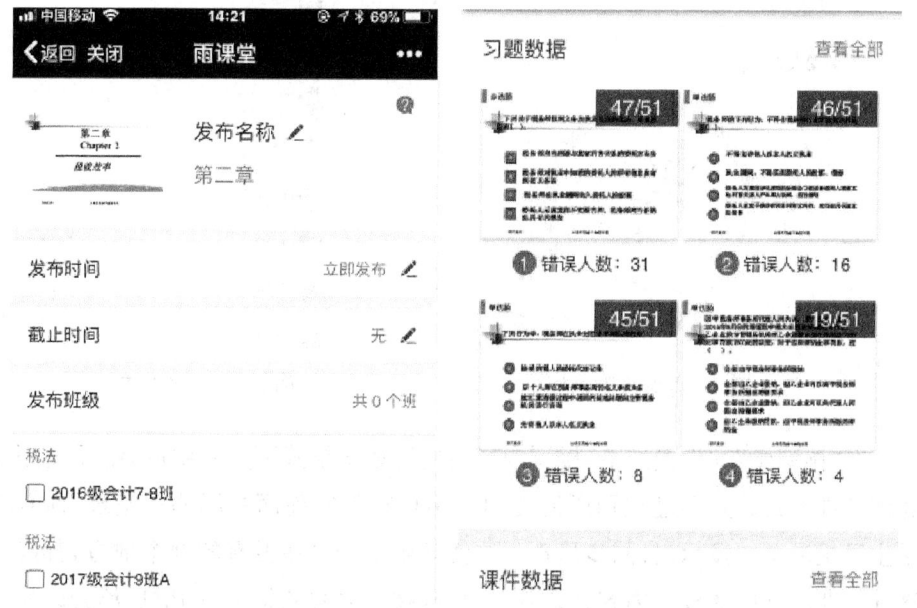

图2 教学课件及相关教学资料

2. 课中讲授

开启"雨课堂"授课模式，教师先通过扫码登录"雨课堂"，开启"雨课堂"授课，创建课程与班级二维码，接下来学生通过扫班级二维度码进入该班级并自动完成签到，这是考勤方式的一种创新，也是培养学生创新意识的一种举措。数据显示课堂人数为93人，如果想知道哪些学生没有到课堂，则可以查看未签到的详细名单就能知晓。具体如图 3 至图 5 所示。

图 3 教师二维码和学生的微信二维扫码

图 4 课堂人数数据

图 5 学生签到名单

在"雨课堂"教学模式下,授课内容与传统教学模式下是一致的,都是使用多媒体课件形式。只不过教师所讲的内容不仅在教室前面的屏幕上呈现,而且在学生手机屏幕中显示,且同步呈现。这使学生不论坐在教室的哪个地方,都能清晰地捕获教师所讲授的内容。课堂上,教师授课内容的每一页 PPT 都会即时发送到学生端,为了方便学生把课堂中重要的或不懂得知识点进行整理,每页 PPT 下方还设计有"收藏"和"不懂"按钮,教师讲课中也会收到匿名"不懂"数据的反馈,从而方便教师掌握学生的听课情况,进而调整课程节奏及重点讲解。在课堂程内容的讲授过程中,如果学生遇到对哪一个问题不理解或不懂,教师可以提醒学生点击该页 PPT 页面的右下方的不懂键做标志。同样,如果学生认为某页 PPT 的内容非常重要,则可以点击该页 PPT 页面右下角的收藏键,则将该也 PPT 收藏在自己的手机里,供以后之用,学生的动手操作能力得到了提高。为了了解学生对所讲授的内容的掌握或理解情况,教师可以通过课件统计数据页面来了解学生对某页 PPT 的内容不懂的人数,便于教师及时掌握学生的学习情况,进而微调教学内容及讲授重点,提高了课堂的教学效果和效率。具体如图 6 所示。

图6　课件数据显示页面

　　为了了解学生对所讲授的内容掌握情况,通常在课堂上教师会让学生做些练习题来检验学生对教师讲授内容的掌握情况。学生可以通过课堂投稿方式,直接将自己所做的答案上传给老师。学生也可以通过"雨课堂"软件制作 PPT 中所显示的题目让学生来做练习,并采用限时推送的方式计入平时成绩的方式,使学生积极思考,课堂气氛也活跃起来。教师通过查看课件统计数据及时了解学生的做题对错情况,也可以使用手机来显示每个学生做题答案,第一时间有针对性地对学生做错的题进行讲解,教学效果非常理想,实践能力大大增强。具体如图 7 至图 10 所示。

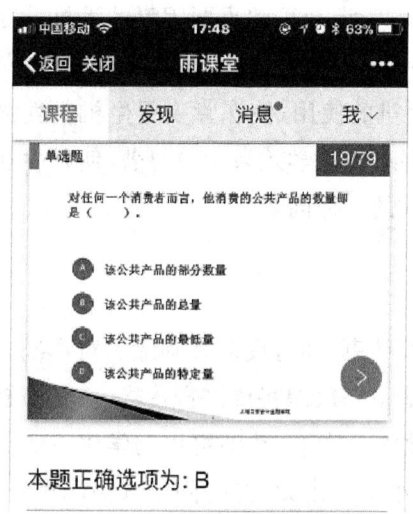

图7　正确答案显示

图8　学生答案显示

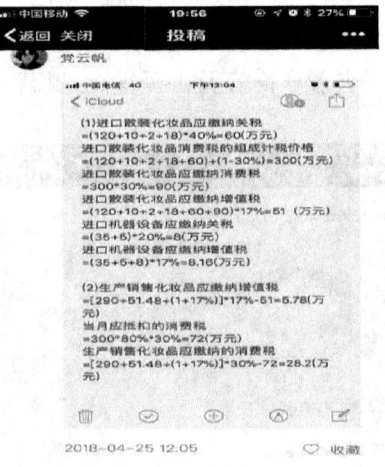

1	91%	100%	平均分0.9 / 1 查看
2	100%	100%	平均分1 / 1 查看
3	86%	96%	平均分0.9 / 1 查看
4	68%	96%	平均分0.7 / 1 查看
5	34%	96%	平均分0.3 / 1 查看

客观题   ● 正确率   ● 答题率

图 9 学生答题得分显示　　　　　图 10 学生的投稿

税收学应用型本科专业建设的理论与实践探索

对于税收学专业教学内容中热点及难点问题,在传统教学过程中,教师通常采用分组讨论方式来对某一问题展开深入探讨,但在实践过程中,每个小组中总有人存在免费搭车现象,不发表自己的观点。"雨课堂"教学模式在设计时考虑到师生互动环节的重要性,设置了弹幕这个十分有特色的功能。在"雨课堂"教学模式下,教师开启弹幕功能或是投稿功能,学生将自己不同观点在弹幕中得以显示,因弹幕显示中只有学生发布的观点,而没有显示学生的姓名,所以学生们非常愿意分享自己的想法,或与其他同学进行讨论,进行思想的碰撞、意识的交流,这种讨论方式非常受学生们的欢迎,并实现不同学生不同观点的分享。这不仅有利于提高学生的创新性思维,还提高了学生分析问题、解决问题的实际应用能力。"雨课堂"教学成功地将课堂上影响听课效果的重要因素的手机转变为帮助学生学习的工具。最重要的是让每一位学生都可以参与到课堂学习中来,极大地激发了学习的兴趣。"雨课堂"或手机的使用,使课堂变得生机勃勃鲜活起来,学生会紧随教师的课堂节奏。"雨课堂"的教学效果十分显著,使师生互动达到前所未有的高度,的的确确是教学模式的一种创新。

3. 课后总结

传统教学模式下,一次课程讲授即将结束之时,授课教师除了对本次课程所讲授内容作以简要总结以外,常常会提醒下一次课将要讲授内容,或是布置一些思考题或是习题而已。但在"雨课堂"教学模式下,教师可以与学生一起分享本次课程教讲授的课堂数据,作一次课程小结。比如,哪些同学选择题做错,哪些同学在讨论问题时发表了自己观点,哪些同本次课堂表现优秀,哪些同学本次课堂表现不佳。对优秀的学生以小红包鼓励,对"预警"学生提出"善意警告",在轻松欢快的气氛中,圆满结束本次课程,不断培养了学生创新的理念。具体如图11、图12所示。

图 11 课后小结

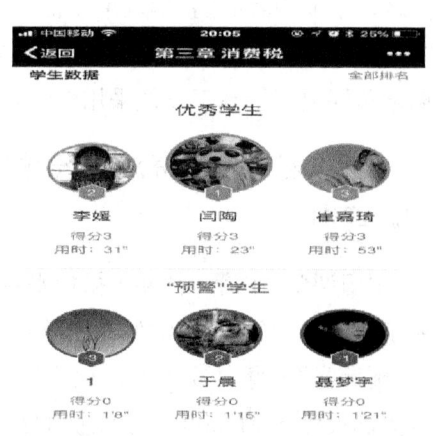

图 12 优秀及预警学生名单

四、"雨课堂"教学模式在税收学专业应用型人才培养中的效果

在传统教学课堂上,通常是以教师作为整个课堂的中心,虽然能够发挥出教师在课堂上的主导作用,但是不利于学生与教师之间的互动与交流。而"雨课堂"教学模式将线上学习与课堂讲授有机结合,即将"雨课堂"、微视频、手机微信等网络平台与资源与教师课堂讲授有机融合,从而达到提高教学效果的目的。截至目前,使用"雨课堂"教学模式的班级已经达到 15 个班级及不同课程,教学效果比较理想。每次在学期结束时向学生征求教学改进建议时,都会得到不同班级学生的认可,且教学效果凸显,具体表现如下。

1. 课堂变得鲜活,学生学习热情高涨,激发了学生的创新性思维

"雨课堂"内教学模式在课堂教学中的运用,能够使枯燥乏味的课堂变得更加的生动、直观,尤其是"雨课堂"软件、视频、手机微信等手段的使用,使原本沉闷的课堂鲜活起来,极大地激发了学生学习热情,如选择题中设置限时回答时间,使学生很快兴奋和紧张起来,调动学生学习的主动性与积极性。弹幕推送功能的开启,让学生敞开心扉,毫无顾忌地真实表达自己的观点与奇特的想法,同学间思想火花的碰撞、灵感的产生,极大地激发了学生创新性思维,特别课前利

用微信红包来签到,使学生处于上课前热身准备中,很容易抓住学生的注意力,教学效果非常好,学生满意度高。"雨课堂"教学模式为课堂增添了活力与动力,给学生带来新鲜的体验,不仅增强了学生学习的兴趣,还提高了学生实务操作及实践动手能力,课堂教学效果非常理想。从"税收学""税务代理实务""税收筹划""财政学""税法"等几门课程教学实践来看,采用"雨课堂"教学模式的班级学生的期末总评成绩均高于以往采用传统教学模式授课的班级学生的期末总评成绩。

2. 丰富的教学资源,灵活的学习方式,培养了学生的创新精神和创新能力

税收学应用型本科专业建设的理论与实践探索

"雨课堂"作为一种基于微信平台的翻转教学,与传统教学相比,使教与学更明了,可以更好地调动学生课堂学习积极性与主动性。智能互联网席卷课堂,随着"雨课堂"教育学习软件的逐渐完善,大学的课堂会更加活跃,学生的学习方式会更加灵活,学生将在轻松愉快的氛围内获取知识成为可能。"雨课堂"的全面推广应用,是智慧化建设的成果体现。这种以新潮的方式正确引导学生灵活高效学习的形式,为教育教学转型发展注入了活力。

目前,教师已经可以将课件、视频、练习题、课外阅读资料、前沿信息动态等教学资源发布在"雨课堂"或微信平台上。学生利用网络平台进行自学,并且在网络平台与教师进行互动,渐渐提高了学生的自学能力。另外,实务操作视频具有生动的直观情境,能全方位地透视主题展示地操作流程。学生在这种真实的课堂环境中,可以更好介入课堂教学的内容,直观模拟实务操作流程。此外,如果哪些操作没看懂,学生可以自行进行重复播放,直到清晰掌握,大大提高了学生的实务操作能力与实践动手能力。总之,课前预习、课中讲授、课后总结三个教学环节,培养了学生的创新精神和创新能力。

"雨课堂"教学模式,不仅对学生的学习态度和学习习惯提出了新的要求,同时也对教师的知识储备、教学组织能力有了更高层次的要求。但对教师而言,不能不说是一种教学理念与实践的创新与挑战,课程内容的设计需重新构建,课程的知识点需重新深度拆解,线上与线下内容比例的安排等诸多要素需重新考量,这需要一线教师在课堂教学实践中去不断地探索与总结。"雨课堂"教学模式的出现,可以说是让更多教师跑步进入了"智慧教学时代",教学从"经验驱动"变成"数据驱动",高校教师亦从"知识传授者"变成"学习指导者"。

参 考 文 献

[1] 胡赤弟.构建服务型培养模式培养高素质应用型人才[J].中国高等教育,2009(19).

［2］唐毅谦,陈琳,王钟箐.构建分类培养体系培养高素质应用型人才——以成都学院为例[J].中国大学教学,2010(1).

［3］朱林生,顾永安,高新华,钱忆平.新建本科院校培养应用型人才的探索:基于校地互动的视角[J].中国大学教学,2010(9).

［4］王国华,俞树煜.国内混合式学习研究现状分析[J].中国远程教育,2015(2).

［5］牟占生,董博杰.基于MOOC的混合式学习模式探究——以Coursera平台为例[J].现代教育技术,2014(5).

［6］蒋翀,费洪晓.基于MOOC的混合教学模式设计与应用研究[J].高等理科教育,2015(3).

税务师培训市场的发展与高校税务师人才培养的应对

何自强

内容提要： 随着税务师在社会经济中的作用越来越重要，培训市场作出了灵敏的反应，不少网校和实体纷纷开设税务师培训项目，对高校税务师专业发展与人才培养构成了冲击。高校作为税务师人才培养的重要基地，一方面要巩固市场不能提供的人文素养、思维模式与创新能力等质量优势；另一方面要在课程设置与培养层次上完善与提升，形成税务师培养的共赢局面。

关键词： 税务师　培训市场　高校　应对

目前全球经济的相互依赖与竞争程度加深，企业的商业模式与涉税事务愈来愈复杂，涉税服务需要弥补公共服务的不足，这些方面都迫切需要税务师人才。高校是税务师人才培养的重要基地。税务师行业还具有资格证书的行业准入特征，在高校外有大量的市场培训机构辅导税务师资格考试。税务师培训市场的发展一定程度上构成了高校教育的竞争对手，高校的税务师专业课程设置与教育需要研究市场培训机构的特点与影响，采取对应性的措施，发挥出自身的优势与特长，完善税务师的高校培养。

一、税务师网络培训市场状况

网络培训又称 e-Learning、在线培训、网络学院、网络教育和在线学习等，e-Learning可定义为通过应用信息科技和互联网急速进行内容传播和快速学习的方法。网络的发展促进学习的发展。随着互联网的不断发展壮大，网络培训这一新兴学习方式在培训市场上占据了很大份额。自 1996 年 9 月中国第一家网校（101 远程教育网校）建立以来，网络培训机构得到迅速发展。越来越多的税务师网络培训机构创立，由于在培训内容、师资力量与注册会计师培训有重合之处，一般是与注册会计师合并开展，单纯从事税务师培训的网络机构还较少，知名的如中税协网校、123 考试在线。

包含税务师培训在内的网校中,较为知名的有中华会计网校、东奥会计在线、环球财经网校、中大会计网校、中国会计网校、新华会计网、财考网等等。其中中华会计网校、中国会计网校、财考网是成立较早的网络培训机构,近年来也有不少网校成立,如东奥会计在线、新华会计网等。我们选取其中 5 家网校,具体分析其产品构成、学员情况、网站结构以及收费情况,相关的情况的比较如表 1 所示。

表 1　　　　　　　　　　网校基本情况对比表

学校＼项目	产品构成	学员情况	网站结构
中华会计网校	会计从业资格、初级会计职称、中级会计职称、高级会计师、注册会计师、注册税务师、注册资产评估师、初级审计师、中级审计师等	针对全国范围招生	包括考试信息区、财税实务区、图书期刊、资讯中心、在线服务等几大部分
环球财经网校	会计从业资格(会计证)、会计职称、注册会计师、注册税务师、资产评估师、审计师等	针对全国范围招生	包括考试日历、辅导课程、在线模考、备考经验、学员心声、考试用书、在线服务等几大部分
东奥财经在线	会计从业、初级职称、中级职称、高级会计师、注册会计师、注册税务师等	针对全国范围招生	包括网校辅导、考试信息、学员心声、资讯中心、会计实务、法律法规、在线服务等几大部分
新华会计网	会计从业资格、初级会计师、中级会计师、高级会计师、注册会计师、注册税务师、审计师等	针对全国范围招生	包括网上辅导、财税实务、法律法规、财税新闻、在线服务等几大部分
中大会计网校	经济师考试、会计从业、会计职称、注册会计师、注册税务师、资产评估师、审计师、高级会计师等	针对全国范围招生	包括考试日历、选课中心、在线模考、考试问答、考试用书、学员心声等几大部分

5 家网校的产品构成均包含了税务师与注册会计师等财经类产品的培训,其余产品则是视各网校的发展情况来选择开设与否;师资力量强大,教师、财务专业人士、年轻的财务人才是网校教师的主要构成人群,来自不同行业的他们给网校的教学方法增添了多样性;其招生范围广阔,针对全国招生,甚至有一些外国学员,凡是对经济有兴趣的人均可报名参加培训,其中 20～30 岁的年轻人占多数,如在校大学生、职场新人等;各网校的网站结构相差无几,但也有着各自的特色区域,如环球财经的备考经验板块就独具特色。

就课程设置情况而言,5 家网校针对税务师考试都开设有不同层次的培训课程,有按照学习的不同阶段设置的基础班、提升班、冲刺班,还有根据学习者的购买能力设置的超值优惠班、金品保障班、通关无忧班。培训机构充分利用市场机制,提供了差异性的课程服务,满足学习者的各种需求。

比较5家网校的课程收费情况,中华会计网校、环球财经网校、东奥财经在线、中大会计网校4家网校的收费标准是差不多的,其中存在的一些差异是由于选取比较的课程培训内容的差异造成的,由于各网校课程培训的班级分发不一,所以很难找到一个平衡点,尽管选取的是一个相对接近的班级设定进行比较,但其中也会存在一些细小差异,而这些差异正是导致收费标准存在细小差异的原因。可以看出新华会计网校的收费标准相对其他四家网校而言普遍偏低,推测其原因如下:一是由于课程的培训仅包含基础讲授;二是由于网校成立较晚,为了吸引跟多学员,因此以低价进行收费。但总体而言,各网校的收费情况相差较小。

5家网校的产品构成不仅包括注册税务师项目,还包括了会计、审计、资产评估等多方面的培训,可谓是渗透了大部分经济类科目;就其师资而言,不但包括了国内各大高校的在校教师,而且还包括了政府财政部门就职人员,以及各个行业的财务优秀人才;网校学员来源广泛,不像其他类型的培训机构有地域、学位等限制,想成为网校学员,有网便可;网站结构虽大相径庭,但也各具特色。

对5个主要的网络培训机构的调查可以看出,网络培训在会计培训市场上是极具竞争力的。在这个快速发展的时代,人们的大多时间都花在了"路上",从而使他们没有足够的时间进行面对面的培训。但是现在,这些在"路上"的人们可以通过网络培训机构在他们难得的空余时间进行学习、交流。社会在进步,而网络则伴着我们的社会不断进步,因此可见网络培训机构在未来的税务师培训中将有较大的份额。

二、注册税务师实体类培训机构调研

在上海开展税务师培训的社会机构主要有仁和会计、学而森、优路教育、高顿财经等。多数的实体类培训机构都为综合类培训机构,除了税务师培训课程以外,企业旗下还开设其他不同种类不同领域的培训课程。这可能与实体类培训机构开设的费用成本较高有关,如果只开设单一的税务师培训可能无法获得更好的盈利。高顿财经在经营实体培训机构的同时还开设有高顿财经网校,其网校中也包括了税务师培训课程,课程的种类相较于实体课程更加丰富,价钱相较实体课程也便宜一些,这种实体培训和网络培训两者互相结合、优势互补的经营模式,值得更多的培训机构借鉴学习。

在课程收费方面我们可以看出,仁和会计略贵外,其他各家机构收费大致相近,而导致费用差异的原因在于课程的具体形式不同。仁和会计开设的课程课

税收学应用型本科专业建设的理论与实践探索

时较多且更加精细,所以收费也存在一定差异。这和其课程教学资源要求高,授课难度增大有关。

在课程开设时间分布方面,实体培训机构开设的课程71%集中在周末,工作日开设的课程也全部设置在晚上。这也是为了满足大多数参加培训的学生由于学校课程或工作原因只有特定时间可以参加课程的需求。

三、培训市场对高校税务师人才培养的影响

我国目前已有29个省市70多家高校开设了税收学专业,包括中央财经大学、立信等在内的部分高校按照税收筹划、国际税收、税务师等方向对人才培养进行了细化。在专门设置税务师专业方向的近13所高校中,本科阶段培养的税务师人才每年约六七百人,规模还有待扩大。税务师培训市场基于灵活的市场定价,能够设置各种课程提供给不同类型和背景的学习者,同时可以利用网络优势消除学习者的时间空间差异,并通过优厚的待遇吸引名师整合有招生吸引力的师资力量。培训市场对高校税务师人才的培养有如下几方面的影响。

1. 培训机构对税务师通过率的追求吸引了不少学生

培训市场关注税务师资格考试的通过率,大多以此作为招生宣传的热点。课程设置也紧紧围绕通过率展开,教学内容上各个培训机构只开设5门考试课程,此外的课程基本不开设。教学上,是通过对5门考试科目进行针对性较强的高强度的训练,保障学员的通过率,以此保证市场知名度和招生份额。

这些市场培训机构以较为优厚的待遇聘请知名的税务师资格考试方面的专家进行授课,通过应试性较强的练习与辅导,一般能保证学员在资格考试中的通过率。由于参加市场培训能保证一定的考试通过率,不少学生因此选择参加知名的培训机构。培训机构虽然不会带走在校学生,但在校学生参加市场培训,在校学习相应会减少一定的时间与精力,形成本校同样教学内容在校外学习更有兴趣的局面,一定程度影响到高校专业教学的质量。

2. 便利的课程资源具有一定的竞争力

税务师市场培训中网络培训占据较大份额。培训机构开设的网络课程,能随时随地为分处各地的学员学习,解决了课堂教学在时间与空间上局限,扩大了教育的范围,让更多的有志者能参加到税务师的学习中来。网络课程的开设为不少在职学习者提供了方便,使他们能够兼顾工作与学习,有更多的机会考取税务师资格。税务师网络课程的学习者中也有不少的在校学生,他们听取网络课

程来强化资格考试的准备,希望能够进一步保障考试的通过率。市场培训机构拓宽了注册税务师人才培养的范围,同时也吸引了一部分在校学生的参与,在生源上对高校的注税人才培养可能会有一定的负面作用。有部分同学在报考高校及选择专业时,可能会由于税务师市场培训机构的存在与其方便易于获得的教学资源而选择其他专业方向,而将税务师资格考试选择在培训机构学习通过。

3. 高强度精简式教学方式

市场培训机构作为企业,其目标是通过培训做到利润最大化。税务师资格考试较高的通过率与有名的师资可以让培训机构吸引到尽量多的生源。在随后的授课中,培训机构紧紧围绕考试科目和考试内容展开。培训机构的教学内容根据考题分值分布的内容来讲授,是纯粹应试型的,与考试的没有直接联系的相关内容,培训机构不会花费成本与时间来讲授。授课内容做到尽量精简,一方面控制住成本保证了企业的营利性;另一方面,学员的学习内容得到简化、学习压力得以减轻,相较于其他要求学习内容更多的教学方式与机构,不少的学员会因此选择市场培训机构。对于教学内容,市场培训机构要求学员做大量的练习予以巩固,在接近税务师资格考试的阶段,还要求做不少的模拟测试。市场培训机构尽量将教学内容浓缩在考试分值的分布范围内,通过大量练习和模拟测验强化考试内容,保证资格考试的通过率。这样的教学方式目的单一明确,只是要通过考试,税务师人才培养的其他方面市场培训机构不愿意也没有动力来担负。

四、高校税务师人才培养对培训市场影响的应对

税务师培训市场的快速发展与固有特征一方面扩大了税务师的知名度,另一方面也给高校的税务师人才培养带来了一定的冲击,高校需要作相应的应对,做大做强税务师人才的培养。

1. 巩固高校税务师培养的质量优势

税务师从事的较强专业性与实践性的工作。这些工作中税务师要办理各种涉税手续,需要掌握税务专业理论知识,要能够从事税收筹划、风险控制、税收政策咨询等相关业务,尤其需要具备财务审计能力。税务师是高层次复合型专门人才,高校能够承担起市场培训机构所不能提供的综合性的知识与能力培养。高校税务师培养,就是需要培养学生在具备宏观经济视角的基础上,掌握税收学专业的相关理论知识,理解国家税收政策和税收制度,应用财会、税收专业知识以及先进的科技手段进行监督、管理、分析和实践工作。高校的税务师培养与教

税收学应用型本科专业建设的理论与实践探索

育是在财政学的基础上加入税收、会计、经济理论和实务课程,此外,还提供前瞻性的相关课程,对新的财政税收政策进行解读。这些都是市场化的以主要应对税务师资格考试的培训机构所缺乏的,是高校人才培养中的优势所在,也是保障税务师人才质量的关键。税务师在实践中开展业务,离不开多年理论的积累,因此迫切需要将高校教育融入税务师职业发展周期,利用高校的理论和师资优势,使税务师专业在大学的培养成为其发展的高起点。这种优势应当加强,作为高校的亮点和品牌,通过高质量的人才建立起专业知名度,提高税务师专业的社会知名度,为高校和社会机构在税务师人才培养带来共赢局面。

2. 完善税务师培养的课程设置和培养层次

税收已渗透到社会经济的各个方面,税务师面临的是各种新情况、新问题,这要求税务师不仅要熟练掌握税收政策的运行规律,还要以创新精神和创新能力提高税收政策的决策水平,推动行业的新发展。同时,我国经济已步入转型创新的新阶段,税务师人才培养需要加快创新人才的培养。高校的税务师培养必须作出相应的调整与应对。税务师专业本身具有特殊性,既有实务性又有考试性。实务性是指税务师的工作是面向实务操作的,考试性是指税务师从业要通过资格考试的门槛。高校教育不能像培训机构,单纯追求资格考试的通过率,必须兼顾这双重的培养目标。因此,高校税务师专业要不断完善课程设置。首先,应保障课程覆盖的知识面广泛,在保证学生应试能力何实务操作质量的前提下,夯实学生的人文素养,提升学生的学习能力与创新能力,使其在以后的职业生涯中具备发展的潜力与后劲。其次,税收制度更新快,课程也需要随之更新,把最前沿的知识传授给学生。再次,还需要安排社会实践性课程,充分利用校内税务实验室,同时安排税务基层部门、税务事务所与企业的实习课程,鼓励学生学以致用,培养其实践能力。最后,社会对高层次应用型税务人才的需求越来越多,高校对税务师人才培养也需要提高层次,要加强税务师专业硕士的培养。

税收应用型本科人才培养课程教学优化研究

李永刚

内容提要： 目前不少高校税收专业课程设置普遍存在课程体系内容不完整、课程特色不明显、必修课与选修课设置不平衡、基础课程较多、课程设计僵化等问题，阻碍了税收应用型人才培养质量的提高和人才培养目标的实现。因此，高校应重新审视税收学专业人才培养目标、探索税收专业案例教学、构建税收专业实验课教学平台、组建税收专业教学团队，以解决税收专业课程设计中存在的问题，为税收专业应用型人才的培养奠定基础。

关键词： 应用型本科院校　税收人才培养　课程建设

税收学专业以实际应用为导向、以职业需求为目标、以综合素养和应用知识与能力提高为核心培养应用型税务人才。应用型税务人才的培养，客观上需要构建一套科学的课程体系。通过优化课程体系，完成课程科学设置，为培养更多更优秀的税务人才奠定基础。本文以 A 校税收学专业纳入"专业综合改革试点"和"应用型本科试点专业建设——税收学"项目为契机而开展研究。

一、应用型本科税收学专业课程设计现存问题

1. 课程体系内容不完备

现行税收学专业课程体系设置重国内、轻国外特征比较明显。课程设计体系中，类似于"西方财税理论""西方财税理论与实践"的课程比较少，不少高校还未开设这类课程，对西方财税理论发展动态的研究关注的就更少。

2. 课程设计特色不明显，缺乏"税"和"应用"特征

目前，不少应用型财经院校税收专业课程的设置是参考国外重点大学的课程设计的，而这类院校是研究型大学，且参考其财政学专业而设计的税收学课程，缺乏"税"和"应用"特征。

3. 必修课与选修课学分设置不平衡,追求"大而全"

很多应用型财经院校税收学专业课程设置中,专业课、专业必修课、学科基础课课程设置太多,涵盖面太广,各门课程之间缺乏连接桥梁,课程设计布"点"太多,未形成"线",更无"面"。相比之下,选修课设置太少,无法满足学生的兴趣。选修课的设置仅仅是为了满足学生修学分的需要,无法培养学生多方面的能力,更无法满足学生多样化的需求。

4. 基础课程教多,实践课程偏少

应用型财经院校税收专业课程设计必须满足应用型人才培养的需要。但不少高校税收专业课程设置中基础理论课比较多,实践课程比较少,形成了重理论、轻实践的课程设计格局。

5. 课程设计僵化,灵活性不够

由于课程设置指导思想的偏差,不少中西部地区税收学专业课程设置比较僵化,不够灵活。既有重复性的课程,某一个知识点会在多门课程中出现,又会出现某些空白性的课程,比如,一些实验课程在很多院校都未开设。

二、影响应用型本科税收专业课程教学效果的主要原因

1. 课程教学内容偏理论

理论上,税收学是财政学的一个分支。税收学是一门讲授税收理论、税收政策、税收制度和税收征管知识的一门学科,也是财经类大学财税专业课程体系中的一门必修课程。在课堂教学过程中,对于税收理论的讲授,应按照市场经济下规范的经济学方法分析有关税收问题。对于税收政策的讲授,应紧跟当期税制改革,细化税收法律制度、实施条例和有关细则。对于企业合理避税以及税收筹划,应重点对避税和反避税案例以及税收筹划案例展开系统讲解和分析。通过上述方法,改变传统税收学讲授注重理论忽视实践的教学模式。

2. 课程教学模式较单一

在传统的税收学教学过程中,授课教师很少运用视频、图片、PPT 等现代化教学方式,一般采用满堂灌的教学模式,很少有师生互动。授课教师一般是根据课程教学大纲相关要求,重点讲授教学大纲规定的重点内容,课堂上听课的学生

把授课教师提到的重点内容进行备注,或者通过笔记以教材为载体进行记录,以备期末复习之用。这种教学模式比较普遍、单调,不能激发学生的学习兴趣。更重要的是,授课教师很少运用税收理论分析生活当中的税收事件和税收现象,课堂上也几乎看不到税收实践案例,这种单一的课堂教学模式既不利于学生充分理解税收理论,也不利于学生解决实际问题,直接影响了教学效果的改善和教学质量的提高。

3. 课程教学方法有缺陷

税收学专业课程内容理论性较强,其逐渐固化了传统教学方式,活跃课堂教学气氛比较困难。对于许多课程,授课教师一般是课程理论重点讲,实务理论很少讲,实践案例几乎不讲。对于课后学习,学生们一般也不去复习,而是等待期中考试或期末考试时临时抱佛脚,考前突击背,短时间内解决课程考试问题。即使学生期末考试成绩比较理想,也往往是考完后就忘记,良好的分数马上成为历史,而学生理论联系实际、解决社会经济生活中实际税收问题的能力几乎为零。传统的教学方式直接影响了课堂教学效果。教学活动中,教师注重理论灌输、轻实践训练,忽视了学生动手能力的培养,造成理论与实践脱节,无法满足应用型税务人才培养目标的要求。

三、应用型本科税收学专业课程教学优化途径

1. 重新审视税收学专业人才培养目标

在税收专业课程体系设计中,积极进行人才培养目标改革与培养定位。针对传统税收专业人才培养目标存在的缺陷,重新确定人才培养目标,将"应用型"和"实践能力"的理念注入其中。税收专业是以实际应用为导向,以培养综合素养和应用知识与能力提高为核心的应用税务人才为最终目标的。重新审视这一目标,以这一目标为基本出发点,科学设置税收专业相关课程。在具体的工作中,要认真检讨每门课程,制定每门课程所需讲授的主要内容,对其进行标准化规范。在实施中,由税收专业授课教师分工完成,针对财政、税收、经济、金融、会计、计算机、专业英语等领域的课程,制定具体的课程。而在具体的讲授过程中,非财税的课程也可以根据人才培养目标的需要,由本专业的授课教师讲授,在这一方面应与相关学院和教务部门进行协调和沟通。同时通过产学研践习等,从实务部门聘请相关业务骨干给税收专业学生授课。

2. 探索税收专业案例教学

税收专业一般是按照进入政府财政部门的要求进行培养,宏观的理论、法规、制度的内容讲授的比重偏多,而对于实际案例的内容讲授不足,造成学生理论知识比较完善,但是解决实际问题的能力非常欠缺。随着中国经济的不断发展,越来越多的企业对既有理论知识又能解决实际问题的应用型税务人才需求不断增加,如对企业纳税申报、税务会计、税收筹划、税务代理、涉税审计等方面的需求。因此,税收专业应编写"税收专业教学案例库"。每个案例的设计和选取都要包括专业知识点、案例内容、案例讨论、案例应用等内容,通过案例教学提高税务专业学生的解决实际问题的能力,同时也可以巩固课堂上学到的理论知识。需要特别指出的是,所选取的案例应主要来自税务师事务所、税务局、会计师事务所和国际避税反避税案件等,案例要真实,且要与课程内容和社会税务实践紧密联系并且要定期更新、替换,做到与时俱进。

3. 构建税收专业实验课教学平台,提高实验课程比重

税收专业人才的培养,重点以社会需求为导向,根据应用型税务人才培养目标和培养要求,设计税收学专业课程体系,夯实专业基础教育,注重专业素质及实际动手能力的培养。通过构建税收专业实验课教学平台,建立和完善税收、会计等实验室模拟实训教学系统,实现税务和会计情景模拟实训,提高学生涉税实务能力的培养,进而提升学生的职业能力和专业实践水平。通过税收专业实验课教学平台,实现学生与工作实践无缝对接。实践证明,实践教学对于提高学生的动手能力效果非常显著。随着国家信息化的发展和金税工程的推进,财税部门、会计师事务所和税务师事务所对税务人才的需求标准也在不断提高。不仅需要税收专业学生掌握专业基础知识和基本财税理论,而且需要学生了解和跟踪最新的财税动态,熟悉国家的税收政策和税收方针能够熟练运用所学知识分析问题和解决问题。因此,税收专业要开设税收专业实验课教学平台,使学生在上实验课程的过程中,尽早熟悉财税部门和会计师事务所、税务师事务所的相关工作,提高动手能力和实践能力。

4. 组建税收专业教学团队,加强税收专业教学团队建设

应用型财经大学与研究型重点大学不同,前者更加重视教学团队建设,重视推进教学研究和教学改革,制定相应教学团队建设制度和教学团队建设规划。税收专业教学团队建设是税收专业建设发展的重要基石。税收专业教学团队要以应用型本科建设为导向。①税收专业教学团队建设思路先要坚持以学生素质

为核心、以就业为导向、以服务为宗旨、以培养优秀财税人才为目标,重点提高税收专业学生的动手和实践能力,为应用型本科建设奠定基础。税收专业教学团队建设需要产生一批标志性成果,这些成果涉及教学、教研、科研、团队管理等方面,这些标志性成果将直接影响到教学水平的改善和税收人才的培养质量。②税收专业教学团队要以优化团队成员结构为重点。税收专业教学团队建设要优化团队成员的学历结构、年龄结构、职称结构和知识结构,形成结构合理、成员稳定的教学集体。必须优化教学团队成员的学历结构,着力提高高学历成员所占的比重。③税收专业教学团队要以团队协作精神为核心。教学团队是一个不可分割的利益整体,而团队利益需要团队成员开展协作。团队负责人应积极搭建合作平台、搭建合作机制,在合作平台上、合作机制框架内,明确团队成员责任、划分团队成员工作,使团队成员为了共同的利益和一致的奋斗目标,合作把税收专业建设好,把税收人才培养好。每一位团队成员各尽所能,为团队建设贡献力量。实现专业课程的动态调整,完善税务专业人才培养方案,积极申报并完成相应的教学项目和教研项目,努力实现税务专业教材的编著、更新,努力促成合作教改、合作研究、合作育人、合作发展的态势。

总之,人才培养是国家和社会赋予高校的根本任务,培养高素质创新人才是建设创新型国家的迫切要求。应用型本科院校税收专业应该以实际应用为导向,培养应用税务人才,客观上需要构建一套科学的课程体系。要重点解决应用型本科税收专业课程体系存在的问题,深刻剖析问题产生的原因,以优化课程体系为抓手,解决课程体系设置方面存在的问题。通过优化课程体系,完成课程科学设置,提高高校课程教学质量和教学效果,推进教育体制的改革创新,为社会培养更多、更优秀的税务人才奠定基础。

参 考 文 献

[1]陈晓琳,王平祥.关于加强高校教学团队建设的思考[J].高等理科教育,2011(3).

[2]许峰."双师型"教学团队建设探索[J].中国高校科技,2011(12).

[3]周艳玲.《财政学》课程案例教学改革的探讨[J].北方经贸,2009(4).

[4]刘建凤,武宝林.高校教学团队建设与管理探析[J].中国大学教学,2013(4).

[5]田明,孟君.论高校教学团队与教研室建设[J].内蒙古民族大学学报:社会科学版,2011(9).

[6]徐玲.以提升本科教学质量为目标的高水平教学团队建设研究[J].吉林省教育学院学报,2011(11).

[7]万新亚.浅论案例教学法在财政学教学中的运用[J].吉林省教育学院学报,2015(2).

［8］林颖.基于应用型人才培养的税收专业实践教学改革探索[J].湖北经济学院学报:人文社会科学版,2017(9).

［9］王英,李顺明.我国高校转型期财政学专业课程案例教学改革研究[J].鸡西大学学报,2015(4):16-18.

［10］邵建东.高职院校教学团队建设的误区及对策[J].中国高教研究,2013(4).

国际税收方向班人才培养模式探讨

李伯涛

内容提要：本文对 A 学院税收学国际税收方向班的人才培养模式进行了探讨。在分析该方向班已毕业学生在劳动力市场就业和继续深造学习方面表现的基础上，指出了现行培养模式在课程设置和实践能力培养方面存在的问题，并借鉴了国内外大学在国际税收人才培养的先进经验，提出了完善国际税收方向班的人才培养模式的建议。具体包括：调整培养目标并设定考核指标，重构课程体系、全面提高课程的难度，在实习环节增设指导课程、建立国际税收实验室，深化和扩大同国际税收实务界的合作以加强实践能力培养等。

关键词：国际税收　课程设置　实践能力培养　海外实习基地

随着"一带一路"倡议的逐步实施，我国对国际税收人才的需求稳步增加。由于目前国际税收人才的培养质量不能适应企业走出去的需要，人才不足已经成为制约国内企业进行跨国发展的重要障碍。在这一背景下，本文拟探讨如何完善税收学国际税收方向班的人才培养模式，提高学生在劳动力市场上的竞争力，以适应国家经济发展对国际税收人才的需要。

一、A 学院国际税收方向班的培养目标

A 学院税收学国际税收方向班设立于 2013 年，迄今已招生 5 年，其中 2013 级学生已经毕业，2014 级学生即将毕业。设立国际税收方向班的目的是加快国际化办学的速度，开拓学生的国际视野，同时在人才培养方面，学院能够把国际税收学科领域的最新研究发展及时转化为课堂的教学内容，使本科学生对本专业领域的前沿知识有所了解和掌握，提高学生的创新能力和在就业市场上的竞争力，也为学生未来的进一步深造打好基础。国际税收方向班的学生是在 A 学院学生中通过英语、数学测试及入学分数选拔得到的，同时实行动态淘汰机制，每年按照一定的比例进行淘汰。因此，该方向班的学生无疑是学院财税类专业学生中的佼佼者，该班的学习氛围也较其他班级更为浓厚。但从 2013 级毕业学

税收学应用型本科专业建设的理论与实践探索

生的就业和深造情况看,目前的人才培养模式还存在诸多问题,没有完全达到预期的目标。

2013级国际税收方向班无论是在就业还是在继续深造方面和普通班相比,都没有显示出来有明显的优势。在就业方面,除了去外资会计师事务所的学生多一些之外,进入世界500强企业就业的学生较少;在继续深造方面,考取国内研究生的数量并不突出,出国继续攻读硕士学位的学生也不比普通班多。

二、A学院国际税收方向班现行人才培养模式存在的问题

从前文分析的2013级国际税收方向班的就业和继续深造表现,结合在和学生交流中获得的该班学生对该方向班课程教学的反馈来看,国际税收方向班现行的人才培养模式还存在着诸多需要进一步改善的地方。

1. 课程设置方面

首先,和普通税收班相比,国际税收方向班在课程方面只是多了微观经济学、宏观经济学、国际税收、财政学等少数全英文课程,缺少和国际税收有密切联系的国际金融、国际贸易、国际投资、国际商务等相关主干课程,使学生无法全面、系统地掌握从事国际税收工作所需要的专业知识,没有体现出鲜明的国际税收专业培养特色。其次,国际税收方向班的全英文课程又大多选用较简单的英文教材,课程难度不高。以经济类专业最重要的基础课程微观经济学和宏观经济学为例,该班选用的教材是格利高·曼昆著的《经济学原理》微观分册和宏观分册。该教材是典型的初级经济学水平的教材,以定性分析为主,较少定量分析,难度较低,主要用于非经济管理类专业的经济学课程,用于国际税收方向班的微宏观教学,明显不能满足学生的求知欲望,也无法为学生学习专业课程打下良好的基础。最后,缺少探索、研究性质的讨论课程,使学生无法及时掌握国际税收领域的最新研究进展情况,也使学生无法产生学术兴趣,导致选择进一步学习深造的学生较少。

2. 实践能力培养方面

在实习环节设置、实习基地建设等实践能力培养方面,国际税收方向班同样没有体现出专业特色。其实习环节、实验课程的设置和普通税收班基本一致,实习基地也是和普通班共用同样的基地。这使得该班学生在涉外税收领域解决实际问题的能力和普通班学生相比没有明显差异,学生英语能力较为突出的优势

在就业市场上也无法完全体现出来,所以毕业学生虽然去外资会计师事务所的人数比普通班稍多一些,但在就业层次上却没有显著提高。

三、国际税收方向班人才培养模式的经验借鉴

1. X 大学国际税收人才培养项目

X 大学是我国著名的财经类院校之一,在财税领域享有很高的声誉。该校的税收专业国际税收方向班在 2009 年设立,其培养目标是按照宽口径、厚基础、重实践、强能力的要求,使学生的综合素质和实务操作能力能够适应税务管理工作国际化的发展形势,能成为在政府财税机关、税务中介机构、企事业单位和税务研究机构从事国际税收工作的复合型人才。

在课程设置方面,该校强调学生应掌握经济学、管理学和法学的基本理论与基本分析方法,熟悉国际税务、国际会计、国际金融等方面的法律、法规与操作实务,主干课程包括了与国际税务处理密切相关的众多课程,如国际税收、外国税制、国际税收协定、国际税收筹划、关税学、国际投资学、国际企业财务管理、国际会计学、国际贸易学、国际金融学等。

在实践能力培养方面,该校与 UN/OECD 税务部门、国际财税学会、国际财政文献局、国际税务管理师协会、国际税务律师协会以及美国纽约大学、西北大学、奥地利维也纳经济大学、荷兰莱顿大学、阿姆斯特丹大学等多所国外高校和税务研究机构建立了紧密的战略合作关系,给学生提供丰富的实习机会、国外导师指导机会和良好的工作机遇,使学生在毕业时具备报考国际相关业务资格考试的能力,并具有独立在会计师事务所、税务师事务所、跨国企业、政府财税部门等机构的涉税岗位从事国际税收业务的工作能力。

2. 密歇根大学

美国的密歇根大学拥有 Joel Slemord、James R. Hines Jr 等一批世界著名的国际税收学者,在国际税收人才培养方面享有盛誉。美国的经济类人才培养在本科阶段没有像我国一样有非常细的专业划分,所有经济类人才的培养包括国际税收人才培养都是统一安排在经济学专业中,密歇根大学也不例外。但密歇根大学利用其所拥有的师资优势,开设了较多的侧重于国际税收方向的课程供学生选修。密歇根大学的课程设置非常完备,为了使学生能够深入地掌握经济学的分析方法,便于后续课程的学习,在经济学基础课程方面,除了经济学原理外,还开设了中级微观经济学、中级宏观经济学、中级计量经济学等具有较高难

税收学应用型本科专业建设的理论与实践探索

度的课程，另外还有侧重研究和探讨的贸易和金融全球化微观经济学专题（topics）和经济学讨论班（seminar）。在专业课程方面，则开设了税收政策和经济、政府收入等税收类课程，以及国际税收学、收入税协定、国际贸易和税法等国际税收类课程。同时开设有国际经济学、国际金融学等配套主干课程，形成了完善的课程体系。

在实践能力培养方面，密歇根大学经济系设置有专门的实习培养环节，指导和帮助学生逐步具备在全球化背景下解决实际问题的能力。经济系开设了三门实习指导课程，教会学生如何利用密歇根大学的实习网络在国外找到适合自己的国际实习岗位，如何把课堂上学到的专业知识应用到实习中，从而根据自身的职业目标成功进行实习。同时，经济系也通过校友资源、自身声誉等和国内外的众多知名机构，如企业、研究机构、非营利组织达成广泛的合作，为学生提供了多种多样的实习机会，使学生能够在动态变化的经济世界里，真正提高自身的专业技能。

四、国际税收方向班人才培养模式完善建议

1. 培养目标的调整及考核指标

近年，A学院财税类专业的生源质量逐年得到提高，在国内众多地区都实现了一本招生，而国际税收方向班又是通过选拔得到的财税类专业最优秀的学生，再加上A学院地处上海这个中国最具国际化色彩的大都市中，具有得天独厚的地理优势，因此国际税收方向班的培养目标应该进行一定程度的调整，明确主要培养高端国际税收人才，适当兼顾一般性人才的培养。同时，调整后的培养目标是否达到应该通过设定定量指标进行考核，如毕业时进入世界五百强企业的学生比例，到国内外知名高校进一步深造的学生比例，初步设想以上两个比例可以设定为各占该班总学生人数的30%，总计为60%，以后可以根据学院的发展情况做动态调整。

2. 课程设置的改革

课程设置是提高学生培养质量的关键所在，是专业人才培养中的核心环节。在课程设置方面，借鉴X大学和密歇根大学的先进经验，国际税收方向班需要从广度和难度两个方面进行根本性改革。一方面，需要根据A学院现有的师资力量和未来有可能引进的师资力量重新构建课程体系，增加中级微观经济学、中级宏观经济学、中级计量经济学等基础课程，使学生具备扎实的经济理论基础和定量分析能力。同时需要增加国际贸易、国际金融、国际商务、收入税收协定、国际经济法律等和国际税收征收密切相关的一些专业课程,切实培养学生从事国际税收工作的专业能力,体现国际税收专业的特色。另一方面,需要全面提高所设置课程的难度和深度,无论是基础课程还是专业课程,在课程难度方面都要和国内外一流大学同类型专业的授课难度保持基本一致。同时还应设立一些研讨性的课程,引导学生产生对学术研究的兴趣,为一部分学生继续学习深造打下基础。另外,囿于现有师资力量的限制,还应逐步提高国际税收方向班学生到国外高校进行学习交流的比例,最终实现100%的学生都有出国学习的经历,使学生能够充分利用国外的优秀师资,专业知识的掌握程度能和其他一流大学的学生比肩。

税收学应用型本科专业建设的理论与实践探索

3. 实践能力培养的完善

实践能力培养是增强学生在劳动力市场上的竞争力、提升职业发展前景不可或缺的一个环节。在实践能力培养方面,首先,可以在实习环节借鉴密歇根大学的做法,开设一些相关的指导课程,帮助学生厘清个人的职业发展目标,从而选择和应聘他们理想的实习岗位,为学生未来的职业发展打下良好的基础。实习指导课程除了可以聘请专业教师给学生授课外,还可以考虑请 A 学院已毕业的优秀学生或行业中的领导人才如税务总监等来校介绍职业发展经验,为现在的学生设定职业目标提供支持和建议。其次,在实验课程方面,应增加国际税收方面的实验课程,建设国际税收实验室,使学生能够在实验室模拟解决实践中可能遇到的国际税收问题。最后,在实习基地建设方面,要进一步深化和扩大与业界的合作,有意识增加专门的国际税收实习岗位;在时机成熟时,可考虑优先在"一带一路"沿线国家建立海外实习基地,使学生具备国际实习经历。通过以上措施,最终使学生真正具备解决实际经济运行中可能遇到的国际税收问题的能力。

参 考 文 献

[1] 冯兆林.关于财经院校国际税收专业学科建设的探讨[J].吉林教育科学,1996(5).

[2] 何辉,刘斌.税收学专业卓越人才培养模式探讨[J].湖北函授大学学报,2018(1).

[3] 李九领,张磊,刘洋.优化关税特色税收学专业人才培养方案的对策研究——基于上海海关学院税收学专业的论证[J].市场周刊(理论研究),2016(11).

[4] 孟莹莹.税收学专业实验教学模式改革探讨——以安徽财经大学为例[J].高校工作实验研究,2015(12).

［5］魏弘.基于应用型人才培养的税收学专业实践教学体系研究——以大连财经学院为例［J］.经贸实践,2016(7).

［6］一民.市场呼唤国际税收人才［N］.组织人事报,2003-03-10.

［7］张雪涛,陈蜀庆.完善机制、培养人才,提高国际税收工作水平［N］.中国税务报,2008-03-19.

"一带一路"倡议下财税人才培养模式的改革与创新

何自强

内容提要： "一带一路"建设，是加快财税专业发展的重要契机，是提升人才培养的机遇。财税人才培养模式的完善需要分析现行模式的有待完善之处，并根据"一带一路"倡议进行人才培养模式观念上的调整。财税人才培养应根据"一带一路"建设的需要，在新情况、新发展下的新人才培养理念指引下，从制定合理的培养目标、优化财税人才课程体系设置、改革教育教学方法、创新合作办学机制等方面进行培养模式的改革与创新。

关键词： 一带一路　财税人才　培养模式　改革

税收学应用型本科专业建设的理论与实践探索

2013 年，习近平总书记提出了"一带一路"的重大倡议。"一带一路"重大倡议自提出以来，对于世界经济和平发展和我国经济转型与结构调整都具有重要的现实和历史意义。深入学习习近平总书记全球治理重大战略思想、推进"一带一路"建设，是加快财税专业学科发展的重要契机，是人才培养的应有之义。

一、"一带一路"是财税人才培养的重要机遇

1. 财政税收是"一带一路"建设中的重要制度因素

"一带一路"建设的重要内容之一是促进沿线国家和地区之间的贸易投资自由化和便利化。商务部数据显示，截至 2017 年年末，我国企业共在 44 个国家建设初具规模的境外经贸合作区 99 家，累计投资 307 亿美元，入区企业 4 364 家，上缴东道国税费 24.2 亿美元，为当地创造就业岗位 25.8 万个。2017 年，我国企业对"一带一路"沿线国家新增投资，比 2016 年同期增加 3.5 个百分点。企业开展国际贸易和投资，应熟悉相关国家与地区财政税收制度。国际贸易往来必然涉及国与国之间的关税、退税等涉税事项，跨国投资与直接经营又必然要受到母国和东道国双方税收制度及税收协定的规范约束。商务部数据显示，预计未来 5 年，中国从"一带一路"沿线国家的进口额将达 20 000 亿美元，对沿线国家投资

1 500亿美元。对于规模越来越大的"走出去"企业,其是否了解沿线东道国的税收制度至关重要。东道国的税收负担、纳税遵从成本、税收征管水平、税收优惠政策等税收制度中的各方面问题,都直接涉及企业利益。了解和掌握沿线国家的财政税收制度是"走出去"企业进行贸易与投资的重要前提。

2. "一带一路"建设需要财税人才

财政税收制度是市场经济主体判断沿线国家的相关制度状况和确定交易安排必须要了解的前提。了解和掌握相关国家的财政税收制度,是一个企业或其他市场主体有序开展投资、经营或生产的重要基础,财政税收制度在一定程度上类似于基础设施。具有完备的基础设施的支撑,社会经济才能稳定、有序、发展。"一带一路"是重要的跨国界、跨地域倡议,沿线国家多达60多个。这些国家经济发展水平各异,财政税收制度也各不相同。这种制度差异需要专门财税人才保障"一带一路"沿线国家间经贸和资本合作的顺利开展。这需要培养通晓国际财政税收制度、能熟练运用外语的财政税收人才,如具有国际视野、能够运用数理化方法开展财税模型测算的分析人才。

当前"一带一路"基础设施的建设与连通不断取得新的重大进展。以机场、港口、铁路、公路等为标志的交通基础设施,在"一带一路"建设中发挥了十分重要的作用。与此同时,还必须要加强财税人才的培养,促进包括财政税收制度在内的隐性基础设施建设,加强财政税收等方面的协调,减少"一带一路"沿线国家经贸往来和资金融通的交易成本。

在"一带一路"倡议下,"走出去"和"引进来"的企业税收都对财税专门人才提出了需求。换言之,"走出去"和"引进来"的企业、有关财政税收部门,在对外交流的过程中,需要通晓沿线各国财政税收制度、能够熟练掌握外语的国际性通才。目前,通晓"一带一路"沿线各国财政税收的人才非常缺乏,需要尽快培养一批相关财税专门人才,以适应我国"一带一路"实施中的对外发展趋势。

二、"一带一路"建设对财税人才培养提出了新要求

"一带一路"倡议为全球与我国经济社会各方面的发展提供了新机遇,沿线国家与地区的合作逐步深化,进入了深耕细作的新阶段。我国与沿线国家不断深化双向合作与发展,"引进来"和"走出去"并重。当前,我国财税人才的培养已取得了较大的成绩,但与"一带一路"发展的要求相比,仍然存在较大差距。我国"一带一路"建设相关的财税人才储备不足,要培养"一带一路"需要的财税人才,需分析现行的人才培养模式还有待完善之处,并根据"一带一路"作人才培养模

式观念上的调整。

1. 现行财税人才培养无法适应"一带一路"需求

（1）现行本科教育教材有待更新，教学与实务需加强结合。"一带一路"作为重大的倡议，财税专业本科教育中需要紧密相关的教材以开展教学工作，目前相关教材还需要更密切反映"一带一路"在专业领域的最新进展，与"一带一路"密切相关教学内容的及时更新可以为人才培养奠定较为扎实的基础。不少高校在财税人才培养中注重产学研的结合，也非常重视学生的专业实习与毕业实习。但还是有一些企业公司、事务所等实务部门招聘的财税人才，需要经过一段时间的培训及取得相关职业资格后才能满足岗位需求。这表明课程设置与实习培养工作中还需要加强与专业实务的联系，尤其需要给学生创造其能够参与的与"一带一路"相关的专业实习条件。

（2）财税专业教育学科特色还不太鲜明，人才竞争力显现不够。现有财税专业人才培养的高校中，具有人才培养鲜明特色的并不多。只有为数不多的高校，针对市场的需求与发展，设置了绩效评价、国际税收、税务师、税收筹划等财税专业或方向，体现了敏锐的人才培养与市场需求定位。"一带一路"的发展，为财税专业教育与发展提供了良好的契机，人才培养中需要及时把握机会，全面、针对性地体现相关需求。培养满足"一带一路"需求的财税人才，需要在专业设置、课程体系等方面开展工作，使财税专业人才培养能够发挥更有针对性的特色作用。

（3）财税专业人才培养中外国语教育存在单一化现象。目前，设置财税专业的高校中绝大部分财税专业学生外国语学的是英语。而语言与文化是丰富多彩的，虽然英语作为通用外语具有重要的地位，但是随着世界经济贸易格局不断发展变化，尤其是中国的崛起，"一带一路"的发展，中文、俄语、法语、德语、阿拉伯语、日语等语言都会发挥越来越重要的作用。因此，财税人才培养也需要在语言方面加强。有条件的高校应该在财税人才培养中设置第二外语，或者设置其他语种的辅修专业，鼓励财税学生学习。

2. "一带一路"所需财税人才的培养理念

培养高素质的财税人才，有助于"一带一路"倡议更好实施。目前我国财税人才培养所面临的形势，一方面，传统模式培养的知识结构单一，人才的市场需求不旺。另一方面，专业知识扎实、创新能力强、具备一定实务经验、外语水平过硬的财税专业人才又不足。单一的以知识传授为主的人才培养模式已不能满足经济发展与市场需求，更不能很好地服务于"一带一路"建设。根据"一带一路"建设所涉及的财税及贸易、金融等相关领域，培养满足其需求的"专业知识＋外

税收学应用型本科专业建设的理论与实践探索

语技能＋国际视野"复合型财税人才,是"一带一路"建设中财税人才培养的一个重要方向。这要求高校财税人才的理念跟随"一带一路"而发展与升华。

（1）强化实践能力的培养,落实应用型人才培养的导向。"一带一路"建设为包括财政、税收在内的众多学科提供了新的、重大的实践机会与场景。同时,"一带一路"已经成为高校科学研究的重点,专家学者们对"一带一路"各方面重大问题进行了深入研究,取得了不少成果。财税人才培养需要紧密联系"一带一路"建设中具体的财税问题,整合相关的研究成果,继续深化对学生实践能力的培养。深入探讨"一带一路"建设中战略性、前瞻性和政策性的财税问题,需要根据新发展、新情况调整财税人才培养的思路,重构体系,坚持与强化实践能力与应用能力的人才培养理念。

（2）强调"专广并重"的培养理念。随着我国"一带一路"的发展,越来越多的中国企业和资本走出国门、走向世界。"一带一路"加速了我国产业向海外拓展的进程,提供了更多的增长机会,同时,中国企业在境外投资时面临着较大的财税风险和挑战。财税知识的掌握与应用成为"一带一路"国家间经贸和资本合作需要解决的重要问题。"走出去"企业亟需具有专业素养与学识的财税人才,来为当地的项目运作及经营交流提供服务。更好地培养专业化的财税人才,是"一带一路"下一个重要课题,这需要立足新时代、新发展,分析研究"一带一路"建设中的重要财税问题。同时,"一带一路"作为跨国界、跨地域的重要倡议,沿线国家多达60多个。这些国家经济发展水平差异巨大,财税制度差异明显。由于地缘政治、语言文化、宗教习俗、经济环境、商业规则、法律体系、行业标准差异等因素,因此,除具备扎实的财税专业知识外,财税人才还需要一定程度地知晓"一带一路"沿线国家政治、经济、社会、文化、人文等方面情况。针对"走出去",人才培养上还需要提供政治、法律、风土人情、历史文化等相关课程,发掘和培养具备专业知识外还深度了解沿线国家历史文化、政策法律、语言习俗的人才,以增强财税专业人才的能力和优势,坚持通用性、开放性和交流性的原则,开展人才培养工作,提升其在国际背景下的职业能力。

（3）坚持"合作与开发"的培养理念。"一带一路"建设是开放包容的,而不是封闭的,是沿线国家的"合唱",而不是其中一个国家的"独奏"。财税人才培养要秉持开放与合作的理念,积极推动校企合作,与研究机构、智库等机构多方联合,加深产学研力度,充分发挥实践教学基地的作用。同时,沿线国家高校、学术界需要加强对"一带一路"建设进程中税收等相关问题的合作研究。一方面,要加强与沿线相关国家的交流与合作,通过派遣学生访学、加强国际开发项目合作及研究等形式,积极学习其财税制度和相关经验,根据相关财税制度发展变化及时更新教学内容、调整培养方案。另一方面,要着眼于我国"走出去"企业的需求,将人才培养的方向与"一带一路"人才需求相对接,努力推进"一带一路"背景下国际化人才培养的新模式。

三、"一带一路"建设下财税人才培养模式的改革

高校的人才培养在"一带一路"建设深入推进中发挥着基础性、先导性、引领性的作用。培养大量既具备财税制度、语言文化及法律、商贸等专业知识技能,又熟悉沿线国家社会文化的财税专业人才,是"一带一路"重要的智力支撑和人才保障。财税人才培养应依据"一带一路"建设的需要,在新情况、新发展下的新人才培养理念指引下,进行培养模式的改革与创新。

1. 制定合理的培养目标

明确、合理的目标能够为财税人才培养打下坚实的基础,能够引导财税人才培养策略的实施。"一带一路"建设的重点任务包括政策沟通、设施联通、贸易畅通、资金融通、民心相通,这要求财税人才培养须围绕"一带一路"建设可能遇到的财税问题,夯实财税专业教育;同时注重"一带一路"沿线国家历史文化的教育。

2. 优化财税人才课程体系设置

课程设置在人才培养中发挥重要的基础功能,是实现培养目标的必经之路。专而广的复合型应用型财税人才培养课程体系需要统筹专业与素养、协同学科基础与前沿发展、融合知识教育与实践教育。

3. 改革教学方法

财税人才培养需要改变传统单一传授式教学方式,以"一带一路"建设的需求和学生应用能力培养为导向,充分激发学生的积极性和主动性,由单一的专业知识型人才培养向专而广的复合型人才培养转型。同时,鼓励双语或多语种教学,努力培养具备熟练外语能力的财税人才,以满足"一带一路"沿线国家对语言方面的需求。

4. 创新合作办学机制和模式

财税人才培养中,有办学条件、有财税学科资源的高校可以与"一带一路"沿线国家高校合作,引进"一带一路"沿线国家高校优质教学资源,加强学生交流,与沿线知名高校合作开设"2+2""3+1"或"3+1+1"等培养模式,合作培养财税

专业人才。同时,积极创建教学科研合作平台,联合开发优质课程并开展科学研究,大力实施"合作与开发"人才培养理念。此外,财税人才培养,要加强校企联合培养,与"一带一路"建设相关企业加强合作,提升财税人才的实践与应用能力。

参 考 文 献

［1］阚阅,周谷平."一带一路"背景下的结构改革与创新创业人才培养[J].教育研究,2016 (10).

［2］成雪岩."一带一路"国际化背景下高等教育创新人才培养的路径[J].教育理论与实践, 2016(27).

［3］辛越优,倪好.国际化人才联通"一带一路":角色、需求与策略[J].高校教育管理,2016 (4).

［4］郭福春,王玉龙."一带一路"建设与技术技能型人才培养研究[J].黑龙江高教研究,2016 (10).

［5］徐飞."一带一路"背景下外语高等教育改革研究[J].教育理论与实践,2017(12).

税收本科应用型人才培养的国际合作方式探讨

谭郁森

内容提要： 随着"一带一路"的实施,中国税收从业人员不仅要面对国内税收环境,还要直接面对复杂的国际税收环境的挑战。如何确保国内高校培养的税收本科生具备足够的能力来应对这种国际化带来的挑战? 为了应对这一难题,本文从实证的角度探讨了适用于税收本科应用型人才培养的国际合作方式,并基于实证案例和统计数据,对这些国际合作方式的绩效进行评估。

关键词： 本科应用型　税收　人才培养　国际合作

一、引言

随着我国"一带一路"建设的实施,中国的税收从业人员所要面临的税收环境不仅仅是国内封闭的税收环境,而且是复杂的国际税收环境。如何确保我国培养的税收本科生具备足够的能力来应对这种国际化带来的挑战? 加强人才培养方面的国际合作无疑是应对这一难题的重要举措,如国内有些高校通过与境外高校开展本科生交流计划、常年聘请外籍教授授课、派遣本校教师到境外高校访学、开展中外合作的课程建设。这些国际合作无疑取得了一些成效,国内高校日渐增加的双语课程甚至是全英语课程便是很好的证明。

本文研究目的是探讨国际合作与税收本科应用型人才培养之间的关系。研究设计将从两个层次展开:第一,从实证的角度探讨哪些国际合作方式比较适用于税收本科应用型人才的培养,拟采用的研究方法包括案例研究和统计分析方法。第二,从绩效评估的角度估测国际合作在多大程度上有助于提升税收本科人才培养质量。

二、前期文献述评

在国内前期文献中,有不少学者探讨过中外合作办学的命题;也有学者讨论

税收学应用型本科专业建设的理论与实践探索

过如何通过加强国际交流和合作来吸引更多外国留学生来华学习中文、短期培训甚至修读学位；也有学者专注于研究应用型本科建设的目标定位、课程设置、双语教学以及国际交流合作。

尹淑平（2012）探讨了应用型本科院校国际税收双语课程建设，认为其在实施国际税收双语教学时面临教学定位模糊、缺乏质量控制体系、教学方法手段单一、缺乏有效激励机制等问题，并提出改进措施。王芳（2015）对中国香港地区与内地高校的双语教学进行了比较研究，认为内地高校应借鉴中国香港地区高校的双语教学经验，加强双语师资队伍建设，丰富教学资源，以提高双语教学水平。宋新刚（2007）提出，应用型本科院校人才培养的定位，"不同于高职类教育，要求学生具有较为宽广的理论基础和可供职业迁移的知识平台，使学生能具备较强的终身学习能力"，同时"与精英高等教育和研究型大学相比，其人才培养目标应以社会实际需要为核心目标、以培养学生的实际应用能力为重点，而对科研开发能力不作更高的要求。"杨云母（2016）认为，为吸引更多的国际留学生，应重视构建我国高校国际化交流与合作机制，并从以下方面入手："改变传统的封闭式教学管理体制"（如学分与国外不能相互承认等），形成与国际接轨的教学模式，以及塑造能胜任国际化教学任务的师资队伍。王欣（2017）对在校的 40 名出国交换项目生进行了回访调查，主要包括个人信息、留学满意度调查、留学费用调查、留学成果调查和对学校国际交流工作提出的意见和建议。鲍东明等（2016）通过调研发现，"新疆、福建、广东三省高校利用自身的地域、经济及人文优势积极开展了对中亚、东南亚各国教育的交流与合作。它们通过举办孔子学院、对外汉语教学互派教师、教育互访、学术交流多种方式扩大教育开放及对外交流与合作，不断深化自身与'一带一路'沿线各国的教育交流合作，着力凸显各自教育的区位优势"。马万华等（2016）从国际化相关的高校组织结构与经费预算、人员构成与交流、国际沟通与交流网络建设、教学与科研四个方面考察了北京市属本科院校的国际化现状。

上述前期文献所关注的应用型本科专业并不涉及本文要讨论的税收学专业，国内目前也鲜有文献研究如何通过加强国际合作来培养税收本科应用型人才。因此，本文将研究的命题确定为探讨适用于税收本科应用型人才培养的国际合作方式。

三、对税收本科应用型人才培养目标的设定和培养方式的探讨

培养目标有几层含义，"税收本科应用型"是指税收学专业本科生能够对教材上介绍的以及教师在课堂上讲授的税收学理论和知识学以致用；换言之，是指

税收本科生知道如何将相关理论运用于指导实践,或者将书本上学到的方法付诸实践。

从逻辑的角度来讲,学以致用能力的培养是普遍存在的目标,也是学习的主要目的之一,这个培养目标是普遍存在的培养目标,是不需要区分国别的,因为无论是中国,还是美国或是欧洲国家,或者是其他地区,如大洋洲或非洲的国家,凡大学开堂授课,都以培养学以致用人才的目标。

在上述既定的培养目标设定下,应该采用什么方式来培养这类足以"学以致用"的税收学本科生呢?学生学以致用的能力可以通过两个方面的训练来培养:一是在学校学习理论知识,并通过教师布置的作业、考核来练习相关技能;二是通过社会实践,就税收学本科生而言,相关的社会实践包括寒暑假和毕业前到税务机关、企事业单位、会计师事务所、税务师事务所和律师事务所实习。这两类训练也是普遍存在的培养方法,从抽象的意义上来讲,也是不区分国别的。那么,我们为什么还要探讨"国际合作与税收本科应用型人才培养"的关系呢?

税收本科人才的培养目标被设定为具有普遍意义的"学以致用",尽管从抽象的角度来讲,"学以致用"的人才需要通过校内学习和校外实习两个方面的训练来培养,简言之,培养目标和培养方法从其普遍性和抽象性而言,是不存在国界差别的,但是,在实施上述培养目标的过程中,是需要区分不同的阶段设定子目标的,这在不同的国家是有所差别的。在具体的校内教学和考核方法方面,以及在学生实习和实践方法方面,不同国家都有其独到之处。因此,我们需要以一种开放的心态来探讨如何通过国内大学与国外大学、相关科研机构、实务机构之间的国际合作来学习其他国家的成功经验或引进其已有的资源,以服务于我国培养税收本科应用型人才。

四、对适合于税收本科应用型人才培养的国际合作方式的实证研究

下文将用案例研究和统计分析的实证方法,探讨几种适用于税收本科应用型人才培养的国际合作方式。目前采用的国际合作方式主要有以下几种:一是通过国际合作来加强国内外大学之间的学生交流。二是通过国际合作来增加国内外大学之间的教师交流(含访问学者资助项目和境外参加学术会议),为更好地培养税收本科应用型人才准备必要的师资力量,或者通过国际合作来聘请国外著名会计师事务所的税务专业人士来校内授课,尤其是讲授税收筹划案例,或者聘请国外税务机关的税收官员或国外立法机关负责审议政府财政预

算的议员来校内开讲座,讲授国外政府进行税收征管或税收立法的实践。三是通过国际合作购买外国英文原版书籍的翻译和国内出版发行特许权,通过将英文原版书翻译成中文并引进国内,以便为税收本科生提供开设新课程所需的教材。

1. 学生的境外交流

本文根据 X 校官方网站公布的学生境外交流的信息为资料来源,对 2017 年税收学本科专业境外交流情况作了梳理,具体见表 1。

表 1　　　　　　　　　D 学院学生境外交流情况表

序号	学生人数	专业	境外访学高校
1	1	财政学	加拿大麦克马斯特大学
2	1	税收学	加拿大麦克马斯特大学
3	3	财政学类	美国加利福尼亚国际商业大学
4	2	税收学	日本上智大学暑期项目
5	10	税收学	中国台北大学
6	1	财政学	中国台北大学
7	1	税收学	中国香港暑期社会实践项目
8	1	财政学	英国赫特福德大学

注:上述学生访学期间短则 2 周,长则不超过半年。

2. 教师的海外交流

(1) 派遣教师到国外访学进修。本文根据 X 校官方网站公布的因公出访公示信息为资料来源,对 2017 年税收学本科专业教师的海外访学情况作了梳理,具体见表 2。

表 2　　　　　　　　　学院教师海外访学情况表

序号	教师人数	教师讲授的双语或全英文课程	海外访学国家	海外访学资金来源
1	1	国际税收	美国	上海市教委资助
2	1	国际税收	波兰	学校资助

3. 邀请国外教师到校内讲学交流

本文对 2017 年度邀请波兰共和国罗兹大学的两位教授到校内作税收相关

主题讲学的情况作为案例分析。该案例分析从几个方面展开：一是简述所邀请的境外教师的资历和研究领域。二是概括讲学的主题和主要内容。三是分析邀请境外教师前来讲学对本院教师或学生产生的影响。

（1）波兰共和国罗兹大学尼科尔教授的讲座。乌莱德米尔·尼科尔（Włodzimierz Nykiel）教授是罗兹大学法学教授、罗兹大学前校长（2008—2016年）、罗兹大学法律和公管学院税法系主任、税收文献和研究中心创始人和负责人。除了学术头衔，乌莱德米尔·尼科尔教授同时还是波兰共和国议会现任议员、波兰议会财政委员会委员以及波兰议会教育、科学和青年委员会委员，并且还是波兰议会科学和高教委员会主席。

乌莱德米尔·尼科尔教授学术成果丰硕，著有专著 5 部，合著或主编的书籍共计 15 本，写作过的论文和研究报告超过 120 篇。他除了在罗兹大学担任法学教授，还获邀在意大利（博洛尼亚、巴里、塔兰托）、法国（格勒诺布尔、图尔——作为客座教授）和奥地利维也纳经济大学的法学院里授课。

乌莱德米尔·尼科尔教授在波兰乃至欧洲法学界享有盛誉。他曾是波兰总理领导下的国家改革理事会的成员（1998 年、1999 年）、国家法庭法官（1997—2001 年）、税务顾问国家考试委员会主席（2002—2007 年）、波兰立法委员会委员（2006—2010 年）。他是欧洲税法教授协会（EATLP）会员、阿姆斯特丹的国际税收文献局董事会的董事。自 2002 年开始，他是国际财政协会的会员；2005—2011 年他是国际财政协会的执行理事会理事。同时，他还是罗兹科学学会的会员、波兰《税法季刊》的主编、波兰《税收评论》期刊的计划委员会成员、波兰《法律和税收》期刊的学术顾问、《欧盟税收评论》期刊的顾问委员会委员。

该讲座针对波兰国家预算的立法机关审批作详细的讲解。尼科尔教授对该领域的研究持续了数十年，是该领域的资深专家。讲座的内容分为几个部分：第一，介绍波兰国家预算涉及的主要法律法规。第二，介绍波兰政府组织形式（三权分立）。第三，阐述波兰国家预算面临的主要问题。第四，介绍波兰国家预算的内容和预算收支项目。第五，介绍波兰编制国家预算、批准预算、执行预算和决算的过程。

通过该讲座，学院的老师对波兰立法、司法和行政三权分立的组织架构有了基本的了解，对波兰国家预算所依据的法律（主要是宪法和财政法）也有了初步的认识，不少研究税收的老师表示对波兰的预算收入和预算支出项目很感兴趣，也有研究财政的老师比较关注波兰的预算支出，研究公共管理的老师则对波兰预算审批的程序很感兴趣，表示希望能有更多的机会与尼科尔教授深入讨论该领域的问题。总而言之，尽管波兰的国情跟中国不甚相同，但是财税学院的老师仍表示，这次的机会很难得，资深教授详细讲解的波兰国家预算的内容和收支结

构、预算的审批过程最能激发大家的兴趣。讲座教授和听众互动甚多,提问和讨论很活跃,老师们都希望以后有更多这样的学术交流的机会提供给大家。

（2）波兰共和国罗兹大学库古斯基教授的授课。瑟莫维特·库古斯基(Ziemowit Kukulski)教授授课课程包括国际税收基础和国际税收筹划两门课程,每门课的每周课时为四节。

库古斯基教授是波兰共和国罗兹大学法律和公管学院教授、博导,也是罗兹大学税收文献和研究中心副主任。他是一个成果卓著的法学教授,更是一名桃李满天下的教授。

库古斯基教授在两周时间里,为国际税收（双语）的学生讲授了税收管辖权一章。具体的授课内容包括:居民管辖权,居民的概念和定义,界定个人居民和法人居民的标准,税收条约中涉及居民的事项;来源地管辖权,以及判定各种收入来源地的标准,比如雇佣收入、个人劳务收入、营业收入和投资收入。在课堂上,他为了加深学生对某些重点和难点的理解,在黑板上画图演示案例,并结合中国和波兰常见的案例进行讲解。他重视和学生的互动,经常和中国助教在课前讨论如何设计一些对话情景和案例来吸引学生的注意力。

库古斯基教授在这两周时间里,还为国际税收的高年级学生讲授高级课程——国际税收筹划。库古斯基教授一次授课的主题是跨国公司的架构和目标,另外一次授课的主题是控股活动。

总体来说,库古斯基教授的讲课备课充分、课件详尽。他的授课内容既融合了最新的国际税收动态和税收筹划技术,将浅显的内容提升到抽象和普遍适用的高度。讲台下的听众,不仅仅学生受益良多,作为助教的老师和主讲的中国老师也感到收获很大。

4. 引进和翻译国外大学原版书籍

罗兹大学税收文献和研究中心在 2017 年出版了一本英文合著适合作为国内本科生学习外国税制的参考书,经过友好协商,罗兹大学税收文献和研究中心愿意通过收取一笔特许费的方式将该书的翻译和大陆地区出版发行权转让给中方以供其翻译出版之用。

五、税收本科应用型人才培养的国际合作方式的绩效评估

上文分析了适合于税收本科应用型人才培养的几种国际合作方式。上述国际合作方式是否确实产生了令人满意的绩效? 下文将通过对学生的深度访谈和

个案分析、教师的年度科研成果统计数据等实证证据来评估上述国际合作方式的实际绩效。

经访谈,我们发现,学生C君去波兰罗兹大学访学半年,回国后开始撰写毕业论文并找工作,他的境外交流经历为他赢得在通用公司财务部的工作。类似这样的案例还有不少。一般而言,学生境外访学交流的经历对学生的求职和升学非常有帮助,尤其在学生计划申请海外知名高校的研究生项目时,或者打算进入外资企业工作时。

从教师的科研成果看,国际合作在很大程度上提升了教师科研的水平。近3年内出国访学归来的教师的科研成果位居学院前三名,从侧面证实国际合作和国际交流有助于提升教师的科研水平,从而促进应用型税收学本科建设。

六、结论

综上所述,本文的结论包括三个方面:国际合作有助于培养税收本科应用型人才;国际合作方式多种多样;国际合作确实提升了学生对课程和对职业发展的满意度,也促进了教师科研水平的提高。

同时也必须承认,目前国内学生和教师的整体英语水平尚有待提高,这制约了国际合作方式的运用。随着学生和教师英语水平的逐步提高,上述国际合作方式将有望在税收本科应用型人才培养的过程中进一步被普及推广。

参 考 文 献

[1] 杨云母.构建我国高校国际化交流与合作机制的必要性与对策[J].长春师范大学学报,2016(10).

[2] 王欣.沧州师范学院学生出国交换留学情况调查分析[J].沧州师范学院学报,2017(9).

[3] 鲍东明,曾晓洁,张瑞芳."一带一路"建设核心区对外开展教育交流合作情况调研报告[J].比较教育研究,2016(12).

[4] 马万华,张优良."一带一路"战略下北京市属本科院校国际化调查分析[J].中国高教研究,2016(2).

[5] 尹淑平.应用型本科院校国际税收双语课程建设[J].广东技术师范学院学报(社会科学),2012(2).

[6] 王芳.香港与内地高校的双语教学比较研究[J].教育探索,2015(1).

基于学科竞赛视角的应用型财税人才培养路径探究

林爱琦

内容提要：本文通过对学科竞赛基本定义及其在应用型人才培养的价值导向分析，从学科竞赛管理机制、学科竞赛团队建设、学科竞赛协同机制等方面就其在应用型财税人才培养方面的路径作了说明，以期为应用型人才培养体系的完善提供借鉴。

关键词：学科竞赛　应用型　路径

一、应用型财税人才的培养目标

应用型财税人才是指能适应国家与社会发展需要，具备人文素养、科学精神和国际视野，具备较强实践能力和创新精神，系统掌握财政与税收学基本理论、基本技能和基本方法，通晓宏观财政经济、税收筹划、纳税审查、法律等基础知识，具有涉税业务税务处理和涉税会计核算能力，能够胜任在各类企事业单位、政府财税部门、专业服务机构等从事税收实务与管理实际工作的财税人才。

二、学科竞赛在应用型财税人才培养中的价值导向

1. 学科竞赛定义与类型

学科竞赛是在某一科学领域或分支内，在一定的科学理论基础知识的前提下，一定数量的大学生根据规则以个人或团队的组织形式所进行的竞争性活动，并具有暂时性和周期性的特点。它的基础是课程教学，通过课程教学使学生掌握一些基础知识、基本理论和技能；学科竞赛同时也是一种载体或途径，通过这种载体或途径可以激发学生的学习兴趣和潜能，培养其实践能力和创造精神。

可以说，学科竞赛就是以专业知识为基础，以竞赛的方式开展的学术活动。目前，高校学生参与的学科竞赛根据主办单位大致可以分为三类：一是教育部门

（教育行政部门和教育指导部门）组织开展的学科竞赛，如"挑战杯"全国大学生系列科技学术竞赛。二是行业协会组织开展的学科竞赛，如"AIA 求职王"语文比赛。三是以行业企业冠名组织开展的学科竞赛，如德勤税务精英挑战赛。当然，还有以上三类单位联合主办的比赛，比如，全国大学生计算机设计大赛就是由教学指导委员会、软件工程专业教学指导委员会、大学计算机课程教学指导委员会、文科计算机基础教学指导分委员会、中国教育电视台联合主办的。按竞赛级别可分为国际级、国家级、省（部）级、市级、校级；按竞赛时间可分为临时竞赛、一年一届竞赛、两年一届竞赛；按竞赛空间可分为开放式、半开放半封闭式、封闭式学科竞赛；按竞赛形式分为直接决赛型、一次竞赛两级评奖型、初赛—复赛—决赛型；按竞赛人数可分为单人竞赛、团队竞赛，等等。

2. 学科竞赛与应用型财税人才培养的契合度

学科竞赛一般有竞赛章程，章程对参赛者在竞赛中需要共同遵守的行为规范等作了明确规定。竞赛命题以专业知识为背景，要求参赛者具备扎实的专业基础，主要考察参赛者理论联系实际的能力与分析问题、解决问题的能力。培养学生的实践能力是组织开展学科竞赛的主要目的，并通过实践更好地明确专业改进的方向，使人才培养体现更多的应用性与创新性，进而提升人才培养的区分度与竞争度。

构建"理论＋实践＋理论"的财税应用型创新人才培养模式，以专业知识教学的理论课程体系是基础，而综合性、专业性的实践教学课程体系则是有力保障。除了校内外的专业实习、毕业实习、毕业论文等实践环节，学科竞赛因专业性与实践性的特点，也是人才培养模式中实践课程体系的重要部分，与应用型财税人才培养具有很大的契合度。

3. 学科竞赛在应用型人才培养中的作用

学科竞赛既是检验学生专业知识应用的重要平台，也是辅助实践教学的重要抓手。学科竞赛注重实践应用的这一特性，能够贯通专业课程的知识点，也有助于整合不同学科资源在原专业中的扩容，进而为实践课程体系的丰富和完善提供学理上的支撑。

（1）学科竞赛注重知识应用，有助于强化应用型人才培养的导向。学科竞赛对参赛者的考验往往集中于相关领域现实问题解决或综合知识能力的创新应用，既需要某一专业知识背景又不囿于该专业背景。因此，单一学科知识的运用往往不能充分解决或无法解决相关的题目设置目的。学生参与解决问题的过程是学生对原有知识（结构）回忆、重组、整合的过程，这一方面检验了学生对原有知识的掌握程度,另一方面也折射出知识考核背后的课程设置问题,如必修课课程和选修课课程的设置导向等。同时,学科竞赛题目设置行业需求因素的考量也成为应用型人才培养后续注重的导向。学科竞赛强化了知识应用和行业需求导向,进而通过比赛的参与和总结能够有效地反馈原有应用型课程体系的合理性和科学性,进而为更加务实有效的应用人才的培养提供了现实指导。

（2）学科竞赛检验综合素质,有助于完善应用型人才培养的支撑体系。与知识学习的单向度相比,学科竞赛更加注重多向度的考量与整合,如团队协作能力、沟通能力、战略能力、表达能力、时间控制能力、职业道德等。学科竞赛更加注重团队成员总效能的发挥,同时注重此前提下各成员专业知识与技能的深度应用。与知识应用能力不同,沟通能力、战略能力、表达能力、时间控制能力、职业道德等应用型人才素养的培养和训练带有更长的时间跨度,也因个人成长环境的不同而呈现更多的复杂性。基于此,学科竞赛参与的高要求与成员协作的充分发挥往往需要短时间内团队成员优势最大化发挥的整合。这也就丰富了应用型人才培养的应用向度,使应用型人才培养体系更加注重专业素养与综合素养的同步,更加注重专业知识传授与能力素质转化的内在逻辑,更加注重理论指导与应用反馈的有机融合,使应用型人才培养的效度更多地体现在过程培养上。

（3）学科竞赛启发学生学以致用,有助于增强应用型人才培养的活力。学生既是应用型人才培养的对象也是应用型人才培养的重要参与主体,学生自发性和自动性的发挥有助于更好地增强应用型人才培养的活力。学科竞赛对参赛选手的考察更多是方法论上的,即往往在于知识点的应用而非知识点本身。学科竞赛的参与往往使参赛者本身有着更强烈的赛事体验,如对原有知识掌握的深浅、原有知识面的宽窄、应变能力的收放、情绪大小的调控等,可以说赛事本身向参赛者传递的就是一种综合素养的考察与应用。学生对这一体验的反思与总结,对这一体验的传播与扩散、消化与转变,有助于更多的教育对象实现自发与自动两个层面的努力,也使学生在日常学习过程中增强问题意识与问题解决能力的锻炼,也有助于强化学生的学以致用意识,使得应用型人才培养的主体在教与学两方面的积极性都得到了充分的发挥。

（4）学科竞赛注重创新思维,有助于增强应用型人才培养的成效。培养大学生的创造性,使他们能通过对所掌握知识的运用以及对客观事物的观察、分析、综合、评价,发现新的现象和规律,提出新的理论和方法,创造出新的物质产品和思想文化成果,解决前人未曾解决的问题。学科竞赛在大赛的宣传、组织、参与、表彰等各个环节无不体现出对大学生敢于追求创新,勇于打破常规,乐于创新的动员、肯定及对创新所带来的新发现、新成果、新项目所体现出的个人价值和社会价值的彰显,这一集"大学生发现—大学生参与—大学生创造"的赛事导向无

疑为大学生创造力和创造激情的充分释放提供了广阔的实践舞台,同时也为自身及同辈人创新意识和创新精神的培养产生了无形的推动力,为众多创造欲望与行为的激发埋下了现实的"种子"。这种创新型人才在问题解决方面的集中表现就是应用型人才培养成效的集中体现。

三、基于学科竞赛优化财税应用型人才培养的路径

1. 建立健全学科竞赛管理机制

税收学应用型本科专业建设的理论与实践探索

(1)构建学科竞赛管理规章制度。构建完善的学科竞赛管理机制,是保障学科竞赛全面深入开展的重要保障。第一,在校级层面,制定相关的各类学科竞赛管理规章制度,内容涵盖学科竞赛的类别、组织架构、支持保障、激励办法等,进而推进到各院系。第二,发挥现有的大学生社团,鼓励支持学生开展跨学科、跨院系、跨校的竞赛活动,必要时可以与企事业单位、政府机关合作探索建立长效的学科竞赛合作机制。

(2)将学科竞赛纳入人才培养体系和创新实践类课程体系。对于应用型财税类人才的培养,传统完善的通识类基础课程和专业类课程,为人才培养提供了坚实的保障,使其具备人文素养,掌握财政学与税收学的基本理论和专业知识。如今,社会与经济的高速发展,加上国际化、全球化的要求,大学生创新实践能力尤为重要。学科竞赛作为促进大学生创新实践能力构建的重要途径之一,将其纳入人才培养体系,成为实践类课程中的必要部分,是开展学科竞赛的内在动力。比如创新实践课程,可以将参加学科竞赛活动转换为创新实践学分,作为培养计划的必要部分,从根本上敦促学生对于参加学科竞赛的热情和投入,在很大程度上提高学科竞赛的成效。

(3)统筹规划竞赛项目,加强经费支持与激励政策。除了在培养计划中纳入学科竞赛项目的创新实践学分,为了全方位保障和促进学科竞赛的开展与成效,从校级层面包括教务处、学生处等到院系层面,全面统筹各类学科竞赛项目,通过项目立项与相应的经费支持,鼓励与支持大学生的学科竞赛项目,最大限度扩大学科竞赛的范围与受众面。

2. 加强学科竞赛团队建设,构建校外基地联动模式

(1)注意团队培养与梯队建设,加强竞赛能力培养。大学生是学科竞赛的主力和核心。众多的学生参与其中,才是举办学科竞赛的初衷与意义。学科竞赛顺利、有效地组织开展,除了需要一支专业、高效的组织团队,更加重要的是参与

竞赛的团队。无论是组织团队,还是竞赛团队,团队的培养与梯队建设都十分重要。高年级学生的专业知识相比低年级学生更加扎实和广阔,因此是学科竞赛的重要参与者。而低年级学生则可以作为外围参与者,鼓励其观看、参与,积累经验,形成高年级对低年级的传、帮、带模式。当然,专业指导老师的投入和指导也是重要的保障,并注意团队内部的人员优化配置、加强竞赛能力和团队精神的培养。在专业指导老师方面,可以建立专门的指导人员库,使指导老师的指导更加常态化与规范化。

（2）适时建立校外基地与学科竞赛联动,创建品牌效应。校外实习基地是人才培养模式中,实践教学与实践课程实施的重要部分和载体。除了专业实践环节,在学科竞赛开展方面,发挥校外实习基地的重要作用,与企事业单位、政府机关单位联动,组织开展学科竞赛,比如,与税务局、税务师事务所等开展税法知识竞赛、税收筹划案例分析大赛,与财政局开展政府绩效评价大赛等,都是非常有现实意义的。进而,通过长期的联动合作开展,形成品牌竞赛项目,增加品牌效益和宣传效应,可以取得长足的发展和成效,且在学科建设中形成一定的影响力。

3. 构建学科竞赛与专业讲授互动辅助与协同机制

（1）建立专职教师的指导机制,充分发挥专业指导的作用。学科竞赛虽然属于学生活动的一种类型,却与一般的学生竞赛活动有很大的区别。学科竞赛特有的专业性、与学科的内在联系等都需要专业的指导老师参与其中给予指导。那么建立专职教师担任竞赛指导的机制,将教师指导学科竞赛纳入教学工作量,并参与绩效考核,对成效显著、取得优异成绩的指导教师给予物质、精神奖励都可以激励教师对学科竞赛指导工作投入更多的精力,提高学科竞赛的层次和水平,以此建立长效并可持续发展的学科竞赛体系的同时,也可以加强师生在课堂外的联系、交流与沟通。

（2）专业课程讲授与学科竞赛活动相辅相成,深化教学模式改革。学科竞赛的内容,是建立在学科专业课程基础上的。专业课程的讲授,除了以课堂为载体,通过学科竞赛的举办,在课堂外也能取得相同的成效,甚至比课堂教学更有效。比如,税收筹划课程,本身是一门应用性和实践性比较强的课程,对于教学内容更加注重时效性和实践性。除了基础的税收筹划理论知识,更多的是对具体案例的税收筹划。教材上的案例自有其局限性和滞后性。通过举办税收筹划案例分析大赛,与税务局、税务师事务所、企业等合作,获取真实的案例和最新的税收政策等进行税收筹划,不仅可以巩固专业基础理论知识,也是理论联系实践的最优体现。在广义范畴内,学科竞赛也是课程授课的一种模式与载体,它不同于传统的课堂授课,是教学模式改革的重要部分。

四、结语

应用型财税人才培养的目标着眼于基础的财税类专业理论知识,结合较强的实践能力和创新精神,具备人文素养、科学精神和国际视野,完全能适应目前国家和社会发展、行业发展的需要。科学的专业知识构架是培养应用型财税人才的有力保障。学科竞赛作为一项实践课程中重要的组成部分,对于大学生的专业知识应用和创新能力培养具有积极的现实意义。构建完善、健全的学科竞赛管理机制以保障学科竞赛的常态性开展,发挥专职教师的专业指导作用,协同校外实习基地创建品牌项目,辅助课堂教学,最后达到既定的目的,收到一定的成效。学科竞赛作为应用型人才培养的一条重要路径和方式,值得深入探究。

参 考 文 献

[1] 李国锋,张世英,李彬. 论基于学科竞赛的大学生创新能力培养模式[J]. 实验技术与管理,2013(03).

[2] 郭睿,杜侦. 关于创新型人才培养模式的探索[J]. 江西教育科研,2000(09):10-12.

[3] 张姿炎. 大学生学科竞赛与创新人才培养途径[J]. 现代教育管理,2014(03).

[4] 费黎艳,于振杰. 基于创新人才培养的职业生涯规划类大赛运作机制研究[J]. 中国成人教育,2014(01).

税收学应用型本科专业建设的理论与实践探索

税务师人才培养现状及提升路径[①]

王晓玲

内容提要：税务师作为人事部认可的职业资格之一，其行业发展处于巨大市场需求的关键时期，目前作为税务师人才培养重要阵地的高校在人才培养规模和质量上都难以满足这一需求。提升税务师人才培养的质量和扩大规模是当前亟需解决的问题。本文通过研究得出结论，高校与行业协会和部门的"双向合作""双证教育""双向交流""双重课堂"有望部分解决税务师人才培养的数量和质量问题。

关键词：税务师　人才培养　双向合作　双证教育

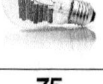
一、引言

我国税务师行业经过近 30 年的发展，已成为继律师、注册会计师之后的第三大鉴证咨询类专业服务。经济发展带来的机会、万众创业的国家号召以及政府放管服政策推动下，参与经济活动的市场主体越来越多且逐年增加，庞大的市场主体为税务师行业专业服务提出了潜在需求。但是，与市场主体数量和要求比较起来，税务师人才规模和质量远远不能满足经济发展的需要。高校作为税务师人才培养的重要阵地，目前在办学模式、培养规模、培养方案、培养方法与培养质量上都无法跟上市场需求。因此，分析目前税务师人才培养现状、税务师人才培养存在的问题与完善税务师人才培养体制、机制和制度都具有重要的现实意义。

二、高校税收学专业人才培养现状

1. 设置税收学专业的高校占比较低

据教育部相关数据统计，目前全国有 2 879 所高校，共有 84 所设有税收学专

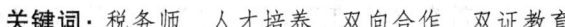

[①]　该文为"税务师人才培养协同创新教学团队"建设的阶段性成果。

业(含税收学本科和税务专硕),占全部高校总数的 2.95%。84 所高校中有 70 所在本科阶段设置了税收学专业,占所有设置税收学专业高校的 83.33%。有 40 所高校硕士阶段设立了税务专硕,占所有设置税收学专业高校的 47.62%。其中有 26 所高校既设置了本科阶段的税收学专业,又培养税务专业硕士,占所有设置税收学专业高校的 30.95%。有 14 所高校仅在硕士阶段设立了税务专硕,占所有设置税收学专业高校的 16.67%。

2. 为税收学专业单独设立学院的高校占比较低

设置税收学专业的高校中办学模式和机构设置主要有以下三种,一是财经类高校设立财税学院、财税与公共管理学院或财政金融学院。二是综合性大学经济学院或商学院下设财税系。三是财经类高校设立经济贸易学院或金融学院,下设财税系或税务系,招收税收学专业本科生。

目前采取第一种办学模式和机构设置的高校有 33 所,占全部设立税收学专业高校的比重为 39.29%,以校名中带有财经、工商、商业等为特色的高校为主。采取第二种机构和第三种办学模式和机构设置的有 51 所,占全部设立税收学专业高校的比重为 60.71%。这说明税收学专业受重视程度和办学规模还远远不够专业自身发展的需要。

3. 单独设立税务师方向班的高校占比较低

在设置税收学专业高校中,有两种培养方案或教学模式,偏理论型教学和偏实务型教学。理论型教学模式侧重于税收理论与政策,普遍存在于综合性大学经济学院或经济管理学院,这种类型的高校有 25 所,采取实务型教学模式的高校有 59 所。在采取实务型教学模式与培养方案高校中,仅有 14 所高校设置税务师方向班或者虽然没有设置税务师方向班,但课程体系按照税务师的要求建立,这类高校占设置税收学专业或学位高校的 16.66%,如中央财经大学、首都经贸大学、吉林财经大学(高级税务经理实验班)、中南财经大学、江西财经大学、广东财经大学、上海立信会计金融学院、浙江财经大学(应用人才实验班)、内蒙古财经大学、重庆工商大学派斯学院(独立学院)等高校。这说明,目前高校培养方案适应税务师人才和行业发展需要的程度不够高,还需要根据市场和行业实际情况进行调整。

三、高校税务师人才培养存在的问题

传统的高校税收学专业人才培养很难满足税务师人才培养的需要,需要转

型与对接,存在的问题主要有如下几个方面:

1. 财经类高校办学与行业合作的广度与深度不够

目前财经类高校税务师人才培养办学模式上总体较为封闭,与行业合作不够,科研考核激励教师投身于学术型研究,高校与实务工作部门之间的交流和互动较少,直接制约了高校税务师人才的培养。

(1) 高校教师少有与行业部门合作并实质性参与实务部门工作。即使目前教师专业发展工程鼓励教师产、学、研践习,但真正能跟随实务部门学习并调研的教师有多少不得而知。即使教师都认真地参与产、学、研践习,也很难满足社会变化带来的知识更新对教师提出的继续学习的要求。

(2) 高校少有与行业部门合作用真实案例改编税务案例。高校也较少与税务实务工作部门进行合作,利用真实纳税人的数据改编成符合教学要求的教学案例。实际工作中,税务师事务所积累了大量真实数据和案例未加以合理利用,造成资源浪费。一方面,真实数据和案例需要耗费大量人力才能改编成符合教学要求的案例,税务师事务所缺少专门的研究人员从事此类工作。另一方面,高校缺乏鼓励教师编纂教学案例的激励机制,教学案例成果对于职称评定无太大帮助,且需要根据税制改革及时修订,高校编写教学案例的动力不足。

(3) 高校少有与行业部门合作培养税务师人才。目前,中国高校侧重于与政府之间的合作交流,教学与研究主要是完成政府任务、争取政府的专项以及课题资源,与税务行业(除财政局、税务局)如税协、企业、税务师事务所之间的协调、合作、交流相对较少。税务行业对于高校税务人才培养的介入明显不够,企业需要什么样的人才、税务师事务所希望学校能够培养的人才与学校培养成果之间还存在较大差距。

(4) 高校与行业部门之间应用型研究不足而制约人才培养质量。高校从事的研究多是理论性课题,涉及宏观层面、政策层面的研究较多,而对于实际操作中可能存在的问题进行的应用型研究不足,这导致对税收政策与实务之间差距的研究不足,给学生传授的税收知识存在封闭环境下不符合税收工作实际的问题,教学的开放程度不足,因而大大影响了税务师人才培养的质量。

2. 高校办学长期偏重学历教育

长期以来,高校办学强调学历教育。结合一些高校人才培养方案与教学计划后发现,税收人才学历教育主要具备如下特点:重视学业完成而忽视能力培养;重视学科建设而忽视专业建设;重视理论教学而忽视实践教学;重视课堂教学而忽视社会实践。综合来看,传统的偏重学历教育的税收人才培养模式,已很难适应社会对应用型、职业化人才的大量需求,像税收这样应用性突出的专业,应突出学生的实践创新能力,由传统的学历教育向学历教育与职业教育并重转变将是必然选择。

高校培养方案中普遍强调通识教育和全面教育,其中通识教育占据很大比例,偏理论性的学科基础课又占据一部分,留给专业课程学习并加强实务实践能力培养的时间少之又少。从各高校税收学专业本科培养方案看,税收本科学历教育总学分一般在 140～180,课程中思想政治军事理论、公共基础课(英语、语文、数学、体育等)、学科基础课占到 75～95 学分,占总学分的 50% 以上。专业课程包括专业主干课和专业选修课,一般在 30～60 学分,占总学分的 15%～30%。专业教育的学分占比例低,很难保证专业学习的课时。

税收学应用型本科专业建设的理论与实践探索

3. 高校税收学专业人才培养实践性不足

(1) 专业培养方案实践性课程所占比例不高。各高校税收学专业培养方案中主干课和专业方向课(选修课)所占总分学比例一般在 25%,专业主干课占其中一半。大多数高校专业主干课中安排的课程为经济学、管理学、税收学(税收经济学)、中国税制、中国财税史、比较税制、外国税制、国际税收、税收管理、纳税评估、税务稽查,课程看起来偏重实务,但讲授时偏理论性,从出版的相关专业教材就可以看出来。真正符合税务师人才培养的实务课程,如税法、财务会计、税收筹划、涉税服务相关法律、涉税服务实务等实践性课程安排约为总学分的 5%。

(2) 专业师资力量实践经验不足。目前高校引入教师的基本条件是,教师必须是博士毕业并具有相当的科研成果,实务工作部门尤其是企业和事务所要求应聘人员在行业内有较为丰富的实务操作能力,两者的要求和侧重点完全不同,学术能力与实务能力在现有的体制下无法兼得。

(3) 教学方法与实践结合不足。目前,税务专业课程教学主要还是采取课堂教学的形式,并采取教师主讲的方法,教学方法比较单调且与实践脱节。为弥补课堂教学的不足,各高校培养方案中都安排了实验课程且实践环节,但实验课程软件只是模拟实务操作过程,尚不能满足教学需要,且内容需要随着税收政策变化进行更新,大多数高校实验师资队伍建设未能跟上教学需要。

(4) 学生专业实习环节偏晚且实践锻炼机会较少。税务师人才培养过程中,学生专业实习安排偏晚,一般仅局限于大三、大四毕业前的专业实习。他们被安排到企业或会计师、税务师事务所实习。还有些学生毕业实习并不是做税务相关工作,对于专业素质的提高帮助不大,主要是为了增加进入社会前的磨练机会并方便就业。另外,毕业实习时间一般不长,实践锻炼机会不充足。学生和用人单位处于双向选择中,且受高校毕业季各种工作安排的干扰,造成专业实习和实践锻炼不够稳定和充足。

四、提升税务师人才培养质量的路径探索

培养税务方面应用型人才,将现有财经类高校税收学专业人才培养与税务师人才培养对接,本质上是放弃原有的封闭办学的模式,打开校门与市场对接,充分加强高校与行业协会以及专业中介机构的合作,积极探讨税务师行业职业标准,通过"双向合作、双证教育、双向交流、双重课堂"等方式,培育应用型科研与实践能力并重的税务师人才师资力量,培育学习能力强、实践能力强、符合市场需求的税收专业人才和高级人才,提高税务师应用型人才培养质量。

1. 通过开放办学加强高校与行业协会的"双向合作"

(1) 共同制定行业人才培养标准。税务师人才对专业实践能力有很高的要求,具有鲜明的行业特征,高校可与中税协联合开展税务师人才培养标准研究。在调研相关专业人才培养情况的基础上,可通过校协、校企共同研究确定税务师人才培养的目标和定位,明确本科层次税务师人才的知识、能力、素质要求,在此基础上制定人才培养方案,优化课程体系。行业人才培养标准可由中税协发布,从而为高校税务师人才培养提供指导。

(2) 高校与行业协会应加强应用型课题的研究。鉴于高校传统封闭的模式不能满足税务师人才培养需要,高校应顺应时代发展要求开放办学,尤其是应用型高校应积极与行业协会及税务师事务所应就实务问题展开合作,立项并参加实务型课题研究,开展税收政策效果调研活动,与行业协会及税务师事务所进行合作改编税务案例,提高教师应用型课题研究能力。

(3) 高校可与行业探索合作设立税务学校。目前所有财经类高校税收学专业培养的学生规模远不及税务师人才的市场需求量,特别是在经济发达地区,企业对人才需求更多。高校可尝试与行业协会及税务师事务所共同探索合作成立培养税务师人才的税务学校,可招收普通院校学生,也可招收成年人,专门培训税务师科目或按照税务师人才素质要求培养。

(4) 高校和行业协会及事务所可以设立教育基金。为提高高校税收学专业毕业生就业与专业相关性,扩大税务师行业从业人员规模,整个行业吸引高素质人才参与,高校与行业协会或单个税务师事务所可考虑设立以行业协会或单个事务所名称命名的教育基金,用于奖励在税务师人才培养方面作出突出贡献的教师、税务师事务所指导老师、培训教师、税收学专业学业优秀的学生和学员,或者其他需要经济帮助的教师与学生。

2. 实行高校税务师人才培养的"双证教育"

高校税收学专业培养应根据市场化需求实行"双证教育",即学历证、学位证和税务师证。在学历证、学位证教育方面,注重学生的宽口径、厚基础培养,同时也应结合市场对人才素质的需求;在税务师证教育方面,应邀请行业协会参与制定培养方案。

(1) 学历证、学位证教育方面应注重宽口径、厚基础。各高校税收学专业学历学位教育培养方案应注重宽口径厚基础,宽口径、厚基础来自学生的广泛阅读和对社会经济运行规律的了解,因此可以在教育方面加强对学生阅读能力和阅读深度的指导方案,并且可以由行业协会及税务师事务所推荐阅读以及定期举办专业讲座,帮助学生提高对社会和经济的认识,提高综合能力。

(2) 税务师证教育方面应制定和遵循行业标准。税务师专业人才培养方向和方案制定时,按照"专业设置与产业需求对接"的原则,依据税务师行业人才培养标准,通过行业协会向税务师事务所或企业征求关于税收学专业人才培养以及税务师人才培养的建设性建议,让市场参与专业培养方案制定,使得人才培养更贴近市场需求。

3. 加强实务型师资力量培养的"双向交流"

(1) 内聘经验丰富的外部实务专家加强实务性教学。高校可以聘用经验丰富的税务师事务所从业人员或企业税务管理人员作为专职课程教师,从事实务课程的教学,可以按照函授或夜大教学模式,授课时间可以安排在周末或晚上,并根据教学效果签订用工合同,课酬应高于本校专业教师课时费。

(2) 鼓励教师轮流定期在税务师事务所产学研践习培训。对于想从事实务教学的教师可以与税务师事务所开展合作,定期派出实务教学教师轮流在高校自设事务所或其他税务师事务所交流学习,并有专人负责接洽引导,提高教师实践学习的效果和效率。同时,在安排教师产、学、研践习时,可以由教师与事务所带教老师共同制定践习计划和目标,并在践习结束后针对计划和目标进行反思总结,提出如何进一步提高产学研践习质量和效率。

4. 高校设置增强教学实战性的"双重课堂"

(1) 专业课中增加培养综合能力的项目课。在教学中增加类似国外项目能力课的课程,以实际项目完成能力作为课程唯一目标。在税务师人才培养和教学过程中开设项目能力课,由教师设计税务业务实操项目,交由学生完成,评价税务专业学生政策理解和实务操作水平。

（2）专业课中增加专业实操课堂。直接在专业课学习中增加实战业务教学环节，在专业课学习过程中由教师联系企业或者会计师事务所、税务师事务所，在纳税申报的忙季进入这些单位实习和帮忙，教师安排学生分组，跟随这些单位直接进行税务实战，并提前安排好教学计划，实战结束后做好学生成绩评定和反思总结，以此提高实践教学质量。

（3）"双重课堂"之外增加学生实践锻炼机会。建议高校在"双重课堂"之外为学生增加实践锻炼的机会，采取自愿原则，鼓励学生参与。这种实践锻炼不应该是简单重复的实践锻炼或是敲章走形式的实践锻炼，而是与专业学习相关的实践锻炼。建议高校在大二、大三的暑期期间增加学生专业实习环节，对于积极参加暑期实习、为期达到一个月、撰写完成实习总结的学生，可以认定选修课学分或社会实践学分。

参 考 文 献

［1］赵迎春,杨光焰,罗秦. 应用型税务人才培养与教育教学改革研究［M］.上海:立信会计出版社,2012.

［2］赵迎春.税务专业实验教学体系探索研究——基于创新人才培养视角［C］.税收筹划理论与实务国际研讨会,2011.

［3］杨光焰.基于现代服务业发展的税务人才培养思考［J］.教育界,2011(30).

2

第二部分

数学改革篇

案例教学法在税收应用型本科 "税法"教学中的应用研究

第二部分 教学改革篇

内容提要：本文在阐述税收应用型本科"税法"教学中应用案例教学方法的意义的基础上，重点研究了税法案例的具体应用思路和方式，在此基础上提出税法案例教学应注意的问题。

关键词：税收 应用型本科 税法 案例教学

一、引言

"税法"作为财经类本科院校的一门重要课程，是一门介于税收经济学、法学和会计学等多个学科之间的课程，理论上具有一定的特殊性，实务上又有较强的操作性。"税法"是随着社会政治经济形势的发展需要而逐步确立其重要地位的。社会主义市场经济在我国逐步的建立和完善、世界经济全球化和一体化的发展、我国加入 WTO 等政治、经济形势的变化趋势，对我国税法提出了更高的要求。为促进我国经济健康、持续、稳定、和谐发展，加强法治建设，全面普及税法，依法治税已迫在眉睫。同时，随着我国市场经济体制的逐步完善、国际经济交往日趋频繁以及近年高校扩招的影响，社会对涉税复合应用型财经类人才的需求逐年增长。然而，相关经管类专业学生的税法知识有待提高，缺乏会计、税收筹划等涉税业务的综合运用能力，难于满足市场经济对涉税人才的需求。涉税人才需求与供给的矛盾对本科税法教学提出了更高的要求。一方面，有必要优化"税法"课程体系和教学内容。另一方面，需进一步更新教学思想、教学观念和教育方法。因此，税收应用型本科"税法"课程应适应提高税务以及相关专业的人才培养质量以及培养能够服务社会的应用型、复合型、技能型人才的培养目标，在教学内容和方法上凸显本门课程的特色，引入案例教学方法。

案例教学（Case Method）由美国哈佛法学院前院长克里斯托弗·哥伦姆布斯·朗德尔（C. C. Langdell）于 1870 年首创，后经哈佛企业管理研究所所长多汉姆(M. B. Doham)推广，从美国迅速传播到世界各地，被认为是代表未来教育方向的一种成功教育方法。案例教学方法是一种以案例为基础的开放式、互动式的新型教学方法，在案例教学中，教师改变了传统教学中知识垄断者和讲授者为主的角色，转而扮演案例设计者以及学生学习引导者、激励者或帮助者的角色，以案例为纽带激发学生主动参与教学全过程，实现教与学的良好结合，增强学生对知识的应用和实践能力。案例教学方法鼓励学生独立思考、重视双向交流及其注重实际解决问题的能力，契合税法实践性与理论性相结合、综合性高、注重应用等特点。

基于上述分析，本文就案例教学法在"税法"课程教学中应用的意义、具体应用思路、方式以及案例教学法在"税法"课程教学中应用应注意的事项等几个层面进行分析，以期为提升税收应用型本科"税法"课程的教学效果和教学质量提供案例教学法方面的参考。通过案例教学方法在税法课程中的应用，期望税收专业及经济管理类各专业学生广泛、系统地理解税法的基本理论和基本知识，熟悉我国税法的政策原则和立法精神，掌握现行主体税种的基本法律规定和计算缴纳方法，培养和提高正确分析、解决税收征管中遇到的各种问题的能力，使学生具备独立从事纳税处理和相关税务服务的工作能力。

税收学应用型本科专业建设的理论与实践探索

二、"税法"教学应用案例教学方法的意义

"税法"课程引入案例教学方法有利于加深学生对税法基本理论和基本知识的理解和掌握，有利于提高学生解决现实中具体涉税问题的能力。具体而言，案例分析方法在"税法"教学中应用的意义主要体现在以下方面。

1. 案例教学方法有利于加深学生对税法基本理论和基本知识的理解和掌握

税法是国家制定的用以调整国家与纳税人之间在纳税方面的权利及义务关系的法律规范的总称。税法是税收制度法律化的表现形式，是为国家筹集税收收入的法律依据。在现实经济生活中，纳税人生产经营活动、买房买车、签订合同、取得个人所得等一系列的经济活动均会应用到税法。因此，税法课程教学不能仅停留在讲授税法理论知识的层面，还必须引入典型案例给学生足够的讲解，活学活用，实现理论与实践的结合，培养其分析涉税问题和解决涉税问题的能力。

2. 案例教学方法有利于学生融会贯通税法学习的思路和要点

通常，按照传统授课模式，在讲授税法过程中，向学生讲解主体税种的基本原理、税收要素及征收管理的过程中,通常注重税法要素和相关法律法规的文字解释,但缺乏具体案例的说明,即使有少量列举案例,这些案例通常也具有单一性、缺乏连贯性的特点。例如,讲解增值税征税范围的时候,涉及交通运输业,会对交通运输业的具体内涵和外延进行详细讲解,但可能很少会向学生列举现实生活中的具体交通运输业涉及的税种、具体业务的税务处理等内容。传统税法教学法容易导致学生对具体涉税业务处理缺乏直观的认识,进而不利于学生熟练掌握相关税法的内容、学习思路和要点。而案例教学法则可以克服传统税法教学法可能导致的问题,在吸引学生注意力,引导其主动思考的基础上,掌握税法知识要点。

3. 案例教学法有利于提高学生独立思考和解决问题的能力

独立思考和解决问题的能力是支持学生后续发展的重要能力。通过案例教学法,导入实务中的具体涉税案例,引导学生挖掘涉税要点,并根据税法对具体应税经济事实进行正确处理,计算税金并按相关征管要求进行申报等,不仅在教学中实现税法知识的传递,同时也提高了学生独立思考和解决问题的能力,最终提高学生的综合素养,为学生未来走向社会打好基础。

三、案例教学法在"税法"教学中的具体应用思路和方法

"税法"课程案例教学方法是贯穿课堂设计全过程的系统工程,从教学时间段上可划分为课前准备阶段、课堂案例教学实施阶段及课后总结和评价阶段。从教学实施过程看,包括教学安排、教学目标设定、案例选择、教学手段选择、课堂组织、教学成果总结、课后交流及考核等系列内容。下文以教学时间为主线,以教学实施过程为内容,探讨如何在"税法"课程中应用案例教学方法,以期取得良好的教学效果,切实提高学生分析问题和解决问题的能力。

1. 师生课前准备

充分的课前准备是案例教学成功的基础。在税法案例教学活动中,教师扮演教学设计者、引导者、帮助者之类的角色,通过经典案例的选择或者设计,引导学生分析、解决特定案例事件中的各种涉税要素、各要素之间的相互联系及其各种筹划方案的可能性。教师不再简单地给学生讲授各个税种的定义、要素、计算方法、征收管理规定。由于税法的复杂性、税种间的关联性以及经济业务的复杂性,需要教师综合把握章节内知识点的关联、章节之间知识点的关联等,这对教师的课前准备工作提出了更高的要求。课前准备应包括教师课前准备和学生课

前准备两部分。教师课前准备包括案例选择、案例教学备课、学习任务布置等方面。学生课前准备以教师案例为基础、以任务为中心展开。

（1）案例精选。案例教学方法是以案例为基础的教学方法（case-based teaching），案例的选择是决定教学目标实现与否的关键。合适的案例是案例教学成功的一半，高质量的案例是搞好案例教学的基础。税法案例源于客观经济社会的具体涉税经济事件，是现实涉税主体应税经济问题的缩影，教师应根据教学目标和内容的需要，结合学生特点，选择典型案例进行讲解。税法教学案例通常围绕税种要素展开，其案例应具备目的性、典型性、时效性的特点。

首先，税法案例选择应有明确的目的性。税收应用型本科教学以传授知识为基础，在此基础上培养学生分析问题和解决问题的能力。因此，"税法"课程选择的案例应以促进学生掌握税法的基本原理和基本知识为基础，通过引入案例教学，使学生系统地理解税法的基本理论和基本知识，熟悉我国税法的政策原则和立法精神，准确应用相关法律法规计算应缴税款，使学生具备独立从事纳税处理和相关税务服务的工作能力。

其次，案例的选择应具有代表性。考虑到课时的限制以及课程目标，案例并不是越多越好。教师应结合学生的知识体系和背景，选择容易激发学生兴趣、引导其思考的案例。

再次，案例的选择应具有时效性。目前我国的税法还处于完善中，税收政策存在变动和修改的情况，案例的选择应与时俱进。例如，"营改增"后我国增值税还一直处于频繁调整期，选择案例的过程中要注意跟紧税法变动的步伐。

最后，案例应具有实战性。通过经典案例的选择或编制，提高学生分析问题和解决问题的能力。

（2）案例教学备课及课前准备工作。案例教学备课是整个案例授课的前期规划和准备。教师在此过程中的准备工作如下：

首先，应对案例了然于心。具体包括以下方面：把握案例的涉税业务，找出案例的核心涉税要素及计算分析的关键点，并对立法精神和政策应用原则了然于心。

其次，公布案例资料，布置课前思考题，并根据班级人数进行分组，这样可以培养学生的自主学习能力，同时可以培养团队合作精神。

（3）学生课前准备。学生课前应充分阅读税法教材。鉴于税法内容复杂，规定较多，且不同税种之间可能存在关联性，因此，学生课前的充分准备对案例教学顺利实施有重要作用。

2. 课堂教学组织实施

课堂教学组织实施是课前准备及其规划的实现过程，需要有序的组织引导，

以保证整个教学按时、按质完成，以达到预设的目标。课堂教学组织实施有不同的方法，但总体而言可归结为以下三个方面：

（1）案例导入。在全面展开课堂内容前，可导入短而精炼的案例。案例的导入，一方面可以吸引学生注意力，开拓学生思维。例如，笔者在讲解增值税低税率中的粮食时，导入现实经济活动中与其相应的几个简短案例，请学生回答：所列举的案例中哪些属于按低税率课征？哪些属于按基本税率课征的？针对这些具体的问题，学生们作出回答，并对其进行解释，笔者再通过学生的回答，指出学生理解偏差的地方及税法中低税率适用的原则和原理。通过上述引导和学生自我分析过程，学生思路打开了，注意力也集中起来，同时更好地理解了税法的立法原则及相关条款的适用范围，教学效果较好。另一方面，教师可通过案例导入，引出本次课堂重点讨论的范围和具体要求，并将本次课程的初步规划和预设目标向学生进行简要介绍，以免学生在案例讨论发言过程中脱离学习目标和主题。

（2）知识铺陈。在学生注意力集中，并了解本次课程规划和目标的基础上，教师应不失时机地结合教材相关税法内容和教学目标，将税法案例分析中需要具备的税法基本理论、法规、政策适用范围、政策具体应用及计算方法介绍给学生。知识的有效铺陈有利于学生掌握具体法规的实际应用。

（3）案例讨论。案例讨论的顺利展开是有效实施案例教学的关键环节。如果没有案例讨论，没有学生的参与，也就不能称其为案例教学。同时，案例讨论展开的深度和广度决定了案例教学的效果。但案例讨论应紧密围绕税法主体税种、核心要素、基本法律法规及应用展开，而不是让一堂税法实务课变为没有结论的、开放式的讨论课，这是由税法的规范性、固定性决定的。

3. 课后交流和教学方案改进

税法案例教学的最后环节是课后交流和教学方案的改进。一方面，通常班级里总会有积极的学生，他们在课后一般会主动和任课教师交流在本节课学习中存在的问题或者还没有理解的地方。教师应抓住这样的机会了解学生的需求和学习状况，进而改进教学方案。同时，教师也应主动询问学生的诉求。另一方面，教师应主动和其他同行进行交流，学习他们的经验和方法。通过上述几个层次的课后交流，教师应结合案例教学的课堂效果、学生反馈的信息和同行经验，对教学方案进行整理、总结和改进，不断优化案例教学方案，提高税法课程的教学质量。

四、案例教学法在"税法"教学中应用应注意的几点问题

"税法"案例教学是一套系统工程，它贯穿税法课程教学始终。为保证"税

法"课程案例教学目标和效果的实现,还应注意以下问题:一是税法案例教学应与传统讲授教学方法相结合,通过传统讲授加深学生对税收基本理论和知识的理解和掌握,通过案例分析提高学生利用税收政策处理具体涉税事物的能力。二是尽量采用多媒体教学环境,增加教学内容的容量和效果。三是加强税务实验室建设,开发税法案例模拟库,供学生模拟操作,切实提高学生动手解决问题的能力。四是税收应用型本科税法的授课对象最好是具备了一定的会计、财务和税收学背景的中高年级学生,因为此时的学生已初步明确了本科学习的目标和未来的就业倾向,能理解这门课程的重要性,进而提升教学效果。五是加大平时的习题量,帮助学生切实掌握税法精髓。

　　总之,案例教学方法在税收应用型本科"税法"教学中的成功应用,能充分促进师生良好互动,增强学生分析问题和解决问题的能力,实现理论与实践的完美结合,最终满足经济社会对税收应用型本科人才的需要。

税收学应用型本科专业建设的理论与实践探索

参 考 文 献

[1]郑晓玲.税法课程的教学改革设想[J].当代会计,2017(12).

[2]吕君,陈金库."一例到底"案例教学法在税法课程教学中的探索[J].西部素质教育,2016(3).

[3]李启平,曹晨.税法"营改增"案例教学:以电信行业为例[J].当代教育理论与实践,2015(04).

培养财政学专业学生绩效评价实践能力的探索

彭锻炼

内容摘要： 党中央、国务院高度重视政府预算绩效管理工作，财政支出绩效评价已经在中央各部门和地方各级政府得到了大力推进，承担财政支出绩效评价工作的第三方中介机构需要大量财政支出绩效评价专门人才。在这样的背景下，财政学专业将绩效评价作为专业方向，探索多种措施培养学生绩效评价实践能力。本文从培养财政学专业学生绩效评价实践能力的背景、具体措施、取得的成效及存在的不足、改进措施四个方面，分析了培养财政学专业学生绩效评价实践能力的探索。本文对培养财政学专业学生绩效评价实践能力的介绍，以期能为财政学专业发展改革提供参考。

关键词： 财政学专业　绩效评价　实践能力　改革探索

一、为什么要培养财政学专业学生绩效评价实践能力

党中央、国务院高度重视预算绩效管理工作，中共十六届三中全会提出"建立预算绩效评价体系"，中共十七届二中全会、十七届五中全会分别提出"推行政府绩效管理和行政问责制度""完善政府绩效评估制度"。2011 年 3 月，国务院成立政府绩效管理工作部际联席会议，指导和推动政府绩效管理工作。中共十八大报告提出"创新行政管理方式，提高政府公信力和执行力，推进政府绩效管理"。为了指导中央各部门和地方各级政府搞好财政预算绩效管理工作，财政部于 2009 年出台了《财政支出绩效评价管理暂行办法》（财预〔2009〕76 号）。经过实践探索和经验积累，财政部于 2011 年重新修订印发了《财政支出绩效评价管理暂行办法》（财预〔2011〕285 号）。该办法从财政支出绩效评价的概念、原则和依据，绩效评价的对象和内容，绩效目标，绩效评价指标、评价标准和方法，绩效评价的组织管理和工作程序、绩效报告和绩效评价报告、绩效评价结果及其应用等几个方面为中央各部门和地方各级政府开展财政支出绩效评价实践工作提供了业务指导。2011 年，财政部出台了《关于推进预算绩效管理的指导意见》（财预

〔2011〕416 号），对推进预算绩效管理的重要性、指导思想和基本原则、主要内容和工作要求做了部署。2012 年，财政部印发了《预算绩效管理工作规划（2012—2015 年）》（财预〔2012〕396 号），该规划根据党中央、国务院有关加强预算绩效管理的指示精神和提升政府绩效的总体要求，结合预算绩效管理工作发展需要，提出了 2012—2015 年预算绩效管理的总体目标——绩效目标逐步覆盖、评价范围明显扩大、重点评价全面开展、结果应用实质突破、支撑体系基本建立，以及这一阶段的重点工作——建立一个机制、完善两个体系、健全三个智库、实施四项工程，并建立相应的保障措施。根据指导意见和工作规划，中央各部门和地方各级政府积极开展预算绩效管理工作，尤其以财政支出绩效评价作为推进预算绩效管理工作的重要抓手，得到了大力发展。

《财政支出绩效评价管理暂行办法》指出："根据需要，绩效评价工作可委托专家、中介机构等第三方实施。"按照《预算绩效管理工作规划（2012—2015 年）》的重点工作要求，"扩大第三方评价范围"。从财政支出绩效评价的实践来看，第三方中介机构正成为财政支出绩效评价工作的主要承担机构，因为第三方中介机构具有专业性和公信力。可以看出，各级政府的财政支出绩效评价工作正成为会计师事务所、资产评估师事务所、税务师事务所等中介机构的重要业务来源之一。但第三方中介机构在开展财政支出绩效评价工作中，面临着一个重要问题——绩效评价专业人才短缺。目前，各大高校并没有专门培养财政支出绩效评价的专业，第三方中介机构通常都是安排获得各种专业资格证书的专业人员经过临时培训后开展绩效评价工作，但这存在着一个问题，那就是这些专业人员并不了解财政活动细节和预算管理专业要求，通俗地说就是不会"说财政话"。因此，随着第三方中介机构承接财政支出绩效评价业务量的增加，对财政支出绩效评价专业人才的需求越来越大。

在这样的背景下，A 校财政学专业从 2008 年开始，将专业方向定位为财政支出绩效评价方向，课程上设置了以"公共部门绩效管理"为核心的专业课程体系，包括"公共部门绩效管理""政府预算绩效管理模拟实验""政府预算绩效管理案例分析"以及"政府预算绩效管理政策解读"等课程，既包括理论基础课程，也包括实践课程，目的就是要培养学生从事财政支出绩效评价工作的理论基础和实践动手能力，使学生毕业后能尽快进入角色，开展绩效评价具体实务操作，满足第三方中介机构对绩效评价专业人才的需要。

二、怎样培养财政学专业学生绩效评价实践能力

根据课程设置和所拥有的资源，主要从三个阶段和四个方面培养财政学

专业学生财政支出绩效评价实践能力,包括绩效评价指标体系设计的实践能力、绩效评价业务流程和工作内容的实践能力、熟悉绩效评价实务工作政策及流程操作的实践能力以及进行绩效评价具体实践操作的动手能力和团队合作能力。

1. 在理论学习阶段培养设计绩效评价指标体系的实践能力

"公共部门绩效管理"课程向学生系统地介绍有关政府绩效管理的概念、理论创新、指标设计相关理论、绩效评价组织实施的技术方法以及国外绩效评价发展历程等知识,其中,又以绩效评价指标体系设计为整个课程的重要理论基础,因为绩效评价工作的基础和重要工具就是绩效评价指标体系。因此,培养学生设计绩效评价指标体系,是该课程的重要目的和任务。在学习了绩效评价指标体系设计的理论之后,为了培养学生设计绩效评价指标体系的实践能力,会布置学生完成一套绩效评价指标体系设计的课外作业。给学生提供一个财政支出项目的具体材料,包括项目资金、业务以及管理方面的具体信息,要求学生两人一组,通过网上查找相关资料、深入项目单位调查访问等方式,运用绩效评价指标体系设计的方法和理论,设计一套能客观、公正地评价该项目绩效的指标体系。任务布置两周后,各组上台演示成果,其他小组的同学提问或评论,最后由老师点评,指出需要改进的地方。各小组根据其他组同学和老师的意见和建议,进一步修改、完善指标体系,完成后交给老师审阅,评分结果作为该课程平时成绩重要的依据之一。通过这样的方式,可以让学生将所学的绩效评价指标体系的理论运用到具体实践中,同时也让学生掌握绩效评价指标体系设计的步骤和要点,提升他们的实践能力。

2. 在综合模拟实验阶段培养掌握绩效评价工作流程和具体工作内容的实践能力

在学习了绩效评价理论后,为了让财政学专业学生系统地了解绩效评价工作的业务流程和具体工作内容,学校开设了综合模拟实验课程——"政府预算绩效管理模拟实验"。使用政府预算绩效管理软件(中介版)作为综合实验平台,该软件系统采用模块组合、角色分配和服务器处理的设计,实验案例选用专业教师主持完成的绩效评价案例和软件开发公司提供的典型案例。在实验设计上,将学生分为三人一组,分别承担项目主管、工作方案设计工作人员和绩效评价报告撰写工作人员三个不同的角色,项目主管给工作人员分配任务,具体任务包括前期调研,工作方案设计阶段的指标体系设计、社会调查方案设计和工作方案撰写,绩效评价报告撰写阶段的数据汇总分析、社会调查数据录入与分析、绩效评

价报告撰写,工作人员只有完成每个环节的工作任务并经主管确认后才能进入下一个环节的工作。教学中给每个组提供三个不同的案例,供学生分别承担不同角色进行模拟操作。提供财政支出项目比较完整的的具体资料,每个组根据所提供的资料,完成前期调研、工作方案撰写和绩效评价报告撰写。通过这样的过程,可以让学生较全面、深入地了解财政支出绩效评价工作的业务流程和具体工作内容,深化财政支出绩效评价理论在实践中的应用,也培养学生团队合作的精神。

3. 在案例分析学习阶段培养熟悉绩效评价政策和开展绩效分析的实践能力

在经过理论学习和综合模拟实验后,为了让学生了解和接触财政支出绩效评价工作实务及其发展动态,设置"政府预算绩效管理案例分析"课程。在案例分析课程中,从两个方面增强学生从事绩效评价工作的实践能力。首先,在案例分析课程中邀请各区县财政局绩效评价科主管绩效评价具体工作的负责人进课堂,请他们为学生宣讲财政支出绩效评价政策的最新发展动态,介绍目前政府财政部门在财政支出绩效评价方面的工作要求和未来规划,让学生熟悉财政支出绩效评价工作的发展趋势。同时,也邀请公共绩效评价行业协会的相关人员进课堂给学生讲解会计师事务所、税务师事务所、资产评估师事务所等中介机构在承担财政支出绩效评价业务时的工作流程和具体工作内容,让学生根据所学的理论知识结合实务工作者的讲解,熟悉财政支出绩效评价具体工作内容。其次,组织财政学专业学生参加政府绩效管理案例分析大赛。为了给大学生提供了解政府预算绩效管理的发展趋势、了解财政支出绩效评价工作的机会,学校面向全校大学生举办"政府绩效管理案例分析大赛",要求财政学专业学生全部参加。政府绩效管理案例分析大赛由财政教研室提供财政支出项目的具体资料,各参赛队根据所提供的资料设计合适的绩效评价指标体系(包括权重、评分细则等),并设计社会调查方案,简单分析项目的绩效。案例分析大赛每年举办一次,3~5名学生组成一队参与,不限专业、年级。通过初赛选出成绩排名靠前的 8 支参赛队进入决赛。决赛中,参赛队伍根据所提供的材料完成绩效评价指标体系设计(权重、名称解释和计算公式、评分细则等),并结合所提供的资料分析项目绩效,提出改进项目绩效的建议。最后,通过对参赛队伍成果的比较,评选出一等奖一名,二等奖两名,三等奖三名,并给予适当的奖励。通过参与案例分析大赛,可以锻炼学生理论联系实践的能力,也可以培养团队成员间的分工合作的精神。

学校培养财政学专业学生财政支出绩效评价实践能力的做法见表1。

阶段	方式	学期	目的
理论学习阶段	学生两人一组完成绩效评价指标体系设计、演示,老师点评后改进完善	第五学期	培养学生设计绩效评价指标体系的实践能力
综合模拟实验阶段	三人一组模拟财政支出项目绩效评价的具体操作,包括前期调研、工作方案设计和绩效评价报告撰写	第六学期	熟悉绩效评价具体工作流程和实际工作内容,增前绩效评价实践能力
案例分析阶段	邀请财政部门和绩效评价协会的实务工作者进课堂,学生组队参加政府绩效管理案例分析大赛	第七学期	让学生了解财政支出绩效评价政策趋势和具体工作内容,培养学生的团队合作精神

表 1　　　　　　培养学生财政支出绩效评价实践能力的具体做法总结表

三、培养财政学专业学生财政支出绩效评价实践能力的成效

目前,培养财政学专业学生绩效评价实践能力的做法具有以下特点:一是内容全面。培养财政学专业学生财政支出绩效评价实践能力包括绩效评价指标体系设计、工作方案设计和绩效评价报告撰写等,内容涵盖了绩效评价实务工作的所有内容。二是针对性强。所有培养学生财政支出绩效评价实践能力的活动都是针对目前财政支出绩效评价实务环节而设计的,与财政支出绩效评价实务工作具有高度一致性,能让学生在绩效评价的工作岗位上尽快开展工作。三是时间连贯。这些培养学生财政支出绩效评价实践能力的具体做法分布在第五、第六、第七三个学期,具有时间上的连贯性,能保证学生在学习了相关理论后,再接触具体的实务操作,能更好地将理论与实践相结合,不会出现理论与实践在时间上的割裂,提升学生理论联系实践的能力。

自 2008 年财政学专业方向定位为财政支出绩效评价方向以来,培养财政学专业学生财政支出绩效评价实践能力的探索进行了 10 年。10 年来,财政学专业学生在提升财政支出绩效评价实践能力方面取得一些成效。首先,越来越多的学生认识到财政支出绩效评价方向是未来第三方中介机构的重要业务来源,因而有越来越多的学生在专业选择上会倾向于选择财政学专业方向。近几年来,财政学专业学生选择以财政支出绩效评价理论探讨和案例介绍作为毕业论文选题方向的同学也越来越多起来。同时,财政学专业学生在政府绩效管理案例分析大赛中的表现也得到了实务工作者和专业老师的好评。其次,学生对待培养

财政支出绩效评价实践能力课程和作业的态度非常端正,他们会按照老师的要求认真完成各项模拟实践环节的工作。最后,财政学专业同学毕业后直接从事财政支出绩效评价实务工作的学生也逐渐增多,直接就是去各大会计师事务所或管理咨询公司从事绩效评价实务工作。

在培养财政学专业学生财政支出绩效评价实践能力的过程中,还存在着以下不足之处。第一,培养学生绩效评价实践能力采用的都还是模拟的方式,并没有真正让学生参与到绩效评价的实际工作中,这在一定程度上会影响财政支出绩效评价实践能力培养的效果。一方面,没有这么多绩效评价的实际工作提供给学生。另一方面,这也与教学实践安排衔接不上有关。第二,由于绩效评价方向在全社会都是新兴事物,第三方中介机构承接财政支出绩效评价业务的数量占其整体业务量的比例还不高,中介机构所需要的专门人才数量还不是很多。这直接影响了学生毕业后从事这项工作的人数,对财政学专业学生接受财政支出绩效评价实践能力培养的意愿有一定的影响,从而会间接影响培养财政支出绩效评价实践能力的效果。

四、如何提升培养财政学专业学生绩效评价实践能力

为了提升培养财政学专业学生财政支出绩效评价实践能力的效果,针对目前的探索中存在的不足或困境,可以从以下几方面着手采取措施加以改进。

第一,通过建立的会计师事务所、资产评估师事务所、税务师事务所等实习基地,为学生提供假期参与财政支出绩效评价项目实务工作的机会,让财政学专业的学生真正参与到财政支出绩效评价的实际工作中去,提升他们开展财政支出绩效评价实际工作的能力。目前,有十多家大型中介机构作为学生的实习基地,与学校建立了产学研合作的关系。这些大型中介机构通常都有财政支出绩效评价业务,假期可以推荐财政学专业学生到这些实习基地参加财政支出绩效评价业务的实习,为他们提供参加绩效评价实际工作活动的机会,提升他们从事绩效评价工作的能力。

第二,通过加大宣传、举办各种活动,让财政学专业学生了解财政支出绩效评价业务的发展趋势,让学生树立从事绩效评价工作的信心。同时,也要加强与实习基地单位的沟通和合作,多安排财政学专业毕业生去他们单位从事财政支出绩效评价工作,使财政学专业学生学以致用,真正满足第三方中介机构对财政支出绩效评价专业人才的需求。

参 考 文 献

[1] 马国贤.政府绩效管理[M].上海:复旦大学出版社,2005.

[2] 刘国永,等.预算绩效管理案例解读[M].镇江:江苏大学出版社,2014.

[3] 彭锻炼.找准专业方向加强实践教学培养财政学专业应用型人才[J].高等教育研究,
    2015(3).

第二部分 教学改革篇

"涉税服务实务"课程教学改革研究

李 婉

内容摘要： 本文主要围绕如何提高"涉税服务实务"的教学效果展开研究。首先,笔者研究了"涉税服务实务"的特点和授课目标。其次,笔者分析了该课程的授课难点。在此基础上,根据税收专业安排,设计了该课程的授课内容。最后,为了提高授课效果,针对每块内容,笔者设计了不同的授课方式,做到多样化的教学,尽量改变传统的教学模式。

关键词： 目标　难点　授课内容　授课方法

税收学应用型本科专业建设的理论与实践探索

"税务代理实务"为税收专业重要的必修课之一。税务师考试改革后,"税务代理实务"变成了"涉税服务实务"。在笔者任教的学院,这门课程已开设多年,现又开设了税务师方向班。总结过去的经验,进一步提高该课程的上课效果,是一件非常有必要去做的事。

一、课程的特点及授课目标

涉税服务实务沿袭了原来税务代理实务的内容和特征,是一门融合了税法和会计的综合性和实务性课程,而且它还涉及税法的各个领域,包括了中国的税制、税务师的执业规则、税收征收管理法、纳税审查、纳税申报等。它的内容和特征决定了对该课程的掌握具有一定的难度,当然也有很强的实用性。"涉税服务实务"的教学如何改才能最有利于学生,老师除了要掌握该课程的特点之外,还要明确该课程的授课目标。本课程的授课目标如下:

第一,为学生将来从事税务师行业的工作打下基础。在学院毕业的学生中,每年都会有部分学生从事会计师事务所和税务师事务所的工作,与此同时,这两个行业对人才也有很大的需求。"涉税服务实务"讲授的正是税务师事务所的业务处理,因此,从学生将来就业的角度讲,该课程给他们提供了需要的知识,也为他们尽快地适应中介的工作和将来进一步的发展打下良好的基础。

第二,为学生从事企业的税务工作打下基础。由于该课程综合性很强,既涉及我国的税收征管、发票知识，也重点讲授主要税种的纳税申报和清算，这些也是企业日常处理的税收业务。

第三，为将来的税务师考试打下基础。在税务师考试的课程中，难度最大且通过率最低的就是"涉税服务实务"。在该课程的授课中，老师应结合税务师的考试，为学生将来的税务师考试打下基础。

总的来看，该课程的授课目标是帮助学生的考试，同时更希望能为学生将来从事相关的工作打下基础。这些目标决定了该课程接下来的授课内容和方法。

二、涉税服务实务教学面临的问题

经过几年的涉税服务实务课程的教学，笔者发现该课程是一门授课难度很高的课程，面临的主要问题是：

第一，内容庞杂，课时有限。《涉税服务实务》教材很厚，章节繁多，涉及税务师行业的概况、税收征收管理法、纳税审核、纳税申报和税收行政复议等。而作为税收专业的必修课，安排给该课程的课时往往又只有两个。如何在这么短的时间内将该课程讲授清楚，是一个很大的挑战。

第二，实务性强，难以调动学生学习的积极性。该课程主要讲授税务师事务所的业务操作，因此它的实务性极强。如果老师单纯地介绍事务所如何操作这些业务，往往会非常枯燥，而且很多学生将来可能不会从事这些具体的业务，因此，如何调动学生学习的积极性是该课程面临的一大难题。

第三，传统的教学方式难以适应该课程的实务性特点。一直以来，上课方式往往是以教师单方面的传授知识为主，再以期末考试的方式来考核学生。这样的授课方式往往只停留于书面，没有调动学生积极思考和学习，也没有真正传授实务知识，在实务性教学方面的效率比较低。

只有解决了上述的这些问题，该课程的授课才算是成功的。老师以解决这些问题为目标，来确定该课程的授课内容和方式。

三、"涉税服务实务"课程授课内容研究

受限于一周只有两个课时，授课内容必须要有取舍。为了给学生将来到税务师事务所和企业工作打下良好的基础，也考虑到税收专业除了"中国税制"课外，还开设了"税收筹划"和"纳税审查"等专业课，这些课其实分担了"涉税服务实务"中的许多内容，综合考虑之下，该课程老师主要讲授以下的内容：

一是税务师事务所行业的介绍，包括税务师的执业范围、执业规则，涉税服

务的法律责任,税务师和税务师事务所在中国的发展及其情景。

二是征管法的介绍,包括我国的税务管理体制、我国税收征收管理程序及要求、征纳双方的权利、义务和责任;企业税务登记代理;发票的领购和开具;代理建账建制的适用范围、基本内容与操作规范。

三是纳税申报,包括增值税的纳税申报和企业所得税的纳税申报。

经过几年的教学,上述内容能让学生了解税务师事务所的概况,对于其他专业课程中没有涉及的实务操作,如税收征收管理法和纳税申报,可以安排较多的课时,这样和其他的课程也有一个极好的搭配。具体的课时安排如表1所示。

表1	课时安排
讲授内容	课时
税务师事务所行业的介绍	2
征管法的介绍	2
阶段测验	1
增值税申报	3
企业所得税申报	6
阶段测验	1

该课程的重点是在全面介绍税务师事务所业务的基础上,重点讲解税务师事务所开层的申报和鉴证业务。在实际的业务中,企业会涉及诸多税种,但其中最重要的是增值税和企业所得税,因此,该课程的重点是讲解增值税的纳税申报与企业所得税的清算。

三、"涉税服务实务"授课方法研究

"涉税服务实务"是一门实务性强且又比较枯燥的课程,因此,它的授课方法就非常的重要。根据美国哈佛大学心理学教授瓦德·葛德纳博士在 20 世纪 80 年代提出的多重智力理论(Multi-Intelligence),每个学生的优势智力及智力组合形式各不相同,从而形成了学生个体间智力程度的差异和智力表现形式的差异。因此,老师应该根据课程的特点和学生的特点在教学中"因课施教""因材施教",注意教学内容的多维性、教学手段的多样性、教学媒体的多用性。以此理论为基础课程,根据学生的不同目标,对于每部分内容都设计出不同的教学方法,尽量利用多种教学手段和多媒体形式,以达到最好的教学效果。具体操作如下。

第一,对于第一部分税务师行业的介绍,要讲解的内容为税务师行业的介绍,包括税务师事务所的业务范围、行业特点、税务代理的法律责任等。该内容是课程的第一部分,考虑到学生之前不了解税务师行业,因此对于这块内容主要采取教师讲授为主的方式。为了调动学生听课的积极性,也为了让学生更好地理解这个行业,老师讲课就不能完全以考试为目标,应该跳出书本,以书上介绍的知识为基础,再补充以实际中税务师事务所的业务介绍、税务师事务所对人才的需求、税务师行业在中国的发展前景、税务师事务所和会计师事务所的区别等,并和学生一起阅读每年的税务师行业发展报告。这样的讲课让学生了解税务师考试的要求,与此同时,给学生将来的就业也提供了一些有用的信息。为了激励学生积极听课,并认真对待他们将来可能从事的这一行业,鼓励他们早点为将来的就业做好计划,老师会布置课后作业,要求每个学生以小组为单位,选择一家税务师事务所进行调查,并在期末时提交一份对税务师事务所的调查报告。当然,这样的作业对学生来说也是一个很大的挑战。布置这样的作业的目的也是鼓励学生走出课堂,增加对社会的了解。

　　第二,对于第二部分税收征收管理法的讲解,考虑到税收征收管理法的相关内容,不论是我国税收管理制度,还是税务登记制度,或是代理记账等,内容都比较琐碎,但难度不大。老师在上课时对知识点进行逐个讲解,但学生听课的积极性很低,而且单一的授课方式也不提倡。因此考虑到这块内容的特征,可以采取的方式是让学生先预习,然后进行开卷考试,最后针对考试中出现的普遍性问题进行重点分析和讨论。采取这样的方式的好处是,鼓励了学生自主学习,也避免了教师填鸭式的教育。通过批改学生的试卷,老师也能掌握学生不明白的地方。对于许多学生都会犯的一些错误,老师会再一次有的放矢地进行重点讲解,这样也避免了泛泛而谈。除了采取先考试再进行重点分析的方式外,近几年我国对于征管制度有诸多的新规定,对于发票,每年都会有许多的违法案件,这些新规定和案件通常会在媒体上被公布。该课程也及时在课上播放相关内容给学生观看,增加了课程的趣味性,也加深了学生对法规的印象。

　　第三,第三块增值税的申报和企业所得税的清算,是课程安排课时最多的部分,也是该课程的难点和重点。它是基于学生对于增值税法和企业所得税的掌握程度,讲解如何在申报表上填制。考虑到学生之前的知识对于该内容的掌握非常重要,因此,在讲解之前,应该先安排一定的课时对增值税和企业所得税的知识进行复习。在此之后,对于申报表的讲解,为了体现该课程的实务性,并加强学生学习的积极性,不能就申报表讲解申报表,而是必须要围绕具体的企业案例进行,业务从简单到复杂,覆盖申报表的各个方面。为了巩固学生的学习效果,还可以组织学生进行考试。

　　第四,在教学方法的多样性的利用上,为了提高"涉税服务实务"课程教学的实务性,在课程的中间还安排了几次上机实验课。实验课的一大优势是可以模拟实际中的税务登记、财务记账和纳税申报,让学生可以直观地接触到税收业务的处理,这是该课程不可缺少的组成部分。在该课程结束后,学生纷纷进入实习和找工作阶段,需鼓励学生去税务师事务所实习,学以致用,将书本的理论和实际的操作结合在一起。

四、后续的挑战

"涉税服务实务"的实务性和综合性决定了这是一门很有挑战性的课程。通过尝试不同的教学方法,改革传统的教学方法,我们能在一定程度上克服该课程内容庞杂和实务性所带来的问题。但是为了加强教学效果,我们还应尝试更多的教学方法,但是,以下两点是我们一直要关注并解决的:

一是提高任课老师的实务能力。只有任课老师具备了实务知识,才能教给学生实务知识,也知道怎么教给学生实务知识。税收制度不断完善,税务操作也会随之更新,因此,任课老师必须要走出校园,走进税务师事务所和企业,更新实务知识。而学校就必须要在时间和经费上给予支持。

二是编制实务案例。实务性的课程应围绕实务案例进行授课。因为税收制度的不断完善和税务操作的更新,课程的案例也要及时更新,与实务机构联合开发案例是一个较好的选择。

应用型本科税收专业教学团队建设探索

李永刚

内容提要：教学团队建设是提高专业教师素质，提升教师教学能力，增强教师实践能力的重要途径，更是应用型财经大学建设和应用型人才培养的必经之路。本文以应用型财经大学建设为背景，提出了税收专业教学团队建设思路和税收专业教学团队建设策略，并对税收专业教学团队建设的管理与考核也提出了相应的政策建议。

关键词：应用性本科　　教学团队　　税收学

一、引言

为全面落实《国家中长期教育改革和发展规划纲要（2010—2020 年）》，进一步提高高校人才培养质量，我国教育部在《教育部等部门关于进一步加强高校实践育人工作的若干意见》中提出：切实改变重理论轻实践、重知识传授轻能力培养的观念，以强化实践教学为重点，以创新实践育人为基础，以加强育人基地建设为依托，着力推动高校实践育人工作。

教学团队与专业教学团队是包含与被包含的关系。教学团队是以学生为服务对象，以技能互补且相互协作的教师为服务主体，以专业建设、课程建设、教材建设、实践基地建设、教学研究等为重点，以系列课程和专业建设为平台，以提高教学质量、实现教学创新为己任的教学基本组织形式。[①] 专业教学团队是围绕某个具体专业，由专业课教师、实务部门兼职教师以及专业带头人等组成，为培养某类技能人才，共同承担专业建设任务，合作完成专业主要工作，知识技能互为补充的教师群体。[②]

在税收应用型本科试点专业建设中，税收专业将以实际应用为导向，以职业

---

① 徐玲.以提升本科教学质量为目标的高水平教学团队建设研究[J].吉林省教育学院学报,2011(11):29.

② 邵建东.高职院校教学团队建设的误区及对策[J].中国高教研究,2013(4):99.

需求为目标,以综合素养和应用知识与能力提高为核心的应用税务人才培养,而税务专业人才的培养质量与税收专业教学团队建设情况密不可分。因此,税收专业教学团队建设是应用型税务人才培养的重中之重。税收专业教学团队建设不仅要有相应的思路,还需要有团队建设策略以及相应的建设管理制度和奖惩制度。

二、税收专业教学团队建设思路

税收专业教学团队建设是税收专业建设发展的重要基础。为把税收专业建设得更好,专业教学团队建设必不可少,其建设思路如下。

1. 税收专业教学团队要以应用型本科建设为导向

围绕税收应用型本科试点专业建设目标,税收专业教学团队建设思路要定位在坚持以学生素质为核心、以就业为导向、以服务为宗旨、以培养优秀财税人才为目标,重点提高税收专业学生的动手和实践能力,为应用型本科建设奠定基础。税收专业教学团队建设需要产生一批标志性成果,这些成果涉及教学、教研、科研、团队管理等方面,这些标志性成果将直接影响到教学水平的改善和税收人才的培养质量。

2. 税收专业教学团队要以优化团队成员结构为重点

税收专业教学团队建设要优化团队成员的学历结构、年龄结构、职称结构和知识结构,形成结构合理、成员稳定的教学集体。必须优化教学团队成员的学历结构,着力提高高学历成员所占比重。因为在一定程度上,高学历代表了良好的教育背景、优良的学术素养、较强的教学能力。教学团队成员的年龄结构要合理,尽量做到老、中、青搭配。合理的年龄结构可以避免团队后继无人,是教学团队长期存在的重要保障,更重要的是保证团队建设方向的一致性和团队建设目标的可传承性。一般来说,高校教师职称越高,其教学能力也就越强,教学经验也就越丰富。因为高校教师职称评审,既看科研成果也看教学水平。因此,教学团队的职称结构也要合理,以高级职称为主、中级职称为辅的职称结构比较合理。应鼓励老师进入实务部门践习,提高团队成员的实践能力,完善团队成员的知识结构,同时也可以考虑聘请实务部门工作人员(如税务师事务所、财税部门等)加入教学团队给学生授课。

3. 税收专业教学团队要以团队协作精神为核心

教学团队是一个不可分割的利益整体,而团队利益需要团队成员开展协作。

团队负责人应积极搭建合作平台、搭建合作机制,在合作平台上、合作机制框架内,明确团队成员责任、划分团队成员工作,使团队成员为了共同的利益和一致的奋斗目标,通过合作把税收专业建设好,把税收人才培养好。每一位团队成员应各尽所能,为团队建设贡献力量。实现专业课程的动态调整,完善税务专业人才培养方案,积极申报并完成相应的教学项目和教研项目,努力实现税务专业教材的编著、更新,努力促成合作教改、合作研究、合作育人、合作发展的态势。[①]

三、税收专业教学团队建设策略

税收专业是应用型财经大学的重要专业,该专业是培养具有税务及管理、法律等方面的知识,具有一定的实践能力和良好的职业操守,可以胜任国家税务部门、企事业单位、会计中介机构和税务中介机构工作的应用型专门人才。应用型本科院校教学团队建设是实现应用型人才培养的重要基础和必要手段。因此,税收专业教学团队建设是应用型税务人才培养的重中之重。基于税收特点及专业培养目标,专业教学团队建设策略如下。

1. 加强校政、校企合作,提高团队成员实践能力

学科专业通过建立产学研基地、实施产学研践习等,提高教学团队实践能力。这些合作,大大提高了教学团队成员的实践能力,为应用型税务人才的培养奠定了基础。教学团队成员实践能力的提高,对于学生动手实践能力的提升大有裨益。税收教学团队应依据税务人才培养方案和企事业单位对税务人才的具体要求,以市场需求为主线,促进实践教学基地建设,将教学团队成员送到税务部门、财政部门、会计师事务所以及税务师事务进行有目的、有重点的学习,为实现理论教学与实践教学的最佳结合,大学生实践能力的培养提供基础。

2. 加强教学团队管理建设,促进管理机制创新

依据应用型人才培养模式的要求,积极推进教学团队管理机制建设。引入学院与实务部门合作管理机制。实务部门负责人和学院管理层组成税务教学团队建设管理小组,在教学团队整体规划、建设方向、重大决策等方面对教学团队进行指导和管理。在此基础上,成立税收专业建设委员会,负责教学团队的建设和管理。[②] 此外,积极构建教学团队建设长效激励机制。可以考虑将实务部门工

---

① 邵建东.高职院校教学团队建设的误区及对策[J].中国高教研究,2013(4):101.

② 许峰."双师型"教学团队建设探索[J].中国大学教学,2011(12):47.

作人员纳入学院专家人才库,鼓励其为本科生开设课程,纳入"业界精英进课堂"管理。对于教学团队其他成员在年终考评、优秀推荐、学术会议等方面予以倾斜。

3. 加强双师型教学团队建设,促进应用型人才培养

"双师教学团队"主要是指为完成具体的教学任务,以专业或课程建设为载体,由专任教师和企业兼职教师组成的一种教师组织形式。[①] 以专任教师和兼职教师为特色的"双师型"教师培养,既要提高专任教师的实践能力,也要提高兼职教师的理论授课能力,两者相互促进、相互提高、互为补充。双师型教学团队是应用型人才培养的骨干力量,应大力推进教师产学研践习计划,为双师型教学团队建设提供条件。在双师型教学团队建设中,通过实现实践教学与理论教学相统一、现场教学与课堂教学相统一,将实践环节内容引入到专业理论教学中,实现专业与产业的直接对接、教学活动与具体岗位的对接、教学资源与生产资源的优化整合,[②]真正实现应用型大学的建设目标和应用型税务人才的培养要求,实现人才培养和企业需求"无缝"衔接。

四、强化税收专业教学团队建设管理

税收专业教学团队要想建设好,必须制定合理的管理制度与奖惩制度。管理制度与奖惩制度包括以下方面内容。

1. 税收专业教学团队带头人负责制

税收专业教学团队带头人是团队建设的第一责任人,主要负责教学团队建设目标的制定和团队建设方案的审核。根据应用型本科建设要求和税务专业人才培养目标,为促进税务专业在全国排名前移和专业综合竞争力的提升,在税收专业教学团队建设一开始,就要有计划、有步骤、有重点地培养教学团队带头人。教学团队带头人的选择必须是那些理论教学经验丰富、实践教学能力强,具有开拓意识和革新精神、具有组织能力和管理能力、专业素养高的教师。只有满足这些条件,教学团队带头人才能正确地引领专业改革方向,推动税务专业不断改革、不断进步。学校和学院都要为税收教学团队建设提供相应的制度保障与权限支持,保证税收专业教学团队负责人能够在相对宽松的制度环境下,在相对独

① 许峰."双师型"教学团队建设探索[J].中国大学教学,2011(12):46.

② 许峰."双师型"教学团队建设探索[J].中国大学教学,2011(12):46.

立自主的前提下依据税务专业人才培养目标和社会需要,不断调整教学内容、创新教学方法、丰富教学模式、推进教学改革。

2. 税收专业教学团队经费保障

"巧妇难为无米之炊"。教学团队的建设必须为团队成员提供良好的工作环境和必要的办公条件,而这需要相应的硬件投入和软件投入。为了保证教学团队建设效果,学校和学院要为教学团队建设搭建良好的工作平台,保证教学团队经费的需要,提供相应的软硬件条件设施。为了保证教学团队建设质量,实现团队建设预期目标,确保教学团队取得预期成果,在团队建设周期内,必须保证建设经费及时、足额到账,从而保障经费支出的需要。

3. 税收专业教学团队成员业绩考核和奖励制度

实行教学团队教学质量和建设目标考核制度。针对团队建设目标和团队成员的不同分工,在团队建设初期就制定相应的建设目标和责任考核制度,从而使团队成员具有改进教学质量、推进教学改革、追求建设效果的积极性和动力。考核指标要具体,并细化到每个团队成员,制定考核制度应尽量多选取定量考核指标,少选取定性考核指标,实行定量考核与定性考核相结合的科学考核制度。在制定考核制度的同时,还要制定相应的奖励制度。针对建设周期结束后团队成员完成的目标和任务完成的质量,给予不同的奖励。这些奖励既可以是物质方面的奖励,也可以是在其他方面的优先考虑,如职称评定、出国交流、评先评优等。

五、结论

应用型本科院校已成为中国高等教育体系中重要的组成部分,是培养学生动手能力和实践能力的骨干力量,是推动高校实践育人工作的重要基地。应用型本科院校税收专业教学团队是税务专业人才培养的重要条件和抓手。税收专业人才培养质量在很大程度上取决于教学团队的建设情况,因此,建立高素质的教学团队对税务专业人才的培养具有重要意义。当然,优秀教学团队的形成需要长期的培养,还需要良好的外部环境。[①]办学主体需要制定相应的制度,为税务教学团队建设提供支持,为税务人才的培养提供保障。

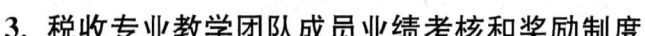

① 陈晓琳,王平祥.关于加强高校教学团队建设的思考[J].高等理科教育,2011(3):73.

参 考 文 献

[1] 刘建凤,武宝林.高校教学团队建设与管理探析[J].中国大学教学,2013(4).

[2] 许峰."双师型"教学团队建设探索[J].中国高校科技,2011(12).

[3] 邵建东.高职院校教学团队建设的误区及对策[J].中国高教研究,2013(4).

[4] 陈晓琳,王平祥.关于加强高校教学团队建设的思考[J].高等理科教育,2011(3).

[5] 田明,孟君.论高校教学团队与教研室建设[J].内蒙古民族大学学报:社会科学版,2011
(9).

[6] 杨德磊,刘凌云,马长波.新建本科院校学科建设的对策与措施[J].教育理论与实践,
2010(6).

[7] 徐玲.以提升本科教学质量为目标的高水平教学团队建设研究[J].吉林省教育学院学
报,2011(11).

税收学应用型本科专业建设的理论与实践探索

税收应用型本科课堂教学综合改革分析

——以"中国财税史"为例

罗小兰

内容提要： 在税收应用型本科课堂教学综合改革大背景下，本文以"中国财税史"为分析对象，在探讨"中国财税史"课程学科地位的基础上，探讨该课程在当前教学中存在的各种问题，并分析其背后的各种原因，从教育理念、教材建设、教学方式、考核内容等方面提出一系列的教学改革措施。

关键词： 应用型本科　中国财税史　教学改革

"中国财税史"是高等财经类院校财政学专业、税收学专业的基础课程之一，承载着丰富的财税思想与文化底蕴。通过讲授中国财税自产生以来的财税理论、财税制度、财税思想发展演变的历史，不仅能使学生深刻领会我国财税发展的规律、特点，理解现实的财税体制改革，而且可以弥补财政学、税收学课程在财税理论形成、实践过程及经验教训等方面的不足。可以说，"中国财税史"是财政学、税收学专业性的直接体现，是培养学生学科意识、提升专业素养的重要环节。然而，在长期教学中，受应试教育及市场经济环境等因素的影响，一些学生学习目的功利性强，对该门课程不感兴趣，教师在讲授课程时也遇到教学内容枯燥、教学方法单一、考核方式落后等问题。在这种情况下，如何展开"中国财税史"课程教学改革，提高课程教学质量就成为当前教学任务中的一个亟需解决的问题。因此，本文以"中国财税史"课程为研究对象，详细探讨"中国财税史"课程在教学过程中存在的各种突出问题，并进而提出相应的破解措施，这不仅具有重要的理论意义，而且具有积极的现实意义。

一、"中国财税史"课程地位

要推进"中国财税史"课程教学改革，先要正确认识"中国财税史"在财政学科中的地位。

第一，"中国财税史"属于财税专业基础课程。如前文所述，"中国财税史"课程并不直接向学生传授财政、税收专业技能，而是主要讲授我国财税制度在各个时期的发展历史，帮助学生认识财税发展、演变的历史规律。这些知识和理论表面上看是"软"的，但却制约着财政与税收技能的施展。实际上，在财政学、税收学专业人才的知识结构中，财税史是必备的基础知识，是一种基本的专业素养。从学科建设来看，财税史在财税理论研究中处于先导性地位，具有先导性作用，财税史揭示了财政学、税收学形成与发展的过程，弥补了财政学、税收学在财税理论的形成、实践过程及经验教训等方面的缺陷。实际上，早在1925年，德国财政学家鲁道夫·戈德沙伊德就曾指出："财政历史学、财政社会学和财政统计学是三大支柱，每一个支柱都能够支撑与现实相联系的公共财政理论。"可以说，财税学科离开财税史就等于无源之水，失去了发展的源泉。

税收学应用型本科专业建设的理论与实践探索

第二，"中国财税史"对国家财税具有检验、充实的社会功能作用。在检验作用方面，财税政策的实施会产生广泛的经济与社会效应，但财税学是一门典型的应用经济学，政府并不能通过科学实验来检查财税政策的实施效果。为了防止失误，政府要在财税政策实施前，仔细研读历史，分析历史上类似的财税政策出台的政治、经济背景以及政策实施效果，总结经验、教训，之后再结合当前政治、经济环境，修正拟实施的财税政策。经过相关的财税史研究之后，政府提出并实施的财税政策成功的概率就大一些，即使出现负效应也更容易补救。实践表明，财税史就是现实中财税的实验室，能够为财税部门提供经验与教训，使财税实施健康发展，少走弯路。从充实、发展作用来看，财税历史可以促进现代财税理论的发展，促进现代财税政策的改革。实际上，当前我国财税现状就是我国财税历史的发展和延续。尽管历史中的财税规章、财税制度、财税措施、财税政策、财税思想等已经时过境迁，不适合现代经济，但不可否认的是，历史总是自觉或不自觉地、直接或间接地影响着现代财税的思维方式和行为准则。现代财税正是通过对历史中财税政策及制度合理的扬弃，批判地吸收，才得以不断充实、发展。

第三，"中国财税史"符合建设中国特色社会主义财税的需要。社会主义财税建设、创新离不开历史经验教训的总结。这是因为，建设中国特色的社会主义财税，中国国情是其基本出发点。这就要求认清中国财税历史，明确中国财税发展特点、规律，进而制定出符合本国国情的政策方针。

第四，"中国财税史"可以改善学生的知识结构，开拓视野。"中国财税史"不是简单地讲解财税制度在各个朝代的变迁，而是在此基础上，分析朝代兴衰与财税制度变迁关系，研究财税政策的得失成败、比较中国财税制度与世界财税制度的差异等。这就意味着，学习中国财税史，不仅可以增加学生的历史知识、开拓视野、提高学生综合分析问题的能力，还能提升学生的综合人文素养。

二、"中国财税史"课堂教学存在的问题

1. "中国财税史"的学科地位不断下降

尽管从理论上来说,"中国财税史"本应属于财税学科的基础课程,然而,必须承认的是,当前"中国财税史"的学科地位日益下降,专业性被不断弱化,教学中日渐被冷落。具体来说,"中国财税史"最初是财政学、税收学专业的专业基础课程,后来很多高校将中国财税史调整为专业必修课,发展到现在,很多学校再次将"中国财税史"调整为专业选修课,一些财经院校甚至将"中国财税史"课程取消。

2. "中国财税史"教材建设滞后

当前"中国财税史"教材建设滞后,主要表现为教材编写方式落后、教学内容落后两个方面。

一方面,就教材编写而言,多年以来,虽然"中国财税史"教材几经改版,但其建设仍显得较为落后。大部分"中国财税史"的教材仍然遵循编年体的章节体例,财税政策、财政制度等分析框架都按照断代编年体的形式。这种教材编排形式虽然年代清晰,但却会造成财税内容上的割裂,不利于探讨财税发展变迁的过程、特点及规律,也无助于从整体上把握中国财税发展的脉络、趋势。

另一方面,从教学内容上来看,当前"中国财税史"教学内容没有反映学科前沿的最新研究成果,没有与现代社会现实密切相关的素材,缺乏社会热点问题,不仅如此,"中国财税史"在内容上还存在许多与中学历史教材重复、雷同的现象。这不仅容易使学生感到厌倦,影响教学效果,而且割裂了历史与理论、历史与现实的联系,无法起到学习指导性作用。

3. 学生对"中国财税史"的重视程度不断下降

随着"中国财税史"学科地位的日益下降,其在学生心目中的位置也逐渐下降,最终成了"冷门"课程。许多学生认为"中国财税史"课程可有可无,结果导致学生选课人数大量减少,有时候甚至无法成功开设。即便成功开课,学生逃课现象也较严重,一些学生即使走进课堂,也并不将心思用于该门课程。

4. 传统教学方式有待改进

在"中国财税史"的教学过程中,虽然不少教师已经推动了讨论式、交流式等

教学方式改革,但仍然有些教师保留传统的课堂教学方式,采取"填鸭式""满堂灌"等方式向学生灌输知识。结果是课程教学效果很不理想,师生之间几乎没有交流,课堂没有吸引力,学习乏味而冗繁。

5. 教学手段无法适应新形势的需要

毋庸置疑,目前教师已广泛使用 PPT 辅助教学。问题在于,PPT 的使用大部分时候只是简单地把教材内容从书本上转移到了屏幕上,并没有充分利用网络资源,通过图像、声音、动画等方式把财税史的知识生动地再现,教学效率依然不高。

税收学应用型本科专业建设的理论与实践探索

6. 教师知识结构单一

由于"中国财税史"教学内容包罗万象,涵盖政治、经济、军事、文化、社会、古文等多方面,因此,教师合理的知识结构对"中国财税史"课程教学效果至关重要。然而,当前我国承担"中国财税史"课程教学任务的教师知识结构却普遍单一。一些教师虽然是历史专业,但没有接受过系统的经济学、财政学基础理论教育和训练。一些教师虽然有经济学、财政学的理论功底,但关于历史、古汉语的基础却非常薄弱。结果是各抓一端,一本经教到底,很难真正发挥各自的优势,将"中国财税史"教学效果推进一步。

三、"中国财税史"教学存在问题的原因分析

1. "中国财税史"课程特点与急功近利的需求不相吻合

"中国财税史"属于长线研究领域的课程,虽然对学生综合素质的提高,以及未来的发展有所裨益,但这种作用具有综合性、深层性、见效慢的特点,不像会计学、投资学等课程那样具有显著的应用性和效果性。"中国财税史"课程这一特点与现代市场经济条件下人们急功近利的需求不吻合,这也是导致"中国财税史"学科地位下降、学生不重视等弊端的重要原因。

一方面,从高校方面来看,许多学校的课程安排都从市场需求出发,根据市场上就业及人才需求的变化不断调整相关专业,最终导致"中国财税史"日益受到冷落。

另一方面,从学生方面来看,在市场经济影响下,学生只喜欢那些与就业或考研及各种资格证书考试相关的课程,对于诸如"中国财税史"等功利价值较弱的课程,则毫不迟疑地否定该课程的学习价值,将"中国财税史"列为"无用"的课

程,学习主动性、积极性当然也就无从谈起。

2. 对历史的错误理解影响课程效果

从理论上来说,历史是现实的影子,现实是历史的延续,历史与现实紧密相连,两者从来都是辩证关系。然而,在实际教学与研究中,一些研究财税历史的人不研究现实财税问题,或不从现实财税需要出发去研究财税历史,这就很容易造成人们对"中国财税史"的误解,以为"中国财税史"离现实很远,"中国财税史"教学落后于现实,"中国财税史"学习不能像学习现实课程那样直接服务于现实需要。因此,也就不难理解为什么许多人把"中国财税史"课程放在"次要"甚至"不要"的位置。

3. "中国财税史"课程本身教学难度大

由于各种原因,"中国财税史"课程存在比其他课程要求更高、难度更大等教学困难。

首先,"中国财税史"的许多史料是古汉语记录。因此,仅中国财税史料的收集、整理就让人望而生畏,再将史料进一步变成讲义,则需要花费更多的精力。

其次,"中国财税史"时间跨度大,教学内容多,远超过其他课程,但安排的授课时间却与其他课程相同,这就形成了"中国财税史"教学内容多与课时少的突出矛盾。

最后,"中国财税史"内容广泛,涉及社会、政治、经济、文化、军事、法律、历史等多学科的知识,对讲课者的要求也高于其他课程,照本宣科更枯燥乏味。

在"中国财税史"课程不断受冷落的情况下,教师教这门课需要投入更多精力,但却只能得到很少的回报。因此,教师都不愿意教授"中国财税史",已从事"中国财税史"教学的人,也纷纷转行。

四、"中国财税史"课堂教学改革措施分析

针对"中国财税史"教学过程中存在的各种突出问题,除了教师自身要不断充实自己,做到博古通今、融贯中西,将历史与现实、中国与世界联系起来外,还应考虑从教育理念、教材编著、教学方式、考核内容等方面进行一系列的教学改革。

1. 更新教育理念

首先,应该明确教学是教师与学生双方相互交流、沟通和了解的过程。尽管

在教学过程中,师生各自起着不同的作用,但以往那种只注重教师的主导作用、忽视学生主体地位的教育观念,已逐渐被时代所淘汰。实际上,现代教育理念提倡,教学是师生双方围绕一个主题而展开的平等对话,在教学过程中既应充分发挥教师主导作用,更要重视学生主体地位。

其次,应明确现代教育教学目标。现代教育的目标是培养学生能力、塑造学生人格、丰富学生的人文精神、发展学生的社会适应能力、促进学生的全面发展。因此,"中国财税史"教师就不应简单地局限于传授史实、分析史料,而应通过各种教学手段来唤起学生的求知欲望,培养学生的"自主、合作、探究、创新"能力。

最后,应对教育对象有一个全面的了解,这是提高课程教学效果的基本前提。"中国财税史"也不例外。随着时代与经济的发展,现代大学生独立思考、自学能力、理性思维等综合素质能力,远超过以前的大学生,而且现代大学生个性鲜明、性格突出。对于这一特点,"中国财税史"教学如果采取照本宣科,搞填鸭式、满堂灌教育,与学生几乎没有交流的话,教学效果自然可想而知。

税收学应用型本科专业建设的理论与实践探索

2. 加强教材建设

第一,在教材编写方式上,针对大多数教材采用的编年体体例,考虑采用专题性体例。也就是说,教材内容的编写按照某一财税主题发展变迁的过程、特点及规律展开,而不再根据朝代断裂而割裂。

第二,在教学内容上充实资料。鼓励教师在教学过程中对不同学术流派、不同学术观点进行交流和探索,并尽可能多地吸收"中国财税史"最新科研成果。

第三,充分运用中国财税历史案例丰富教学内容。例如,通过"曹操发丘"案例讲解政府如何采取措施应对财政亏空,通过"自封投柜"案例讲解清代税收征管方式,把原本枯燥乏味的课程变得生动,激起学生的学习兴趣,让学生逐渐重视"中国财税史"。

第四,注重添加社会生活史充实教学内容。在"中国财税史"的教学过程中,教师都习惯性地从政治、经济、军事等角度分析历史上的赋税、徭役等财政现象,但这样却容易使课程乏味。因此,可以从文化、社会环境、人物,以及与其他国家财税发展的比较等角度,增加一些相关的社会性、人物性、文化性等故事,丰富教学内容,例如,在讲解王安石财税改革时,结合王安石的性格、成长经历等进行分析,这样既可以扩大课堂的信息量和知识量,也使得财税历史充满人情味与生活气息,寓教于乐。

3. 改革教学方式

改革教学方式,增加讨论式、案例式教学,缩减讲授式教学,不仅能够培养学生的分析与综合能力,而且可以活跃课堂气氛,增加学生学习的积极性。因此,教师应转换角色,从一个讲授者转变为学生学习的引路者、历史趣味活动的建议者,以及专题讨论的引导者。例如,在讨论式教学时,教师应把握讨论话题的选择与讨论切入点,倾听各方讨论的意见或观点,引导学生的讨论方向,综述各方观点,阐明自己的观点,起到"学生画龙、老师点睛"的作用。

4. 丰富教学手段

一是充分利用多媒体技术,让枯燥乏味的中国财税历史内容变成声音、动画、影像资料等图文并茂的组合,这样不仅可以再现历史,开阔教师和学生关于财税历史的视野,而且可以从根本上改变传统教学手段在直观感、立体感和动感方面的严重不足,通过营造身临其境的情境和氛围,使学生对中国财税历史的理解由原来的抽象、晦涩,变为简单明白、一目了然。更重要的是,这种感性与理性认识同步进行,符合学生的认知规律。

要注意的是,多媒体教学虽然可以改变"中国财税史"课堂枯燥无味、内容单一的教学现状,但不能以多媒体形式掩盖内容,喧宾夺主,分散学生的注意力,结果不但不能提高教学效果,反而会导致多媒体教学失去其存在的价值和依据。另外,必须指出的是,多媒体教学并不排斥黑板、文字教科书等传统教育教学。多媒体教学应与传统教学结合,共同完成教学任务。

二是重视开辟课外教学。课堂教学只是教学过程的基本环节,但仅止于此远远不够。完整的教学还应通过课外教学环节,巩固和深化课堂教学成果。因此,要重视开辟新的课外教学环节,充分发挥课外教学环节的重要作用。首先,结合当地文物资源,鼓励学生利用课余时间,参观各种相关的财税博物馆。其次,开展各种课外社会实践活动,将现实与历史相结合,以增加课堂吸引力。最后,给学生布置课外读物、写读后感等,培养学生的思维能力、写作能力以及对史料的分析鉴别能力。

5. 提高教学技巧

第一,改变教学视角。为了纠正学生关于学史无用的错误观念,在"中国财税史"的讲授过程中,把财税历史与现代财税理论及实践结合起来。可以本着古为今用、学以致用的原则,在分析历史上的财税制度变迁、财税改革实践时,不要单纯的以事议事,而是就古今中外有对比性、相似性的制度、事件进行分析对比,加强历史与理论、历史与现实的联系,同时结合学术界的最新观点、最新动向,揭示和总结财税历史发展的规律。此外,要注意的是,要善于把教材中的逻辑结构变化为适合学生的思维形式,给学生留下空间,让学生自己得出结论和经验,在学习中有所发现、总结和创新，培养学生分析问题、主动掌握知识的基本能力。这样，既可以做到论从史出，又可以提高"中国财税史"课程教学价值，融知识性、生动性、趣味性于一体。

第二，抓住教学重点。"中国财税史"探索我国历史上财税制度产生和发展的原因、结果、特点及其发展变化规律，课程内容繁多，时间跨越长。显然，在有限的教学时间里，如果要将财税历史内容都一一涉及，那么学生不仅会感到课程内容过多难以接受，而且无法抓住重点，不得要领。因此，最好的办法就是挑出教学内容的重点和难点部分，并对其展开精细讲解。

6. 注重能力考查

从考核方式上来看，"中国财税史"可以采取多种形式，包括考试、论文、个人演讲、讨论等。从考核内容来看，无论是哪一种考核形式，其考核重点应着重于检查学生运用财税历史知识解决现实财税问题的能力，以及运用所学财税历史知识解释现实财税等综合能力方面的考查。

总的来说，考核的形式并不重要，关键是考核的内容，无论采取何种考核形式，重点都应始终放在考核学生运用专业知识解决问题的思考能力与创造能力方面。

参 考 文 献

［1］周春英.关于高校中国财政史教学改革的几点思考[J].历史教学:高校版,2007(7).

［2］马金华.财政制度与社会经济发展——中国财政学会财政史专业委员会理论研讨会综述[J].中国经济史研究,2005(4).

［3］赵兴罗.中国财政史课堂应成为传承中华文明的重要阵地——兼论中国财政史的教学改革[J].时代经贸,2007(67).

［4］周春英.关于高校中国财政史教学改革的几点思考[J].历史教学,2007(7).

［5］贾春梅.中国财政史教学中的突出问题与改革建议[J].科教导刊,2013(10).

［6］张连辉.讨式教学在本科经济史教学中的应用初探[J].科教文汇,2011(12).

思维导图在"税法"教学中的实践及效果分析

彭海艳

内容提要: 虽然"税法"在高校已经开设多年,逐渐成为一门相对成熟的课程,但仍存在诸如知识繁杂、抽象枯燥、缺乏紧密逻辑、课时受限以及内容更新滞后等问题。如若坚持传统的授课方式,则学生难以理解,缺乏兴趣,并产生畏难情绪。思维导图无疑是破解"税法"教学困境的有效方法之一,它是一种发散性思维表达工具,能够通过关键词将各个知识点进行分析、整理,使用线条、数字以及符号等形式实现对知识点的高效串联,同时还能结合附件、视频、录音和超链接等方法,其实质是一种混合式的现代科学方法。本文将XMind8.0思维导图软件运用于"税法"课程的制作,在课堂上实践检验并不断修改完善,为"税法"教学方法创新提供了新思路。

关键词: 思维导图 "税法"课程 教学困境 XMind软件

虽然"税法"在高校已经开设了多年,逐渐成为一门成熟的课程,但仍存在知识繁杂、抽象枯燥、缺乏紧密逻辑、课时受限以及内容更新滞后等问题。如果坚持传统的授课方式,学生会难以理解,并产生畏难情绪,缺乏学习的兴趣及积极性,这与社会需要兼具法律与财经知识的专业人才的现实极不相符。本文结合思维导图的基本特点和优势,将思维导图运用于"税法"课堂教学中,为"税法"教学方法创新提供了新思路,也希望能对高校以后的教学起到参考和借鉴作用。

一、"税法"课程授课中面临的主要困境

1. 税法知识繁杂,且缺乏紧密逻辑

纵览我国"税法"教材的内容演变,以 CPA 教材为例,"税法"内容越来越丰富:不仅涵盖实体法,还有程序法;不仅涵盖本国境内税法,还有国际税法部分内容;不仅涵盖税务机关角度的税收筹集和开征,还有纳税人角度的税收筹划和税务代理的部分内容。显然,内容非常繁杂,要在短时间内迅速掌握,并非易事。尤其是实体法所涉及的 18 个税种,知识点非常琐碎。

此外,在实践中,税法是非常综合的,对于一个企业来说,其涉及的往往是几个甚至是十几个税种,这需要跨章节思考,追求知识点的融会贯通,从而将理论与实践紧密结合。但教材的编写却是独立的,税种间的线索并不统一,缺少严密的逻辑联系。学习"税法"就好比编竹篮:一方面,学习好单个税种就是修竹片,修好竹片是编一个牢固美观竹篮的必要条件。另一方面,找到税种间千丝万缕的关系就是编织竹篮,找到紧密逻辑也是竹篮编织成功的必要条件。

2. 税法知识抽象枯燥,且教学方法缺乏创新

税法与生活息息相关,本应是一门很有趣的课程。但从学科角度来说,"税法"又属于法学的范畴,是介于财经和法律之间的学科,其涉及不同层次的法律、法规和规章制度,内容较为抽象枯燥。如果对税收政策不理解,则掌握各种税的计算将成为泡影,而这是"税法"课程最主要目标之一。

此外,学生阅历较浅,对行业的分工及特点不是很了解,有些内容理解起来更加困难。而为了完成教学大纲规定的繁杂教学内容,教师们大多采用满堂灌的传统"填鸭式"教学方式,主要侧重于对税收知识理论的罗列,普遍缺乏足够生动真实的案例分析,使得抽象枯燥的税法条例更加无法吸引学生,学习效果大打折扣。

3. 税法课时受限,且内容更新滞后

在传统授课方式下,面对越来越丰富的"税法"内容,再加上课时限制,老师往往在一个学期中很难讲授完"税法"课程,导致学生不能全面地掌握税法知识。此外,税法政策每年都会进行调整,税法内容也需要及时的更新,由于学时少以及内容丰富,老师们也常常无暇顾及。

而要精通税法,必须掌握各种最新政策、最新规定,与时俱进地学习税法政策,而这些都是建立在税法授课的高效率基础上的。

二、思维导图的主要优势及制作基本路径

1. 思维导图的主要优势

思维导图的教育应用起始于 20 世纪 60 年代初期,它是一种有效的发散性思维表达工具,它是一种发散性思维表达工具,能够通过关键词将各个知识点进行分析、整理,使用线条、数字以及符号等形式实现对知识点的高效串联,同时还结合图片、视频、录音、附件和超链接等方法,其实质是将多种方法整合在一起的

现代混合式科学方法。

如表1所示,结合思维导图的核心要素的作用与原理,可以有效地破解税法课程当前存在的诸多问题:通过线条、关联和逻辑布局的设计,可以破解税法知识缺乏紧密逻辑的问题;通过图像和色彩可以有效解决税法知识抽象枯燥的问题;通过关键词可以有效解决知识繁杂和学时受限等问题,将思维导图运用于"税法"课程整体授课时,也非常便于及时更新知识点,以及作为其他相关课程的部分基础内容,从而达到高效教学的目标。

众所周知,大部分人属于视觉偏好类型,而视觉偏好者对于色彩、字体、图像会很敏感,这会极大地调动学生学习的积极性并提高他们的学习兴趣。此外,还可以借助视频、备注、标签、批注、附件、录音和关联等辅助工作,在提高税法授课效率的同时,进一步保证税法知识的完整性和逻辑关联性。

表1　　　　　　　　思维导图破解"税法"教学困境

核心要素	主要作用	基本原理	税法主要问题
图像	增进理解、增强记忆	超强右脑记忆	抽象枯燥
线条	突出逻辑、层次关系	逻辑思维	缺乏紧密逻辑
关键词	抓住要点、提纲挈领	缩减句子	知识繁杂、效率低下
色彩	方便识别、刺激右脑	色彩心理学、记忆学	抽象枯燥
逻辑布局	方便记忆、案例教学	逻辑思维	缺乏紧密逻辑

2. XMind 软件思维导图制作的基本路径

绘制思维导图的工具可以是纸笔,也可以是计算机软件。XMind8.0是一款实用的商业思维导图软件,应用全球最先进的 Eclipse RCP 软件架构,全力打造易用、高效的可视化思维软件。XMind 思维导图主要由中心主题、主题、子主题、自由主题、外框、联系等模块构成。如图1所示,其制作基本路径为:

第一,明确中心主题及各个分支。打开 XMind 软件选择空白的模板,或者点击新建按钮创建一个空白的思维导图。同时,围绕其展开联想,按 Enter 键或 Insert 键可以快速添加分支主题或子主题。

第二,整理各分支内容,添加主题信息及可视化关系。一方面,要善于用连线、颜色和图形等建立关系、突出重点,达到清晰明白效果。另一方面,使用工具栏迅速访问图标、图片、附件、标签、备注、附件、超链接和录音等主题信息,通过可视化的图形让税法的逻辑结构在自己的脑海中根植。

第三,美化思维导图。为吸引更多的注意力,刺激记忆点,加强印象,应对思维导图进行美化:可对主题外形以及主题填充颜色进行选择;对主题边框的粗细以及颜色,同时对主题连线的样式、粗细以及颜色也可选择;可对文字板块进行设置;对背景颜色进行选择,再调整透明度,使背景与导图更融合等。

第四,设置导图格式以及保存导图。XMind自身提供了多种设计精良的风格供选择,也可通过属性栏设计喜爱的风格。确认导图内容无误后可保存,可将最终定稿的导图通过上传并分享给学生,也可演示、打印导图或者以其他格式导出。①

税收学应用型本科专业建设的理论与实践探索

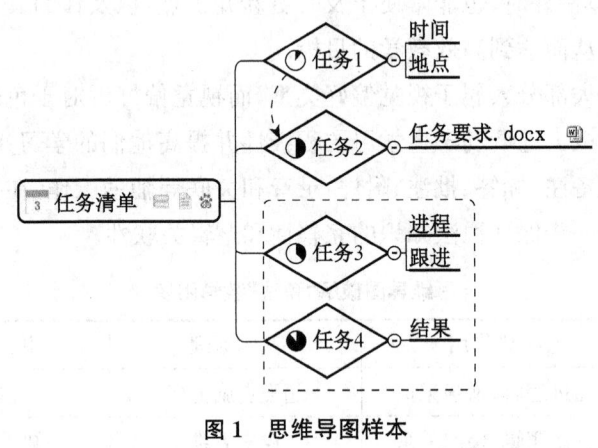

图1　思维导图样本

三、思维导图在"税法"教学改革中典型运用

思维导图的教育应用涉及多个学科,但从统计结果来看,应用最多的前三个学科为教育技术学、数学和化学,而在经济学中的应用相对缺乏。本文希望通过三个典型思维导图制作:由总体架构到每章再到知识点,以期对思维导图的优势窥一斑而见全豹,推动思维导图在"税法"教学中的应用。

1. "税法"课程总体结构思维导图制作

在每学期讲授"税法"的第一堂课中,面临的第一个重要问题是:什么是税法?"税法"课程包括的基本内容是什么?"税法"课程与其他课程有什么区别与联系?这一系列看似简单的问题,其实学生们并没有深刻把握。记得在"税收筹划"以及"国际税收"的第一堂课上,笔者请同学们讨论这几门课程之间的区别与联系,但大多同学们并不是很清楚,即便是税法专业的学生,很多同学也没有给出预期的答案。学生普遍反映,记不清楚,没有什么印象。

如图2所示,"税法"课程总体结构思维导图较好地回答了这些问题:首先,建立中心主题"税法",旁边采用备注解释什么是税法。同时,插入事先准备好的

---

① 由于不是彩色印刷,本文所有的思维导图很难体现色彩的作用,而是借助形状和线条来体现。

动画视频,让学生在娱乐中掌握抽象的税法知识。其次,选择了经典 II 风格,按顺时针方向排优先级,总共有五部分内容,构建税法的基本内容。最后,插入外框将前三部分圈起来,作为"税法"课程的主体内容,而主体与其他两部分则插入关联,这样既突出税法的重点,也将"税法"与"税收筹划""国际税收"的区别与联系找到了。当然,其他的关联、颜色、线条等信息处理,本文不一一赘述。

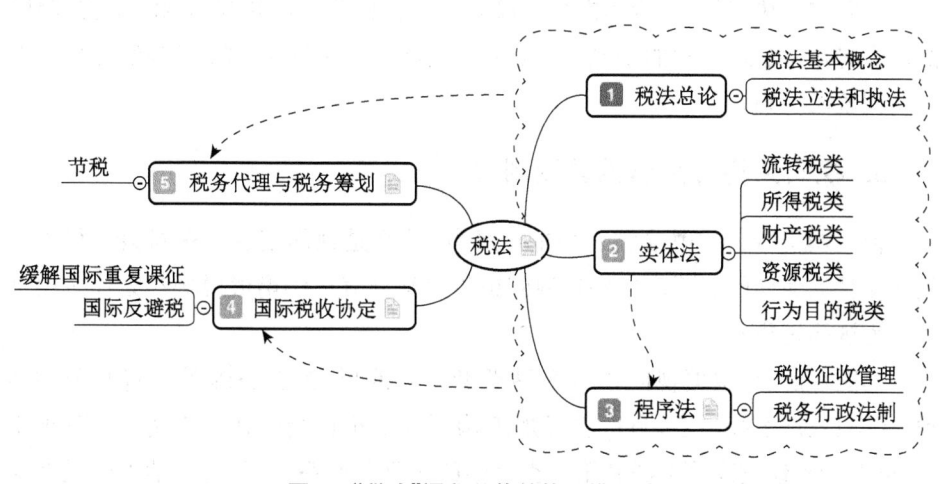

图 2　"税法"课程总体结构思维导图

2. 单一税种思维导图制作

思维导图作为一种认知工具,不仅可以帮助学生提高学习效率,而且作为一种教学策略也可以提高教学效率。如图 3 所示,首先,思维导图通过关键词以及严密的逻辑,可以极大地提高授课和学习的效率。

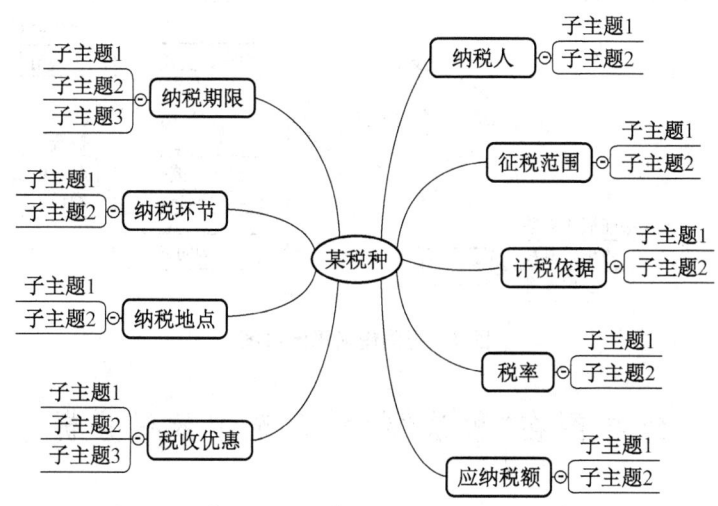

图 3　某税种思维导图

其次,实体法是"税法"课程最主要的内容,当前我国实体法包括 18 个税种,而每个税种是通过基本税制要素来把握:征税对象、纳税人、税目、税率、计税依据、税收优惠、纳税环节、纳税地点和纳税期限。运用相似的模板来对 18 个税种备课,无疑能有效提高效率。当然,学习过程中需要学生不断总结,融会贯通,了解各个税种之间的紧密逻辑联系。

最后,"税法"基本结构和内容不仅为其自身服务,"税收筹划"和"纳税评估"都是建立在"税法"课程的基础上,其部分内容可以通过对"税法"课程思维导图迅速调整而得到。

3. 视同销售行为思维导图制作

视同销售行为是税法的一个重点难点:什么是视同销售?视同销售行为之间存在什么怎样的联系和区别?视同销售怎样计算应纳增值税额?为什么要某些行为视同销售?

如图 4 所示,根据视同销售 8 种类型("营改增"的服务除外),将其分为四类:代销、自产委托加工、自产委托加工购买以及机构当的移送使用。整理出来后,可以清楚地发现第 2 类和第 3 类之间的区别与联系。事实上,学生就是在这两类问题上经常混淆出错,尤其是在综合计算中如混合销售行为出错将产生严重后果。此外,视同销售行为出错,那么关于增值税一般纳税人进项抵扣的问题也同样出错。因此,运用思维对相关税法知识进行归纳和整理,可加强学生理解与记忆,提高了教学效果。

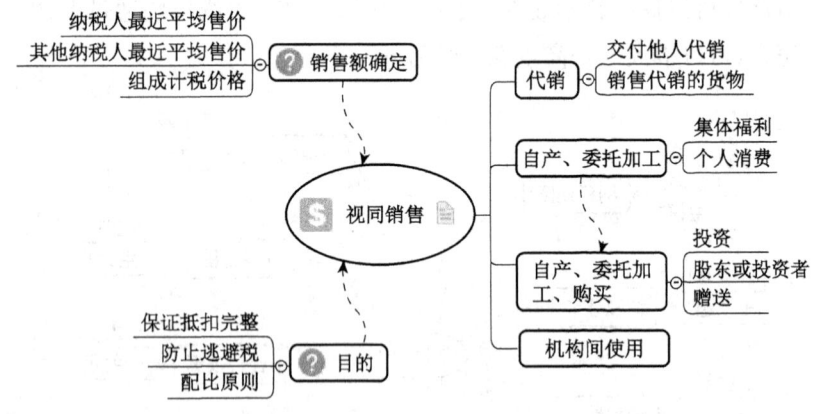

图 4 视同销售思维导图

四、思维导图在"税法"教学改革中效果分析

思维导图使用是否有效,就像训练优秀的狙击手,在了解武器的构造,以及

进行基本功练习之后,需要大量的实战演练。因此,有必要将"税法"课件思维导图应用于课堂,并通过设计问卷,以及随机与学生互动讨论,获得思维导图应用的反馈结果。

与传统的教学方式相比,学生普遍认为思维导图无疑能有效提高学习效率,加快了授课进程。思维导图主要内容形象生动,易于理解;色彩明快,突出重点;能够帮助学生提炼零散知识,有助于激发学习者学习兴趣,尤其是将思维导图应用于案例教学时,逻辑性非常清晰,效果更加明显。

此外,学生平时课堂发言积极性、答题准确性、期末考试成绩以及学生访谈等综合反馈情况,都有不同程度的提高,思维导图得到了学生一定程度的肯定和好评。不过,学生们也反映有些知识点设计不太合理,有些色彩、形状和线条选择也不太恰当,等等。

思维导图法无疑极大提高了学生学习和老师授课的效率,增强了学生学习的积极性和兴趣,极大地提高了学习的效果。但思维导图的有效运用并不是一朝一夕之事,需要老师们长期的探索和积累。思维导图不是空中的楼阁,是建立在老师们对教材内容深刻把握基础之上。因此,加强教师们自身学识的提高,与时俱进并不断更新知识极其重要。

事实上,笔者在运用思维导图软件制作课件之前,朦胧中就有了这种理念,并将其应用于学院的一次教学课件比赛中,获得一等奖的好成绩。当时是笔者设计制作 PPT,由于效率不高,且受制于自身对色彩等技术缺乏技巧,之后并没有在"税法"授课中普遍应用。直到有一天,笔者发现了思维导图软件,顿时豁然开朗。

参 考 文 献

［1］许利平.“税法”教学如何走出困境[J].牡丹江教育学院学报,2010(2).

［2］张海森.2001—2010 年中外思维导图教育应用研究综述[J].中国电化教育,2011(8).

［3］齐伟.概念图/思维导图 3——如何绘制思维导图[J].教育技术导刊,2005(7).

［4］张晓慧.基于思维导图的案例教学在计算机软件类课程中的应用[J].计算机教学与教育信息化,2014(10).

［5］杨春娇.我国财税法教学之困境与出路——基于学术与实务的互动视角[J].未来与发展,2014(4).

［6］刘纯林,孙睿潇.基于关联规则挖掘的应用型税法教学方法选择模型[J].科技通报,2016(6).

［7］孙锐.网络在税法教学中的应用[J].北方经贸,2006(8).

"国际税收"课程教学改革模式研究
——基于情境认知的实验教学法

汪利锬

税收学应用型本科专业建设的理论与实践探索

内容提要：如何提升课程教学质量是高校教育教学中一直探索的主题。"国际税收"作为财经类高校一门重要的专业课程，具有课程内容涉及学科较多；知识点较多，且内在逻辑性不强；知识点之间分布较广等特征。在教学实践中，该特征对授课教师提出了挑战，也对学生提出了挑战。学生为了应付考试，往往囫囵吞枣式学习考试大纲内的知识点，久而久之学生对知识点缺乏好奇心和探索欲望，对"国际税收"重点和难点理解深度不够。这些问题已经成为"国际税收"教学质量难以提升原因之一。因此，本文以情境认知理论作为指导，以构建"实践场"作为手段，探索如何通过"实践场"教学设计来提升"国际税收"教学质量。

关键词："情景认知"理论 "实践场" 知识点

一、引言

自 20 世纪 70 年代以来，我国逐渐引入情景教学理念。2001 年，教育部正式颁发了《基础教育课程改革纲要》，正式指出："改变课程实施过于强调接受学习、死记硬背、机械训练的现状，倡导学生主动参与、乐于探究、勤于动手以及交流与合作的能力。"然而经过多年的教学实践，我国高等学校仍然将"主动讲与被动学"作为日常教学手段，忽视学生学习自主性，久而久之学生也失去了学习知识点的好奇心和欲望，最后成为授课教师的"填鸭"对象。在"国际税收"这门课程中，这种教学方式更加体现出了其弊端，严重影响了教学质量的提升。更为关键的是，该教学模式对学生的创造力和自主性产生了严重的伤害。因此，针对该现状，本文以"国际税收"课程作为实验对象，以教育教学理论——情景认知理论作为理论指导，尝试在"国际税收"课程中设计"实践场"，通过课程模拟，以期发现情景认知理论与"国际税收"课程的最优教学结合点，从而最终发现情景认知理论对提升"国际税收"教学质量的内在发生机制。

二、"情景认知"理论（Situated Cognition Theory）

2010年，我国政府颁布《国家中长期教育改革和发展规划纲要（2010—2020年）》（以下简称《纲要》）指出："关注学生不同特点和个性差异，发展每一个学生的优势潜能"，并"尊重教育规律和学生身心发展规律，为每个学生提供合适的教育"。"情景认知"理论（Situated Cognition Theory）的发展为我国政府提出《纲要》的实现提供了可能。

情景通常指一个人进行某项活动所处的社会环境或心理环境。"情景认知"理论（Situated Cognition Theory），在有些文献中又称为"情景学习"（Situated Learning Theory）。"情景认知"理论最早可追溯到1929年Alfred North Whitehead的《教育的目的》（*The Aims of Education*）一书。他认为学生在学校里学习知识的方式是"惰性知识"产生的重要场所。学生学习知识更多的是一种被动和为考试做准备的知识，较难解决实际问题。因此，在无背景情景下获取的知识，经常是"惰性"的和不具备实践作用的。如果说Alfred North Whitehead（1929）是"情景认知"理论开山之作，在此后接近60年里，"情景认知"理论一直处于酝酿状态。直到1987年瑞兹尼克（Resnik）发表了"学校内外的学习"之后，"情景认知"理论（Situated Cognition Theory）才被学者们重视起来。他强调了学校情景与日常生活情景主要存在两种差异：第一，学校情景的学习具有目的性、计划性和意义性，而日常生活情景具有工具性。第二，学校情景下学习强调抽象推理性，而日常生活情景具有学习的偶然性。因此，他认为学校的学习具有个体性和抽象性，而校外学习具有情景性、合作性和实践性等特征。

在瑞兹尼克（Resnik）发表该文不久，Brown、Collins和Duguid于1989年发表了重要的划时代学术论文——情景认知与学习文化（Situated Cognition and Culture of Learning）。该文被业内学者称为奠定"情景认知"理论里程碑式的研究成果。该文系统阐述了情景认知与学习理论，文中观点频繁被众多业内学者引用。作者认为知识是情景性的，知识是社会背景、历史文化和具体活动的一部分，知识也正是在社会背景、历史文化和具体活动中不断被应用和发展的。知识的学习处在情景中，并在情景中被学习，被发展和进行。在此之后，"情景认知"理论得到了空前的研究，并在希拉里（1993）、麦克奈伦（1994）等人的进一步拓展下，情境认知理论由理论框架逐步发展至情景学习与课程教学、情景学习与评价和情景教学与计算机教育以及情景教学与案例分析等方面。1999年，MIT出版发行了《MIT认知科学百科全书》，专门收录了"情景学习与认知"词条。可见，情景认知理论在西方教育中已经扮演了至关重要的地位。

三、"国际税收"知识体系现状与特征

1. "国际税收"知识体系的现状与特征

（1）"国际税收"知识体系的现状。国际税收源于国际贸易，世界各国作为主权国家均可以对来源所得和居民所得予以征税，进而形成各主权国家对跨国纳税人征税所形成的国家之间的税收分配关系。国际税收是税收发展到一定历史阶段的产物，其产生的前提条件是由跨国直接投资而引起跨国所得的大量形成，产生的直接原因是各相关国家对各类跨国所得的直接征税。国际税收不同于国家税收，前者的核心问题是研究协调国家间税收权益的划分活动，而后者则侧重于研究一国内部国家与纳税人之间的征纳关系。"国际税收"主要知识体系包括所得税的税收管辖权、国际重复征税及其减除方法、国际避税方法、转让定价的税务管理、其他反避税法规与措施和国际税收协定以及商品课税的国际税收问题。

（2）"国际税收"知识体系的特征。从图1的知识体系可以看到，"国际税收"的所得税税收管辖权涉及国际政治学、国际充分征税及其减除方法，国际避税方法和商品课税的国际税收问题涉及税收学，转让定价的税务管理涉及管理学，其他反避税法规与措施涉及国际法学等学科。所以"国际税收"课程涉及学科较多，其内部知识点也相对较多，知识点之间分布较广。此外，知识点之间缺乏严密的内在逻辑关系。因此在教学实践中，该特征对授课教师提出了挑战，也对学生提出了挑战。教师只能通过讲授来传播该课程的知识点，学生也只能通过老师讲授才能学习该知识体系。然而这些知识均有产生的历史背景和情景，学生为了应付考试，他们往往囫囵吞枣式学习考试大纲内的知识点，学生掌握的是"惰性知识"。学生一旦进入实践中，并不能很好地解决具体的实际问题。在这样的学习过程中，久而久之学生对知识点的掌握缺乏好奇心和探索欲望，造成学生对"国际税收"重点和难点理解深度不够。

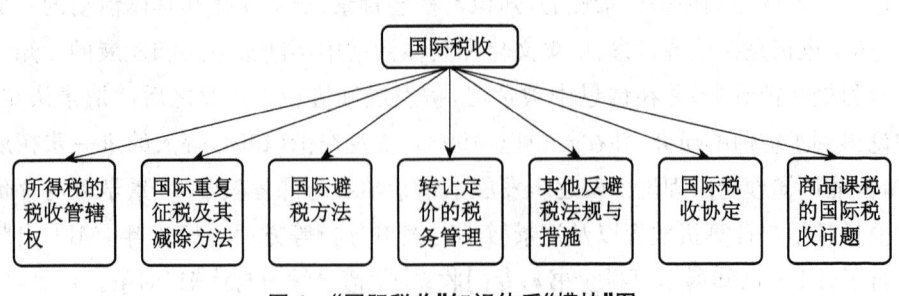

图1 "国际税收"知识体系"模块"图

税收学应用型本科专业建设的理论与实践探索

四、"情景认知"理论在"国际税收"的运用

为了改进"国际税收"教学设计和提高教学效果,充分发挥"情景认知"理论在"国际税收"这门课程教学中优势,笔者以"情景认知"理论为理论指导,构建教学"实践场",按照国际贸易发生的主要路径安排"国际税收"教学设计,把学生置于国际税收的"情景"中。

1. 教学设计原则与要素

基于"情景认知"理论的"国际税收"教学设计原则即提供"实践场",帮助学生在"情景"中获得知识,最大限度地降低"惰性知识"的产生。该教学设计包含了五个基本要素:教室、教学媒体、教材、教师和学生(见图2)。在"国际税收"的"实践场"中,教室不再是原来教师与学生共处的教学场所,而是知识产生和存在的场所,是学生汲取知识和教师引导学生汲取知识的场所;教学媒体不再是教师向学生仅仅展示知识的手段,而是用来创设"实践场",学生进行协作学习和会话交流的工具;教材不再是教师传递知识的载体,而是学生用来建构"实践场"的原材料;教师不再是知识的携带者、传播者和灌输者,而是协助学生建构"实践场"的引导者、帮助者和协调者;学生不再是传统意义上知识的被动接受者和知识被灌输者,而是在"实践场"中汲取和加工知识的主动参与者。

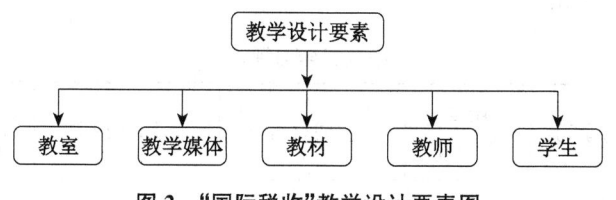

图2 "国际税收"教学设计要素图

2. "实践场"设计

在"国际税收"课程中,笔者运用"情景认知"理论重构原有的教学设计,通过"情景认知"理论的情景认知原理确定学习主题、创设课程情景、自主参与学习和合作学习以及评估等五个方面。

(1)学习主题确定。实际操作:以教材中的"国际避税与反避税"作为案例,设计一个需要学生参与的任务。这个任务包含有大量的已学过的知识点,如转让定价避税、利用国际避税地避税、滥用国际税收协定避税、利用电子商务避税和改变居民身份;对自然人进行国际避税的约束:限制自然人避税性移居、限制自然人假移居和临时离境、限制自然人利用避税地公司积累所得。对法人进行国际避税的约束:限制迁移出境、限制转移营业和资产、限制利用公司组建、改

组、兼并或清理避税、限制改变经营形式和在税收征管与税务司法中运用"实质重于形式"的原则。

（2）创设课程情景。操作指导：根据学生自愿，学生可以虚拟自己的"国家"，然后形成自己的国际税收政策；然后再根据学生自愿，成立国际贸易公司，并按照现有注册方式注册在某个或某些"国家"中。教师仅仅作为国际税收政策的创设者和国际税收政策的调整者，不实际参与国际避税或反避税的实际工作。这些工作将交由学生自行完成，并要求每个国际税收政策初始条件不同或政策调整对国际贸易公司和各国税务当局制定政策产生的影响。

（3）自主参与学习。在创设课程情景中，学生是"实践场"中的主角，他们通过交易完成设定政策目标和国际贸易公司利润最大化的目标。在此过程中，教师先要告知学生在这个"实践场"中可能面对的问题、需要解决的问题以及可能用到的知识点。因此要求学生通过预习教材，并就"实践场"中的问题要求借助互联网，展开自主学习。

（4）合作学习。实际操作：根据主题，要求学生相互协调，强调学生独立完成"实践场"中发现的问题。完成的方式主要是采取合作学习的形式，在合作中反思、交流、启发以及提升。

（5）评估。操作指导：根据"国际避税与反避税"，设计具体评估方式，如合作学习、自主学习能力和是否完成"实践场"中的各个环节和任务以及运用了哪些知识点，如表1所示。

表1　　　　　　　　　　　小组成员学习评价表

小组成员	自主参与学习			合作学习（组长评）		完成任务			运用知识点			组员1评	组员1评	总评
1	学生自评	组长	教师	组长	教师	学生自评	组长	教师	学生自评	组长	教师			
2														
3														
5														
6														
7														

该表学生评价占总评成绩的50%（学生自评、组长评和组员评价），教师评价占总评价50%。

五、结束语

本文以"情景认知"理论为基础，以"实践场"教学设计为手段，提升"国际税收"教学质量为目标,详述了课程"国际税收"知识点"模块"内容的构建及其在"实践场"上的实现。通过"国际税收"知识点"实践场"的学习,使具有差异化知识结构背景的学习主体充分挖掘自我潜能,提高学习效率。"国际税收"知识点"实践场"的学习是"以学生为中心"的教学模式回归,也是对人本主义的理性回归,是在对传统教学模式进行深刻反思的基础上发展起来的。这一模式要求教学活动以学生为中心而展开,是以提升"国际税收"教学质量为目标,充分重视学生在学习过程中的积极作用,充分调动学生学习的积极性和自信心,要尽量让学生自己控制学习内容和方法,鼓励学生参与到教学活动的各个环节中,鼓励学生更多地负责自己的学习。"国际税收"知识点"模块"的设计与实现不仅促使教师的主要任务由"传授"向"促进"学习者自我实现其潜能转变,而且提高了"国际税收"教学质量。学生把自身作为教育对象,按社会的要求和自身发展的需要,发挥主体的自主性,主动求教,并使自己成为一定社会所需要的人才,老师在促进自我教育中,实现真正的教育。

参 考 文 献

[1]王文静.情境认知与学习理论研究述[J].全球教育展望,2002(1).

[2]王铁媛.会计信息系统课程教学模式改革研究[J].财会通讯,2012(8).

[3]刘亚龙.基于情境认知理论的大学英语多媒体网络教学研究[J].电化教育研究,2009
(7).

[4]王天一.索霍姆林斯基教育理论体系[M].北京:人民教育出版社,1992.

[5]BROWN J,COLLINS A, DUGID P. Situated cognition and the culture of learning[J].
Educational Researcher,1989,18 (1):32-42.

[6]ADAMSKI A,FRASER B J, PEIRO M M. Parental involvement in schooling,classroom
environment and student outcomes[J]. Learning Environments Research,2013,16(3):
315-328.

[7]DEN BROK P, TELLI S, CAKIROGLU J, TACONIS R, TEKKAYA C. Learning
environment profiles of Turkish secondary biology classrooms [J]. Learning
Environments Research,2010,13(3):187-204.

[8]KILINE R B. Principles and practice of structural equation modeling (3rd ed.)[M]. New
York:Guilford Press,2010.

[9]ZARAGOZA J M, FRASER B J. Field-study science classrooms as positive and enjoyable
learning environments[J]. Learning Environments Research,2017(20).

"税法与会计准则差异分析"
课堂教学改革研究

赵海益

内容提要："税法与会计准则差异分析"是一门集税法与财务会计准则于一体的课程，是一门横跨企业税收及公司财务的交叉性课程。当前，不管是从教学资料、师资队伍及教学方法的角度来看，税法与会计准则差异分析的教学都存在着众多需要解决的问题。本文对这些问题进行了分析，并针对这些问题分别从教学资料的构建、师资队伍的组建及教学方法的改进等三个方面提出了参考意见。

关键词： 税法与会计准则差异　教学资源　教学方式

"税法与会计准则差异分析"（以下简称"税会差异分析"）是一门融税法及财务会计相关知识为一体的交叉性课程，同时也是一门实践性较强的课程。该门课程是随着我国社会主义市场经济建设的发展而来的，当前，开设这门课程的高校相对较少，但却是一门越来越重要的课程。这门课程开设以来，不断地在探索中前进，积累了一定的教学经验和方法，但还是存在着诸多的问题。

一、当前教学存在的主要问题

1. 教学资料不系统

"税会差异分析"是一门新鲜的交叉性课程，需要老师具备较为完整的税法与财务会计相关知识，同时也需要对公司财务相关实践知识具有一定的认识和理解。因此，在准备本门课程相关教学资料的过程要比其他学科难度提高一点。当前，"税会差异分析"课程的教学资料主要来自两个方面：相关教材与网络资源。对于市面上出售的若干教材，虽然数量众多，但却难以满足专业知识的讲授需要。这些教材并非是针对专业教学而设计，而是一些类似科普性质的读物，具有一定的实务性。另外，由于税会差异分析总是在相关法律制度出来之后才会有差异分析，因此，本课程的教学资料总是要比相关法律制度出台"慢一拍"。这

税收学应用型本科专业建设的理论与实践探索

也导致本课程教学资料建设的难度增加。对于网络资料,这些资料虽然较为鲜活,却在一定程度上缺乏系统性。网络上开发的这些资料主要是针对某个专题而建设,是对当前的某个热点问题而进行深入研究和精彩点评,并非针对某门课程而进行的系统展开。

2. 教师队伍较缺乏

对于一门新鲜的交叉性学科,需要任课教师同时具备两个领域的相关知识,同时还必须对该领域内的实践性知识有所了解和掌握。这就给本课程师资队伍的培养带来了很大的困难。事实上,在本课程师资队伍的培养过程中,很多教师是不愿意承担本课程的建设和教学任务的。主要就是因为承担本课程的教学任务将会比承担其他课程教学任务付出更多的努力。既然承担所有教学课程的结果都是一样的,那么所有的老师都会选择付出更少的课程进行。因此,本课程师资队伍非常缺乏人员,这主要是由本课程的性质决定的。年轻的教师往往需要一个成长的过程,而年长的教师则不愿意转型。

3. 教学方法难更新

"税会差异分析"既涉及两个领域的知识,又要求任课教师具备一定的实践领域内的知识。因此,对任课教师的要求相对较高。此外,本课程的特点也决定了对本课程的授课,不能只依赖于传统的讲授形式,必须更新讲课的方式和方法。但从目前的教学手段来看,本课程教学方式还主要是以传统的课程讲授为主,基本上没有太多的更新。这主要源于:一是本课程是一门新鲜的交叉学科。二是任课教师对该门课程的课程性质不熟悉。基于这两点,任课教师的教学方式一下子难以转变过来。

二、教学资料的构建

对"税会差异分析"教学资料的构建,一般可以有三个方面的来源,构成丰富的教学资料以满足教与学多方面、多层次的需要。

1. 跟踪税法相关政策的变化

税法是一项政策性较强的法律制度,一方面为了满足国家财政收入的需要。另一方面承担着调节社会的功能。因此,税法具有固定性和稳定性的同时,又体现出多变性,对税法政策变动的跟踪学习对于构建本课程的教学资料十分关键。当前是我国税制改革的关键时期,政策多变是当前最大的特点。及时地追踪当前税

收法律政策,把握和理解当前税收法律制度精髓对准确地理解税会差异具有不可替代的作用,只有准确地理解当前税收政策背后的精神才能准确地讲解税会差异。

2. 追踪企业财务案例分析

企业是经济活动的细胞,也是市场经济活动中最基本的单位。在市场经济中,企业为实现自身利益最大化而不断地修正自己的行为,企业修正自己行为的标准就是国家的各项法律、法规等相应政策。作为企业财务管理的规则和基准,税法和会计准则起到十分重要的作用。企业总是按照税法及财务会计的基本准则进行财务运作,并尽可能地实现自身价值的最大化。企业所进行的财务运作是教师教学资料最宝贵的来源,也是最真实的财务实验,应当成为教师教学和研究的第一手资料。运用企业的这些财务资源在教学中可以达到以下效果:这些资料真实有效;样本量较大;逻辑完整可靠。基于这三点,应该大力提倡使用这些真实财务资料,并将这些真实财务资料编撰成教学案例,用这些真实的案例对学生进行指导和教学。让学生能够有真实感,而不完全只是编撰的资料,让听课者能够较为轻松地接受。

3. 注重网络资源的利用

互联网改变了生活,也改变了教学方式。在全社会都在大力发展互联网、使用互联网时,作为教师也应当能够使用互联网。现代社会是一个网络的社会,网络使原本隔离的社会互通起来。网络的优势是消除了空间上的距离感,同时也节省了大量的时间,使有些原本不可能的事情变得可能。在现代社会掌握使用互联网技术进行搜索教学资料的能力,不但使搜索国内教学资料成为可能,同时也使得探索国外的资料变得容易,更有利于进行国际同行之间的交流。另外,在教学方式上也应当能够借助于互联网技术进行创新,方便教师与学生以及学生与学生之间的沟通。

三、师资队伍的建设

1. 充分利用专业实习基地

"税会差异分析"是一门交叉性学科,同时也是一门实务性较强的课程,任课教师需要具有丰富的实践经验才能把这门课程讲好。为丰富教师的实践检验,可以充分利用学院签约的实践教学基地,同时结合上海市教委的培训计划,让老师进入实践教学基地进行培训和学习。这样不仅能够增强老师的实践能力,同

时也能够更新老师的教学资料,还能够让任课教师检验其课堂讲授的知识在实践中是否"有用",让教师亲身体验一下所讲授的知识在现实工作的指导作用。当前,社会中普遍存在一个现象,认为教师上课所讲授的知识已经过时了,老师所讲授的知识对现实工作没有指导作用。笔者认为,这是由两方面的原因造成的。一方面,某些老师所讲授的知识确实存在更新换代的问题,可能任课教师所讲授的知识是其本人在大学时代所学知识,经过多年的发展之后,原有知识已经更新换代了,但是老师还没有认识到这个问题。这当然也与老师成长环境有很大的关系,当前高校中很多教师都没有经历过真正意义上的社会实践,并没有随时代的进步而及时更新自己的知识体系。另一方面,可能是由于学生在校学习与毕业后离校工作本身就存在时间差,当初在学校学习的知识已经不能适应毕业离校后工作的需要了,本身就需要更新。

2. 聘请实务领域资深人员

除了任课教师进入实践教学基地进行学习之外,还可以聘请在实务工作中有实践经验并且具有一定教学能力实务工作者进入课堂担任教学工作。实务人员一般具有较为丰富的实践经验,对实务中遇到的问题及可能的处理方法一般比较了解,这是专业教师所不能及的。丰富的案例以及丰富的实践经验是这些实务工作者的立身之本,在条件允许的情况下,可以将这些人员引入高校的课堂,让他们与学生一起分享实务工作中的经验与成果,可谓一举两得。事实上,实务人员的这些实践经验不仅可以用于教育和指导学生,还可以与课程的专业教师进行分享,以满足专业教师进入实务界的需要。

3. 组成混合型师资队伍

不管是专业教师到实践教学基地去参观,还是聘请有授课能力实务工作人员到学校任教等都必须满足时间条件。然而现实中的情况是,教师既不可能有整段的时间在实践教学基地学习,实务工作者也不能有完整的时间来学校任教。为了解决这种时间上的冲突,可以实现交叉方式授课,即同一门课程可由校内教师和校外老师相结合授课,比如,由校内老师讲授主要理论部分,在校外老师时间允许的情况下,可由他们进校课堂进行授课。这样既有灵活性,保证双方时间的安排,同时又能够实现交叉授课,满足双方的需要。

四、教学方式的改进

传统的教学方式主要以教师的教授为主,但这样的教学方式很难让学生参与进来,并且对税会差异分析课程教学效果不是很好,学生很难参与到其中。根据本门课程的特点,提出如下形式的教学方式改进。

1. 鼓励学生走上讲台

让学生参与到课堂教学中来,要比单纯的讲授更有效果。如何鼓励学生参与到课堂教学中来应该成为课程教学工作转变的重点。办法之一就是鼓励学生走上讲台,让学生对学生进行讲授。税法与会计准则差异分析涉及两个知识领域,但是这两个知识领域都是学生们应该预先选修过的课程,学生对税法知识和财务会计知识都应当有所认识和理解,只不过没有将这两门课程的知识放在一起学习,导致了知识上的割裂。现在将这两门课程的知识融合到一起,学生们应该能够加以自学。将课程按知识点进行分类之后,鼓励学生们自行认领,然后由同学们走上讲坛讲授知识点,既可以让学生参与进课堂,又可以让学生深入学习知识点。

2. 引导学生自学自教

除了鼓励学生走上讲台,还可以鼓励学生自学自教。让学生们按兴趣分成小组,由各组进行自学自教。不同的学生知识结构不同,可能来自不同的专业,如税收专业、会计专业、财务专业等,正好能够满足课程的全部知识需要,各小组可以互通有无。在小组内部或学生之间就可以解决互相相关的专业问题,从而提高学习的效率。

3. 组成案例讨论小组

案例讨论是现代财经类高校教学的一个主要方式,也是一个十分有效的方式。该教学方式是已经被证明了的能够让学生有效掌握知识的方法,也被世界上各高校采纳和接受。让学生组成案例讨论小组做三件事:搜集和准备案例;制作和讲授案例;讨论和分析案例。经过这个过程之后,学生之间可以充分交流,对所学知识有了充分的掌握,同时通过讲授、讨论和分析,学生对案例所讲授内容有了更深入的理解和掌握,巩固了所学内容。

五、小结

本文研究当前开设的税法与会计差异分析课程的基本情况,总结了当前所面临的主要问题,并从教学资料、师资队伍及教学方式的转变方面提出了改进意见和建议。本文指出,当前税法与会计准则差异分析教学过程中存在教学资料

税收学应用型本科专业建设的理论与实践探索

不系统、师资队伍缺乏及教学方法不先进等问题。基于此,本文对这三个方面的问题提出了改进建议。

参 考 文 献

[1]朱建安,谭岚,周自明.基于课程群视角的应用型高效经济学教学改革[J].中国高教研究,2012(12).

[2]刘华.研究性教学视域下的马克思主义政治经济学教学改革[J].扬州大学学报:高教研究版,2009(12).

[3]陈辉华,王孟钧.《管理学原理》参与式教学改革探讨[J].长沙铁道学院学报:社会科学版,2006(6).

[4]宋宝莉.案例教学:西方经济课程教学改革之方向[J].高等教育研究,2011(6).

[5]吴菊,阮宜胜.适应市场需求 升华税收专业实践教学改革[J].高教论坛,2010(1).

"税务代理实务"课程教学方法探讨

郭家华

内容提要： "税务代理实务"是一门实务性很强的课程。在教学实践中，随着信息化的发展，学生获取知识的渠道日益丰富与多元化，如何在课堂上充分调动学生的学习积极性，提高教学的效率，达到培养人才的目的，应是每一个教学工作者共同关注的问题。而笔者在长期的教学工作中，发现课堂讲授法、多媒体教学法、案例教学法、研讨式教学法等教学方法是一种行之有效的调动学生课堂学习积极性的方法。

关键词： 课堂讲授　案例　教学模式

"税务代理实务"是税收学专业的主干课程，如何逐步建立一套能够提高学生学习热情、激发学生学习兴趣、适应人才培养目标的特色鲜明、灵活多样的教学方法体系是应该考虑的重要问题。教学活动应由教和学两个主体组成，传统的教学活动中，教师是课堂的主体。随着信息化的发展，学生获取知识的渠道日益丰富与多元化，如何在课堂上充分调动学生的学习积极性，提高教学的效率，达到培养人才的目的，应是每一个教学工作者共同关注的问题。课堂讲授法、案例教学法等教学方法是一种行之有效的调动学生课堂学习积极性的方法。

一、课堂讲授法

课程教授是最为传统的一种教学方法。它以教师教授的方式向学生传播知识与技能，同时通过辅助教具等吸引听课者的注意力，达到掌握与理解知识的目的。为了使学生全面、系统地了解税务代理实务课程基本框架和内容，该课程在开始几周可采用课堂讲授法，可将大量知识通过精确、简练的语言表达出来，使抽象知识变得具体形象、浅显易懂，易于被学生接受。同时通过课堂教授，口头表达和黑板板书的综合运用也可以锻炼青年教师扎实的教学基本功。

课堂教学效果的优劣在很大程度上取决于教案的设计，为了保证课堂教学这一教学主阵地的高效、优质，教案内容应根据国家税收法规政策的变化适时调整，教学内容的编排顺序也应根据教学实践中发现的学生学习规律不断调整。

在教案中除了对教学内容的梳理外，还应增加一些与生活联系密切的案例、提问与回答、小资料、相关链接、提醒注意等内容，帮助学生加深对教学内容的理解，也可以起到活跃课堂气氛的效果。板书的运用在课堂教学中也是非常重要的一环。好的板书应起到提纲挈领、引导理解的作用。板书是教师自身素质的展示，也是吸引学生注意力的重要手段之一。另外，课堂上师生互动也是提高课堂教学质量的重要因素。课堂上问答、启发、总结可以使学生在较短的时间内将教学重点难点顺利掌握。

经过对教案精心设计、合理运用板书和师生互动等各个环节的严格把关、科学设计、灵活应用，提高学生对课堂的兴趣，从而产生良好的课堂教学效果，为学生将来的实训、实践做好准备。

二、多媒体教学法

多媒体教学是采取多样化的媒体（电视机、录像机、幻灯机、投影仪、收录机、电影放映机等视听教学设备）及学生之间互动交流来"刺激"学生，使学生在视觉、听觉、触觉上形成多方位的"感受"，从而使其产生"体验"感，进而以加深理解、记忆的一种现代科技技术。

"税务代理实务"课程教学中经常会涉及要提供企业日常经营活动资料的情况，比如，在讲授"发票领购与使用代理实务"时，可利用多媒体将增值税专用发票与普通发票的样票直接展示给学生看。将这些资料方便、快捷地展示给学生，给学生留出较多的思考时间，增加了教学课时。同时利用多媒体，也可以使例题的讲解变得更加具有层次性、直观性。

同时也可以考虑将"税务代理实务"课程搬上网络，利用网络教学，进行师生互动，使教学内容形象直观，易于理解，从而提高教学效率，突出了课程重点和难点，激发了学生学习的主动性。老师可以通过设计教学课件、网上考场、网上答疑、网上论坛等教学资源，使课堂讲授得到无限延伸，对教学起到很好的辅助效果。逐步使网络课堂成为学生课外学习"税务代理实务"的良好平台，通过网上答疑、网上论坛等互动，促进师生及时了解最新的税收法规和政策，不仅可以吸引本校的师生员工，而且还可以成为企业界人士、参加相关职业资格证书考试人士的重要学习园地，获得良好的校内、校外效果。

随着我国税务管理现代化进程的进一步深化，利用计算机操作已成为普遍现象。为了使学生的实训与税务实践同步，在实训教学中引入多媒体是非常必要的。未来，在学生实训环节，可以考虑安装最新的、与税务机关同步运行的征管系统，以及与征管系统相适应的会计核算系统、电子报税系统、税务稽查系统，财务用友软件、税收征管软件、税务稽查软件等。这些软件的使用可为学生提供真实的税务处理环境,极大地提高学生参加实训的积极性。通过模拟实训,学生的动手能力、实践操作水平有一个质的飞跃,从而实现学校与社会的零距离。

三、案例教学法

税收学应用型本科专业建设的理论与实践探索

案例一词来源于拉丁语"exemplum",本意为"好的例子""典型的例子"。所谓案例教学,就是利用典型事例来进行教学,使学生能够通过对特殊的、典型的事例的分析来进一步理解和掌握理论教学中的概念和原理论,并在此基础上培养学生独立分析和解决问题的教学方法。它是为了调动学生学习的积极性,引导学生掌握相关理论的运用场合、条件和方法,提高学生运用所学知识分析具体问题、解决问题的能力。把实际工作中出现的问题作为案例,向学生展示真实的背景,提供大量背景材料,由学生依据背景材料来分析问题,提出解决问题的方法,从而培养学生的分析能力、判断能力、解决问题能力及未来的执业能力。案例教学以问题或者焦点为教学导向,力图促进学生专业知识与行为技能的全面发展。案例教学的方法就是教师以教学案例为基础,在课堂中帮助学生达到特定学习目的的一套教学方法。具体来说,教师以案例作为教学内容,引导学生运用掌握的理论知识,分析、思考、讨论案例展现出来的各种问题,从而形成不同判断。

"税务代理实务"课程的教学离不开案例。"税务代理实务"是一门实用性较强的学科,要求学生能够系统掌握涉税活动的原理、原则和方法,培养学生具有较强的涉税处理能力。因此,教师需要收集大量涉税案件,针对具体教授的内容选择恰当的典型案例,通过教师、学生、案例三位一体的教学互动,从而完成整个"税务代理实务"课程教学活动。以往,"税务代理实务"课程教学局限于填鸭式的讲授,学生理解运用的实践能力较差,基本停留在抄笔记背课本的应对考试误区之中。"税务代理实务"课程引入案例教学方法,改变传统上教师为主角、学生为配角的狭隘局面,将理论知识讲授与实践能力培养有机地结合起来。案例教学是一个完整系统的教学过程,需要在明确"税务代理实务"课程教学目标的基础上,通过案例选取、学生讨论、教师评价等教学环节,运用严密的教学组织完成具体的教学任务。

案例可以根据学生知识掌握程度有针对性地编写。比如,在每一章基础知识学习阶段,由教师根据教学内容编一些简单案例,在每章内容结束时,编一些反映该章内容的案例,通过案例的运用,保证学生循序渐进地掌握每章内容。在一个单元教学结束之后,通过教师编制或企业实例,综合考察和训练学生对一个单元所涉及的内容的掌握情况。如流转税纳税申报代理告一段落后,可以选择企业会计核算资料,让学生综合分析该企业经济活动应缴纳的流转税,通过分析最终进行应纳税额的计算和纳税申报代理工作。在教学内容全部结束后,选择综合程度较高的案例,让学生全面分析税务代理各环节的工作内容,掌握各项代理工作方法。

四、研讨式教学法

研讨式教学既可以选择一个小案例,也可以选择综合案例。小案例适合于在某章或某一问题系统讲授后进行案例讨论。综合案例讨论则是在某一章或某几章的理论问题结束以后,有意识选取所涉及问题跨章节的综合性案例让学生加以分析讨论。这一形式侧重培养学生分析一些涉及内容复杂的实际案例的能力。采用这一形式要给学生较长的准备时间和调研时间,给学生较多的发言机会和充足的发言时间。步骤一般可以分为课前准备、小组讨论、代表发言、归纳总结等。一是课前准备。课前把案例讨论的内容布置给学生。根据授课内容选好的案例内容介绍给学生,并提出思考问题,让学生结合所给案例搜集分析资料,并进行思考,也可以由学生组成学习小组共同完成案例分析及课程研究项目或组织非正式小组讨论。让学生根据个人的情况和案例讨论的需要随意组合成讨论小组,优势互补,发挥集体智慧。二是课堂讨论。讨论可以由教师主持,学生发言。为保证讨论效果,也可以事先指定好中心发言人。讨论过程中提倡学生自由思维、自由讨论,允许学生"异想天开",允许学生挑战权威,培养学生怀疑和批判的能力。三是课后归纳总结。每一次案例讨论结束后,教师应对讨论课进行归纳、总结,对存在争议的问题加以澄清,并且表扬积极参与和表现优秀的学生。

对于课堂讲授无法解决的疑难问题,或者为了拓展知识,开阔学生视野,增强职业技能的训练,一方面,笔者根据教学计划,结合教材内容与本学科的理论前沿动态或社会经济生活中的热点话题确定如税务代理执业风险的控制等问题,开展课堂讨论,或者通过师生对话,达成对问题的共识。另一方面,还可以通过网络课堂的"在线答疑",解答学生的疑难问题,激励学生探索未知领域,培育学生发现问题、研究问题和应用所学知识解决问题的能力。比如,针对企业所得税适用面宽、税前扣除项目的计算和报表填报内容繁杂的特点,在课前精心设计好集归类、计算、辨析、填报等为一体的若干问题,让学生去分析、去研讨,集思广益,最终得出正确的判断,或在教师的指导下,将问题化解。自2008年起,我国实行新的企业所得税法。为了让学生能够尽快了解新税法的内容,实现知识的

更新,老师可以以网络课堂为依托,开设"解读企业所得税"专栏,在专栏中不仅收集专家学者对企业所得税的认识和讲解,而且开辟学生园地,希望学生发表自身对新税法的体会,包括对新税法与旧税法的认识。通过这一平台,学生积极、主动地思考,畅所欲言,在最短的时间内深层次地领会新税法的立法精神,并完成对企业所得税法的认识和掌握。

五、创新考试方法

突破单一课程知识考核的限制,实行考核成绩立体化,把课程的终结性考试与平时考核(包含考勤、作业、课堂讨论、课内实验、团队调研报告、期中考试成绩等)相结合,更好地发挥考试的教育激励功能和反馈调控功能,从而引导学生注重知识的学习过程与平时的积累,提高自身综合运用知识能力和创新能力。

参 考 文 献

[1]于学军.加强和完善经济学案例教学体系的初步设想[J].太原大学学报,2014(11).

[2]郑敏.案例教学法在经济学教学中的应用[J].文教资料,2016(2).

[3]陈晓芳.经济学案例教学的几种操作模式[J].考试周刊,2015(8).

税收学应用型本科专业建设的理论与实践探索

税收应用型本科批判性思维培养的教学管理与设计

王晓玲

内容提要：批判性思维作为一种思维工具在西方国家已经比较普及，但在应用型本科院校中运用还不广泛。本文从批判性思维及其基本能力构成开始，分析批判性思维对于应用型本科院校的必要性、税收应用型本科批判性思维训练存在的问题、实现的路径以及如何在教学管理中设计与实现批判性思维训练。

关键词：批判性思维　税收学　应用型　教学设计

一、批判性思维及其基本能力构成

1. 批判性思维概念及起源

批判性思维是指提问、理解某物的意义并有能力分析，即辨明或判断的能力。批判性思维最早起源于苏格拉底方法——苏格拉底所倡导的是探究性质疑。通过苏格拉底提问，人们需要仔细思考他们的目的和意图，区分相干和不相干的信息，然后检验其可靠性，质疑言论所包含的假设，从不同的视角进行推理，探查他们自身和他人所思考东西的后果或意含，整理言论的理由和证据，也对他们面前的证据和理由保持敏感。通过提问，揭示习以为常、理所当然的信念背后的假设所包含的不一致性，以探求新的可能答案。

现代批判性思维的代表人物杜威，对此方法进行了发展，提出了"反省性思维"的探究模型。反省性思维是对任何信念或被假定的知识形式，根据其支持理由以及它所指向的进一步的结论，予以能动、持续和细致地思考。反省性思维意味着，在进一步的探究期间，判断被悬置。反省性思维本质上是假说的系统检验，有时也称为"科学方法"。它包括问题的定义、假说的提出、观察、测量、定性和定量分析、实验、解释、用进一步的实验检验暂时的结论。反省性思维也是组织课程的基本原则，形成思维好习惯统领教学过程。其基本焦点是把所提议的假说视为人们所面临的困惑的可能的解决。反省性思维关注思维的因和果。

批判性思维指的是技能和思想态度，没有学科边界，任何涉及智力或想象的论题都可以从批判性思维的视角来审查。批判性思维既是一种思维技能，也是一种人格或气质；既能体现思维水平，也凸显现代人文精神。

2. 批判性思维的基本能力

批判性思维能力由辨识、解释、分析、评估、推论、说明等六个能力构成，它基本上概括了逻辑思维能力的六个环节。具体如下：

（1）辨识能力。作为高级思考者，人们具备观察自然、社会以及经济现象的能力，但不是每个人都有捕捉问题的敏感性。如果具备批判性思维，必须得具备对身边事物敏感的辨识能力，也就是通常所说发现问题的能力。

（2）解释能力。发现问题之后，人们应该尝试去解释这一现象及问题。解释能力可以描述为思考者对于理解和表达极为多样的经验、情景、数据、事件、判断、习俗、信念、规则、程序或规范的含义或意义。

（3）分析能力。思考者对于现象、问题或者人们的解释，包括经验和情感，预设的规则进行分析的能力，通过表达者的语言及其他信息来识别意图和陈述之间实际的推论关系、问题、概念、描述或其他意在表达信念、判断、经验、理由、信息或意见的表征形式。分析能力包括审查理念、发现论证和分析论证。

（4）评估能力。思考者根据表达者的表述以及表征形式，来评价陈述的可信性或其他关于个人的感知、经验、境遇、判断、信念或意见的描述；评价陈述、描述、问题或其他表征形式之间实际的或意欲的推论关系的逻辑力量。评估能力包括评价主张，评价论证。

（5）推论能力。思考者暂时撇开外界的信息，识别和维护得出合理结论所需要的因素；形成猜想和假说；考虑相关信息并根据数据、陈述、原则、证据、判断、信念、意见、概念、描述、问题或其他表征形式得出结果。推论能力包括质疑证据、推测选择和推出结论。

（6）说明能力。思考者能够陈述推论的结果；应用证据的、概念的、方法论的、规范的和语境的术语说明推论是正当的；以强有力的论证形式表达论证。说明能力包括陈述结果、证明程序的正当性和表达论证。

二、税收应用型本科批判性思维培养必要性及其存在的问题

1. 批判性思维培养的必要性

（1）批判性思维培养是思考力的培养。批判性思维由不同的批判性方法组

税收学应用型本科专业建设的理论与实践探索

成,可以帮助人们作出判断,是一种评估信息并判断正误的能力。对一件事物或问题进行批判性思考需要人们发散思维,从不同角度看待解决方法。然而,在传统的教学文化中,我国的考试制度还没有找到以检查学生创新能力为重点的方法,使得现在的教育特别是中学教育仍然没有摆脱以知识记忆为主的应试教育的模式,学生成为教师塑造和雕刻的对象,忽视了他们在学习中自主建构的内在过程,本应该存在的价值引导又因这种自主建构的缺失而变成了价值灌输,教师成为教学过程的主角。到了大学阶段,这种在中学已然形成的、被动的、机械的、应试的学习方式仍然延续到大学的学习,学生习惯中学式的学习方法以及考试方法,追寻确定性的答案和固定模式的教学,对于风格多变的大学教学风格很不适应,不能够根据教师的要求参与案例教学和讨论式教学,也不能主动发表自己的观点,从而再度成为考试的机器。也许很多人会认为这样听话的学生没什么不好,会成为认认真真工作的人,有利于整个社会的运转。但是高等教育培养的目标不是为了培养社会的"机器"和"螺丝钉",而是希望借教育将其培养成真正的社会人,具有思考能力和创新能力的人。

（2）批判性思维是培养创新人才的关键。中共十八大以来,科技创新突破明显加快。习近平同志在党的十九大报告中强调:创新是引领发展的第一动力,是建设现代化经济体系的战略支撑。2018年5月2日,习近平同志在北京大学考察时说:"重大科技创新成果是国之重器、国之利器,必须牢牢掌握在自己手上,必须依靠自力更生、自主创新。"科技创新最关键因素在于人,"盖有非常之功,必待非常之人"。人是科技创新最关键的因素。没有"非常之人",则难有"非常之功",难有"国之重器"的创造。批判性思维能力的培养是创新人才培养的重要方法,在各学科领域必须贯彻这一理念。

2. 税收应用型本科批判性思维培养的必要性

（1）通过批判性思维培养增强应用型学习的系统性和理论性。税收应用型本科人才的培养方案、在校基础课和专业主干课大多为实务性较强的课程,如会计学、税收学、税法、财务管理等内容,如果学生只学习专业性课程,以及看起来较为琐碎的财务知识点,容易让学生失去学习的系统性和理论性。通过批判性思维的培养,让学生在应用型知识学习之外能够系统地思考财务相关知识的规律,学习税收相关学科的发展规律,提高财经知识的框架性,也降低琐碎知识带来学习的疲倦感。

（2）通过批判性思维的培养增强认识社会问题的格局和思考力。财经类知识体系容易将学生的思考对象局限于微观层面,从而不能够跳出局部的现象看整体的布局和规律,所以,应用型本科培养的学生容易养成只关注微观、眼前、短期、局部的事实和原因,只关注微观主体的问题,而对宏观的、整体的、社会系统的问题的思考能力和格局却受到专业学科习惯的限制,甚至毫不关心大局和社会问题,认为与己无关。通过批判性思维的培养和知识体系的学习,可以增强学生认识社会问题的格局和思考力,并能够通过宏观问题的思考,与微观主体的利益与发展联系起来,从而使得批判性思维变得更为实用。

(3)通过批判性思维的培养促进改革传统教学模式。在批判性思维培养的教学文化中,教师不再是"话语霸权者",而是教学群体中主导者,是与学生进行批判性对话的伙伴。教师要为学生创造一个良好的学习环境,提供学生自己发现、自己思考的机会,鼓励学生在学习中针对各种观点进行理智的质疑和探讨,鼓励学生自己提出问题和假设,并主动地进行探寻和验证,同时还要不断培养学生良好的心智特征,使学生能够成为既有开放精神又富有自信心的思考者。批判性思维课程本身就是颠覆传统教学模式的改革,推行批判性思维课程和相关能力培养,可以促进现有的教学模式改革,避免教师一言堂和满堂灌。虽然这种教学模式在减少,但不可否认的是在目前的教学中仍然普遍存在。

(4)通过批判性思维的培养为撰写毕业论文打好基础。在应用型本科教学过程中,教师能够轻易发现学生在写作能力方面非常薄弱,尤其是专业性的论文写作,论文质量惨不忍睹。在本科生毕业阶段,教师往往花费大量的精力指导毕业班学生写论文,但收效甚微。如果在教育过程中,学校持续加强批判性思维的训练和培养,学生不至于到大学阶段还写不出像样的毕业论文。批判性思维训练的过程,是科学认识规律的过程,最后结果输出是论文。因此,批判性思维训练过程与论文写作过程相统一。如果平时加强批判性思维的训练和培养,可以为毕业班学生撰写专业性论文打好基础。

3. 应用型本科生批判性思维培养存在的问题

(1)通识教育课程中缺乏批判性思维课程。目前应用型本科院校多是教学型高校,更注重实务性教学和技能型人才的培养,因此普遍存在通识教育中缺乏批判性思维课程的问题。似乎批判性思维只能在科研型或者科研教学型高校中存在,而不适用于应用型本科院校。通识课中英语、数学等课程占据了很多课时,却鲜有应用型本科院校安排了批判性思维课程。批判性思维对于高校每个学生都很必要,有必要通过此类课程培养学生的思维能力。

(2)专业基础课中忽略批判性思维训练。应用型本科院校专业基础课中多是经济学、管理学、金融学、财政学等基础课程,刚入大学的学生接触到此类课程时,面对的往往是发展得已经很成熟的学科理论编撰的教材,从授课效果来看,学生普遍对这些知识一知半解。其实这些学科知识和课程是与社会、企业和生

活紧密联系在一起的,如果能够将这些课程与学生认识社会、经济、生活等现象联系在一起,并结合批判性思维能力训练,必能将学生引入专业领域学习。目前,专业基础课往往注重学科体系和知识的学习与灌输,而忽略了将问题与批判性思维结合的入门级训练。

(3)专业主干课中缺少批判性思维培养环节。税收应用型本科教学中专业主干课程的学习中与基础课学习类似,往往注重专业知识的灌输,但真正能将专业与经济生活有机联系结合在一起的较少。专业主干课中缺少批判性思维培养环节,学生在课程结束之后收获了专业词汇,但其对于专业问题的认识非常皮毛。这主要是因为专业课的学习需要按照大纲内容去讲授,在课时比较少的情况下,教师集中力量在完成专业知识的普及和传授,没有时间和机会安排批判性思维训练。

(4)专业选修课中鲜有灌输批判性思维意识。应用型本科教学中专业选修课往往提供了多个方向的专业知识,应该是大学教育最能体现特色的地方。但在实际操作中,因为选修课容易被忽略,学生学习时普遍存在混学分的理念,学风不够严谨,教师教学时也不会投入像专业必修课那样的精力和重视度,因此在专业选修课中就更没有灌输批判性思维的意识了。

三、税收应用型本科教学中批判性思维培养的实现路径

1. 结合翻转课堂改变传统的教学模式

如果要在应用型本科院校推行批判性思维的培养,就必须要求学生变成课堂主要参与者,而不是被动接受者。如果学生提高课堂活跃度,积极参与,则对学生课外学习提出了较高要求,也对传统教学模式提出了改革思路。目前流行的翻转课堂提法就是要求学生在课外的学习课时增多,课上主要是学生提出问题,教师来解决问题。批判性思维培养进入应用型本科教学中也需要利用翻转课堂的模式,学生在课堂中起主导作用,教师起引导作用,学生课外学习教师视频教学,并对其中所讲授内容提出质疑,经过讨论、论证,并最终理解知识点和经济问题。

2. 提高教师课堂设计和考核自主性

在教学中引入批判性思维培养课程或环节,需要教师对学生课堂的讨论或提问进行计分,这就需要学生积极发言,否则课堂无法组织。但是我国学生普遍

不愿意在课堂上发言,更不用说对教师的观点提出质疑。如果要激励学生在课堂上发言,教师必须提高课堂讨论部分的分值比例,甚至一票否决,如果学生在课堂上一言不发,这门课就不能通过。因此,必须给教师足够的自主权,用来决定哪个学生没有积极参与课堂,而不是目前的教学管理方法,必须设置哪几类平时成绩考核模块,必须做多少次作业,几个模块之间的比例必须协调,必须有依据说明学生考核不合格。对于有些科目比较适用,但对于研讨性课程或理论性课程,甚至批判性思维课程来说,这样的管理制度就不是很适用,因为唯有讨论才是此类课程的核心,而非作业和其他。

3. 提倡对学生高标准、严要求

与第一点和第二点配套的路径是,教师必须提高对学生的课堂参与标准和课程考核的要求,提倡对学生高标准、严要求,而不是要求成绩简单地符合正态分布规律。培养批判性思维本身就是对学生提出了高要求,就是证明教师希望学生成为更有思考力的人,如果课程考核对学生非常宽松,即便不参与课堂都能够及格或拿到高分数,只要期末考试成绩合格就可以,很难说学生具备批判性思维能力,甚至基础都不具备。而目前学校普遍对教师要求多,而对学生的要求少,期末成绩40分就可以有机会及格,即便学习成绩不合格可以参加补考,补考不通过才是重修,重修通不过还有毕业清考。弥补措施太多,说明学校对学生要求不高。在批判性思维培养模式下,专业知识学习不到位就应该从头开始。批判性思维培养的基础在于学生已经掌握了基本的知识,要让他拔高境界和思考层次。

4. 提倡教学过程中的平等交流

批判性思维的养成要求师生之间的教育应该采取交往和对话的方式,在教育交往中,师生之间是平等的"你"与"我"的关系,对话和交往是以人格平等、相互尊重为基础的,交往的空间是一个充满自由、民主和活力的公共领域。在两者之间的交往对话中,学生的思维不再被同化,而是能够被鼓励着从不同的视角考察问题,继而形成独立的判断和选择。当然,这种对话,需要教师消除权威意识,才能与学生进行平等的交流和对话。

四、税收应用型本科批判性思维培养的教学管理与设计

1. 通识教育中增加批判性思维培养课程

目前国外高校在大学生低年级通识教育中普遍加入了批判性思维培养课

程,而且在大学之前也是普遍有类似的课程和训练。批判性思维作为一种工具是必修课程,其受重视程度非同一般,而且大学教育尤其强调学生形成能够判别是非和质疑的习惯,不迷信权威,不盲从已有观点,因此国外学生的创新能力也较高。国内高校中综合性大学尤其是综合实力强的重点高校普遍开设了批判性思维课程,把培养具有领导力和创新型的学生作为培养目标的高校无不重视批判性思维的训练。财经类高校中西南财经政法大学作为开设此课程的高校,其学生的批判性思维能力也得到了较好的训练。因此,学校可以选择将学生培养成应用型人才,也可以选择将学生培养成有创新能力不盲从的应用型人才。为了做到这一点,学校必须在通识教育中增加批判性思维培养课程,而且是作为必修课程加以重视。

2. 专业入门课中着重训练批判性思维

专业基础课的专业性和理论性较强,建议可以增加一门专业入门课,结合批判性思维培养的需要,将专业基础课变成训练思维能力的讨论课,以此来吸引学生学习专业知识,培养学生对专业的兴趣,避免学生一开始就接触晦涩难懂的专业课程。在这之后,学生学习专业基础课过程中可以加大批判性思维训练的难度。因此,这样的一门专业入门课成为训练学生批判性思维的主要阵地。税收应用型本科专业可以以经济与税收或生活中的税收学为专业入门课,由授课经验丰富的教师、了解批判性思维的工具和方法的教师,合作教学授课,着重训练批判性思维能力,并且将其引入专业领域内。

3. 专业必修课中增加批判性思维训练环节

税收学应用本科,强调专业的特色和应用性,但这不意味着学校需要牺牲教学上的批判性思维训练。如果在教学过程中有激烈的讨论,学生提出自己的问题,教师再解答,往往教学效果更好。经过思考的内容往往内化为自己的知识一部分,不容易被遗忘。因此,专业必修课教师在教学时采取批判性思维的训练方法,增加批判性思维训练环节,抛出错误的观点和结论,让学生思考反驳,然后再告诉学生按照批判性思维方式,应该是怎样的观点和结论,或者学生得出观点和结论,学习效果很好。即便是实务性、政策性的知识点,也可以做到批判性思维训练的效果。财政学、税收学、中国税制等课程可以在制定教学大纲或授课计划时安排 20 分钟的批判性思维训练时间。

4. 专业选修课中穿插批判性思维训练意识

作为应用型本科院校课程设置中最为丰富的专业选修课,如何加入批判性思维训练的要素,是需要每个教师自己决定的。这类课程往往带有非核心课程的色彩,相当于甜点,但学习过程中的压力并不大。如果教师具备批判性思维训练意识,或者同样的专业必修课中已经设计了批判性思维环节,那么教师必然会将其带入选修课课程。教师在课程中可以选择性地设计由学生做 PPT 展示,并由竞争组的学生提出问题质疑其观点,便可达到批判性思维训练的目的。教师还可以采取"开火车"的方式让学生对相关问题提出自己的观点,质疑已有的观点,这样做既能活跃课堂气氛,又能避免满堂灌式的传统教学。税收筹划、涉税服务实务、纳税审查等课程可以经常提问,询问学生是否有质疑的地方,可以将学生从被动接受状态转换到主动提问质疑的批判性思维状态。

　　总之,批判性思维训练是一种工具和意识,只要想用,就可以拿起来用,但是需要学校的高度重视、教师的努力、教学管理上的变通、管理的严格以及学生自身的配合。这些看似简单、陈词滥调、过时的方法确实是培养创新性人才必不可少的因素,这一点在税收应用型本科人才培养中尤其重要。

税收学应用型本科专业建设的理论与实践探索

3

第三部分

数字管理篇

应用型本科院校税收专业评价标准体系初探

赵迎春

内容提要：当下国家不断加大对高校的教学科研投入，应用型本科院校的税收专业办学质量如何评价值得研究。本文从应用型本科院校评价指导思想、运行机制入手，提出应用型本科税收专业评价体系架构，构建税收专业评价指标体系。

关键词：应用型本科　税收学　专业评价

在国家不断加大对高校的教学科研投入的当下，应用型本科院校的税务专业办学质量如何评价，才能满足社会对不同人才的需求，是摆在教育工作者面前的问题。

一、应用型本科院校存在的问题

（1）应用型人才培养的观念有待提升，相关的投入及运行机制还不能满足要求。如对应用型工程人才培养的认识还较为肤浅，缺乏深层次的认识和思考，即使在观念上已有所认识，但由于办学条件、社会环境、办学基础等因素的限制，对适应工程人才培养办学模式的研究、探讨还有待深化。

（2）教学手段、培养方案等，还不能适应应用型人才的培养。当前不少学校的培养方案中，尽管面向应用能力培养的教学环节在整个教学体系中所占比例已有所提高，但学生的课内实践和课外实践环节仍显不足。公共课、理论课所占学时比重过大。

（3）校外实习基地建设普遍流于形式。多数校外实习基地建设只停留在应付验收、检查或评比合作协议等阶段，只有少数校外实习基地发挥了实效。

（4）实践、实训教学师资力量不足。由于我国高校评价的导向，教师大多数都热衷于理论教学和科学研究，不愿意承担实践教学环节的工作任务。大量年轻教师从研究型大学毕业后进入高校从事教学工作，其本身就缺乏工程实践方面的训练，也难以胜任相关的实践指导工作。

（5）教学评价机制不适应应用型人才培养的要求。现行的教学评价机制还普遍存在重理论、轻应用、轻实训的现象,不能满足应用型本科人才培养的需要,甚至存在着制约倾向。实践应用能力培养环节偏少、评价机制不健全,对学生实践课程成绩的评判、教师实践教学工作量的折算等方面的具体做法还有待深入探索。

二、应用型本科院校评价指导思想、运行机制

研究型本科院校和应用型本科院校在办学的指导思想和管理运行机制上,都有一定的共性。对应用型本科院校的办学指导思想和运行机制而言,除了可借鉴研究型本科院校共通部分,还要突出以下几个方面。

1. 面向市场,以就业为导向

应用型本科院校的办学目标应是培养学生的应用能力,面向行业需求实现由学生向应用型技术人才的顺利转变。应用型本科院校在向社会不断输送各类应用型人才的过程中,不仅应不断提升自身的社会适应性,而且应不断提升其引领市场和行业的能力。

2. 技能培养和人文素质提升并重

应用型人才的培养必须以技能培养与人文素质提升并重,要在适应各行业发展需要的同时,充分考虑到学生的个性发展。从事应用型人才培养,应在市场经济中通过自身各方面水平和能力的提高,与行业内企业进行深度的交流和合作,找到自身应有的位置并发现行业发展的前景,以其培养的人才去引导和适应市场经济与社会发展。应用型人才的培养要立足现实,面向未来。

3. 立足学校教育,充分调动和利用社会资源

应用型人才培养过程中,学校应该与行业企业一起构建应用型人才培养体系,学校负责专业基础性的能力和素质培养,而应用型技能应在用人单位的参与下实施培训。校企深度合作的应用型人才培养在一些西方发达国家的社会环境下已得到较好的实施,其具体做法是:学生在学校内完成专业基础性能力的培养,毕业后由企业对其进行针对企业特定需求的培训。

三、应用型本科税收专业评价体系架构

税收专业评价指标体系不是孤立的,应遵循三个基本评价指标体系:高校基本评价指标、应用型本科评价指标和税收专业评价指标体系。

税收学应用型本科专业建设的理论与实践探索

1. 高等教育本科基本评价体系

（1）教师整体的素质。这是所有标准中最重要的方面，因为出色的教师才能吸引出色的学生和大量的资源。"教师整体"是指在一所大学里所有正式任教的全职教师。

教师整体的素质由一些技术性的和一些比较抽象的，但仍然是可以把握的指标来组成。硬的技术性指标，主要是指一所大学里所有的教员中博士学历的人数比例，比例越高越好，这是最基本的技术性指标。

一个大学最不能失去的是一流的教师，因为教师是大学的灵魂。国外比较好的大学的正式推介资料里，如校史、手册、招生材料、网站等，最显要的位置，是给予该大学现在和历史上有名望的教授的。而笔者在国内的一些大学的同类资料里，满眼看到的是"各级领导的活动和指示"。这里的区别，反映的是大学理念上的根本不同。

（2）学生的素质。学生的素质，也就是生源的优劣，这对大学来说当然是非常重要的。学校不单看重考试成绩，更特别看重潜在的能力素质，就是说不光看学生现在已经掌握了多少知识，还很看重学生将来能否成为知识的创新者，同时还看重学生有没有多方面的才艺。除了以上几点，还有两项因素变得越来越重要：一是有没有社会服务的经历，比如说帮助穷人、帮助老人、环保活动等，因为这表明了年轻人对社会的一种承诺。二是有没有领导和组织能力，这与学生以后在社会上的成功关系很大。

（3）常规课程的丰富程度。常规科目的丰富多彩，给教员的研究和学生（包括本科生和研究生）的培养创造了广阔的知识架构，同时也给知识创新提供了开放的可能性。一个大学能不能提供丰富多彩的课目，除了取决于教员的数量以外，还要看教员有没有做开放性的研究工作。

有些课目可能是重复性的，甚至是已经被淘汰了的。这种教学，应该被称为"负教学"，因为它浪费了老师，也浪费了学生的生命资源。

（4）通过公开竞争获得的研究基金是一所大学中的教师是否站在学科发展最前沿的主要标志之一。研究基金的多少牵扯到金钱，但它不是一般的钱的问题，它讲的是"研究基金"。换句话说，在知识创新的大环境里，面向大学的研究基金不是固定提供给谁的，而是必须通过公开的竞争才能得到的。如果这个竞争是在一个地区范围内进行的，那么大地区的竞争要比小地区的竞争有意义；如果是通过全国范围内竞争的，那又比大地区的竞争有意义；如果是通过国际范围公开竞争的，那么又要比全国的竞争更有意义。

（5）师生比例。师生比例必须有限度，它是衡量大学素质的重要指标之一。

这就像一个国家,它的国民生产总值很重要,但更重要的是人均国民生产总值。任何一所好的大学,在配额师生比例的时候,都得在教育素质和教育成本之间寻求平衡。

师生比例有时还可以用另一种标准来衡量,就是一所大学里面班级的大小。在西方,班级是不固定的。比如,"数量经济学"可能是 15 个人一个班,而"微观经济学"是 25 个人一个班,"国际金融投资"可能是 50 个人一个班。以历年每个班平均注册的学生作为标准,衡量学生能否得到教师的充分关注和指导。越是好的大学,学生得到的指导应该越多和越全面。

(6) 大学各项硬件设备的量和质,如图书馆、实验室、电脑系统,以及学生宿舍、医疗室、饭厅、体育场地等的建筑面积。不过有一点需要特别指出的是,国际上衡量大学的硬件设备的时候,会进行两项严格的区分:把花在学习和研究设备上的钱,与花在生活设施上的钱分开;把花在图书馆、实验室、电脑系统"里面"的钱(也就是买书、买设备),与花在它们"外面"的钱(也就是楼房建筑)分开。

(7) 大学的经费来源。在美国,公立的研究型大学的资金来源除了政府拨款之外,民间和校友的捐款还占了相当大的比例。换句话说,对于著名学校,常常是有形资产和无形资产(比如说声誉)之间会发生严重的冲突。

大学不应接受影响到学术独立、大学声望和师生安全的捐助。

大学在同意接受捐款之前,必须向校方最高层报告,以便作通盘的考虑和权衡。

(8) 历届毕业生的成就和声誉。大学既然是知识创新、知识传播的机构,那么,即使有再好的教授、再多的钱,最后也要看它们的"产品",就是毕业生在社会上的成就。衡量历届毕业生的成就,并不仅仅是看多少人从政、经商,更重要的是看多少人在各行各业里处于创新的前沿、领先的位置,当然其中最重要的是那些对人类的观念和知识的创新、对社会的制度创新起到先导作用的毕业生。换句话说,一所大学培养出来的人,如果在各行各业都有出色的代表,那就说明这所大学培养的学生是这所大学生命力的最佳表征。而一所大学的历届毕业生会成为学校和社会乃至全球之间联系的动力和网络。

(9) 学校的综合声誉。对于一所研究型大学来讲,学校的综合声誉至少包括两种衡量指标。一是让其他研究型大学的校长、院长、系主任、资深教授在匿名的情况下,对它的对口系科、学院、学校整体进行评价,观测在本专业同行们的心目中,这所大学的哪些专业办得好,好到什么程度,这是"内行看门道"的评价。二是用人单位的评价。把教育界的同行和用人单位的评价结合起来衡量一所大学,这比盲目调查要合理得多。

学校的综合声誉非常重要,在标准中占有很大的分量。

2. 应用型本科院校评价标准体系框架设计

应用型本科院校应借鉴研究型本科院校各个方面具体评价标准的框架设计,同时要增加以下四个部分。

(1)人文素质。人文素质的内容非常广泛,学生教学质量评价可体现在以下几个方面:如何认识和对待他人;如何正确认识和对待集体、社会;是否能形成适当尊重别人的习惯、思想、价值观。人文素质是在家长、学校、同学、社会环境的培养和熏陶下形成的。现在的在校大学生多数都是独生子女,部分学生存在自我认识及对社会认识方面的问题,需要学校以其与时俱进的管理体系、全方位的服务、完善的教育教学体系来对这些学生进行培养和锤炼,使其成长。学生的人文素质是学生质量评价体系中必须具备的内容。

(2)职业技能、职业素养。应用型本科院校对学生的培养应面向就业、面向应用,学校的课程体系、管理运行机制等应对学生职业素养的形成进行有效引导,使对学生的计算机应用能力、外语应用水平、专业基础知识等基础性的训练得以实施。

职业素养是指从业者以生理和心理条件作为基础,通过教育培养、职业实践和自身努力等渠道所形成和发展起来的,在工程实践中能发挥作用的一种基本品质。因此,应用型本科院校大学生的职业素养包括:政治素质、法制及诚信意识、团队协作精神等思想道德素质修养;文化艺术修养、人际交往意识等文化素质;科技能力素质、工程素质等专业素质;正确认识自我、健全的人格、良好的人际关系、良好的环境适应能力、优良的品质与性格、坚强的意志与坚忍不拔的毅力等身心素质。

(3)社会适应性。应用型本科院校学生质量评价体系不仅要适应社会需要,也要尊重学生个性化发展的需要。例如,有的学生选择继续深造或不想在本行业就业,则应区别对待。要给学生充分的发展自由,并面向各发展目标对其学习、生活等方面给予足够的关注和帮助。应用型本科院校学生质量评价体系中的评价指标包括学生的就业率、创业率、用人单位的满意率等,学生考研录取情况也应成为学生质量评价体系的组成部分。

(4)社会认可度。应用型人才应着重培养和提高其在工程实践中发现问题、提出问题、解决问题的能力,应用型人才质量评价不能全部依据校内所给出的等级、分数,其质量的高低还应在学校内给出的等级、分数的基础上,注重引入社会和用人单位评价,并注意跟踪学生的就业去向和个人发展情况。应用型本科人才培养的教育质量水平实际上最终表现为社会对学校的认同程度。具体体现在毕业生就业率、创业率、用人单位的满意度等。对教学质量的评价模式应由过去精英教育式的学校内部考核为主的教学质量评价,转变为现在的大众教育式的校内评价和社会评价高度结合的评价。

3. 税收专业评价指标体系

目前,全国税收专业不足百个,各个学校专业各有特色,为了办好税收专业,应发挥税收专业所在学校的特色和优势,以更好地满足社会对税务人才的需求,税收专业基本评价指标体系构建如表1所示。

表1 税收专业评价指标体系

一级指标	二级指标	三级指标
办学指导思想和人才培养思路	专业指导思想、培养目标定位及发展规划 本专业人才培养的创新和特色 培养方案的规范性、合理性 培养方案的执行情况	制定过程:税务专业教学指导委员会、国内外高校特色、实践部门特色
师资队伍	数量与结构 教学科研水平 教师培养培训	生师比、应用型课题、决策咨询课题、教师双师型比重
教学资源与利用	实验室建设及使用情况 实习基地建设 网络教学综合教学经费 图书资料	案例教学、实验教学比重
专业(院系)教学质量管理	规章制度 质量控制	教学团队组建规程、运行、效果教学督导及教学研讨活动的有效性
教学建设与改革成果	教师参与教学研究项目、发表教学研究论文情况 教材编写与使用情况 获得市级以上教学成果奖(含教材)情况 教师教学法研究、改进教学方法与手段	特色教材编写和使用 人均教学成果奖 人均教学研究率
人才培养效果	英语水平 毕业论文情况 学生取得学位情况、考研、就业情况 学生参与各类竞赛、科研情况	学生四六级通过率、毕业论文应用型选题数量和质量、参与竞赛的数量、参与社团活动的比重
专业特色	辅修专业情况 国际化情况 是否有实验班	学生出国交流情况、外教和实践教师上课情况

税收应用型人才培养中的教学管理改革探索

彭锻炼

内容提要： 随着上海市"四个中心"建设的推进,对税收应用型人才的需求越来越旺盛,为了适应这种社会需求,高校应开展税收应用型人才培养的教学管理改革。近年来,通过在税收学专业人才培养方案中突出应用型人才培养特色、构建突出实践应用能力的课程体系、形成多层次产学研合作的实践教学体系、加强对税收应用型人才培养的质量监控等教学管理改革举措,税收应用型人才培养取得了一定的成效,社会反响较好。同时,税收应用型人才培养教学管理中还存在着实践教学环节教学管理制度欠缺、教学档案资料管理不完善、专业教师指导学生人数过多等问题。因此,通过加强相关教学管理制度建设、加强教学管理档案资料规范管理以及采取多种措施增加学生指导教师等措施改进教学管理中的不足。

关键词： 税收学专业　应用型人才　教学管理　改革措施

伴随我国高等教育考试招生制度的改革,强化现代职业教育体系建设,高校面临转型发展的新趋势。上海市作为国家教育改革的综合试验区,在大力推进"四个中心"、自由贸易试验区建设,促进服务经济发展的大背景下,对多层次应用型人才培养提出了更高要求。建设一流的国际化大都市,必然需要一流的高等教育与其匹配。从上海市经济社会发展对人才的需求来看,应用型税收人才需要以本科人才培养为重点,积极开展专业硕士教育,深化"学历教育＋职业证书教育"相结合的人才培养模式,突出人才培养与行业需求、职业标准、实践过程相对接,实现多层次应用型人才的贯通培养,满足社会对多层次应用型税收人才的需求。

一、教学管理在税收应用型人才培养中的重要性

税收学专业在进行应用型本科试点专业建设、培养应用型人才的建设中,教学管理发挥着重要的作用。加强税收应用型人才培养的教学管理改革,是税收学专业应用型本科试点专业建设成功的基础和保障。

首先,加强税收应用型人才培养的教学管理,可以明确税收学专业应用型人才培养定位和培养目标。制定人才培养方案是教学管理重要的内容,人才培养方案中明确人才培养目标的培养定位。通过组织税收学专业校内外专家进行税收学应用型人才培养目标和定位的探讨,准确把握税收学专业应用型人才培养的目标和定位。

其次,加强税收应用型人才培养的教学管理,可以明确税收学应用型人才培养的具体内容、方式和途径。在税收学应用型人才培养的培养方案中,要明确课程模块、课程名称和学分,通过征求教学部门和实务工作者对税收应用型人才培养能力和素质要求的意见,设置相应的课程模块、课程内容和学分,可以真正实现税收学应用型人才的培养。同时,在人才培养方案中要对理论教学和实践能力方面的具体内容、方式和途径进行合理设置,突出应用型人才培养的特色。

最后,加强税收应用型人才培养的教学管理,可以实现对教学效果的管理、监督和反馈,实现税收应用型人才培养的闭环管理。教学管理包括对教学各环节的管理、监督、质量保障以及反馈与改进。通过对税收应用型人才培养教学、实践、毕业论文等各环节的科学管理,了解税收应用型人才培养方案的执行情况,并获得税收应用型人才培养的教学效果和培养质量,加强税收应用型人才培养的质量监控,为后续的税收应用型人才培养提供经验和指导。

二、X校税收应用型人才培养教学管理现状

X校税收学专业在进行税收应用型人才培养过程中,加强对税收学专业的教学管理,发挥教学管理对税收应用型人才培养的指导、计划、管理和监督作用。

1. 税收学人才培养方案体现应用型人才培养特色

在制定税收学专业人才培养方案时,通过征求校内外专家和实务部门工作者的意见,如邀请注册税务师协会的专家共同探讨税收学专业应用型人才培养方案的制定。经广泛讨论,最终确定税收学专业本科人才培养目标为"培养适应国家及上海市经济建设和社会发展需要,具备诚信品质和国际视野,具备较强实践能力和创新精神,系统掌握税收学基本理论、基本技能和基本方法,通晓税收筹划、纳税审查等基础知识,具有涉税业务税务处理和涉税会计核算能力,能够胜任在各企事业单位、政府财税部门、专业服务机构等从事税收实务与管理实际工作的税务人才"。应用型人才培养定位为"突出'诚信教育、学验并重'的办学特色,把握专业发展方向,适应社会需求,强调系统理论学习与逻辑思维训练,注重实践能力培养,面向企事业单位、政府财税部门、专业服务机构对新型税务管

理人才的需要,重在具有国际视野、具备税务与会计复合能力的高素质应用型税务人才培养"。从培养目标和培养定位来看,都体现了应用型人才培养的要求,突出应用型特色。

2. 构建税收应用型人才培养突出实践能力的课程体系

根据税收学专业的定位和人才培养目标,税收学专业的课程体系经过不断完善,吸收和借鉴同类专业的课程设置,初步构建实务型课程体系,开设系列税收实务课程。形成以经济学为专业基础,以财务会计、法律为专业支撑,以税收实务为专业特色的课程体系。增加了"会计""税法"的课时量,"纳税审查""涉税服务实务""税收筹划""税收综合案例分析""税法与会计准则差异分析"等实务课程,与国内同类院校比较,X校财税学院税收学专业依托、中国注册税务师协会、上海注册税务师协会,开设的税收课程凸显出较强的实务性。

3. 形成多层次产学研合作的实践教学体系

税收学专业重视推进产学研合作,已取得良好成效。产学研合作已成为培养应用型税务专业人才的重要平台。

(1)校政合作。近年来,X校财税学院与税收科研所、松江税务局、松江财政局等政府部门、研究机构开展多形式合作,并与相关智库开展高层次的产学研合作。目前X校建设具有固定合作关系的校外实习实践基地共30个,在应用型人才培养中发挥了很好作用。

(2)校协合作。X校财税学院与中国注册税务师协会及上海市注册税务师协会等行业协会合作,大力强化与行业协会的联系。在合作的基础上,X校财税学院已开设税务师方向班。

(3)校企合作。X校财税学院先后与尤尼泰(上海)税务师事务所、上海立信税务师事务所等事务所签订实习基地协议,这些基地不仅满足了学生实习的需要,还成为教师培养、产学研合作的平台。自2006年开始,X校财税学院与上海注册税务师协会联合举办的"税协校园行"活动,已连续举办12届,影响力越来越大,校协成功合作的品牌效应愈发彰显。2017年第十二届"税协校园行"吸引了全市20多家税务师事务所与会,通过开展产学研合作研讨会和校园招聘会等活动,搭建了X校财税学院与税协合作交流的良好的平台,被认为是产学研合作和创新人才培养的一个很好模式。

4. 加强对税收应用型人才培养的质量监控

教学质量监控对教学目标的实现和提高教学质量起着重要的保障作用,历经多年的建设,本专业构建了由日常教学检查制度、学生评教制度、教师听课制度、教学质量标准制度等项目构成的教学质量监控体系。

(1) 学校层面的教学质量控制。①学校建立统一规范的学生评教系统,由教务处发放问卷给学生,对每学期教师的上课情况进行打分评价,并将评价成绩反馈给各位老师。②学校建立有校级教学督导体系,督导组成员每学期都会定期或不定期进入授课教师课堂听课,并随机抽取本课堂学生进行教师授课情况调查,听取学生对授课教师的意见与建议,督导组成员定期将该意见与建议反馈到学院,学院结合学生和督导组成员的反馈信息进行相应的整改。

税收学应用型本科专业建设的理论与实践探索

(2) 学院层面的教学质量控制。①教学质量控制的常规措施。X校财税学院日常教学检查由每学期的期初教学准备工作检查、期中教学检查、期末考试检查、日常教学纪律检查等组成。通过日常教学检查制度,对教学工作中的日常问题及时发现和通报,严肃教学纪律,规范日常教学行为。②建立二级教学督导体系。在学院教学督导委员会的基础上,X校财税学院进一步细化和明确了教学监督体系,充分发挥党组织、教授和群众的监督作用。为此,X校财税学院专门聘请了校外三位教授成立了学院教学督导组。③进行学生问卷调查。X校财税学院不定期开展课程教学情况问卷调查,召开学生座谈会,收集教学反馈信息,学生主要从课程性质、教学环节、教学能力、教学质量、教学态度五个方面对授课教师的教学进行评估。教学管理人员在全面汇总调查表的基础上,对调查结果进行分析并及时报告学院分管领导,同时反馈给教师所属教研室,并向教师本人转达评估情况。④建立考试成绩分析制度。为了加强学风建设,全面掌握学生考试情况,保证本科生教学质量,X校财税学院制定了考试成绩分析制度。考试成绩分析工作以班级为单位开展,一般分析在上学期考试成绩公布后一个月内进行。考试成绩分析报告内容包括成绩分布图、成绩分析、班级改进意见、班主任意见等,最后再撰写考试成绩分析报告。

(3) 系部层面的教学质量控制系部层面在教学质量控制方面,着重构建了以下几项制度:①集体备课制度。X校财税学院设立有税务教研室,教研室定期组织同一课程的任课教师共同备课,研讨教学内容和教学形式,交流教学经验与心得。②同行听课制度。这一制度是为了了解和掌握教师课堂教学工作的实际情况,及时发现和解决教学和教学管理工作中存在的问题和疏漏,推动课堂教学改革的深化,保证教学质量的稳步提高。每学期教师同行听课不少于两次。通过教师听课制度,促进了教师之间教学经验的交流,发现了课堂教学环节上所存在的问题,对促进教学质量的提高起到了很大的作用。③辅导答疑制度。除课堂教学外,专业教师均承担固定时间和固定地点的答疑和晚自习辅导制度,张榜公布,使学生清楚了解所学课程的答疑时间和地点。另外,教师通过互联网、电子邮件、微信、电话和直接面谈讨论等形式为学生开展多种形式的辅导答疑活动。④期末试卷系主任审核制度。本专业要求所有授课教师在完成期末考试命题之后发给系主任审核,该课程期末考试命题的题型、题量以及分值分布由系主任严格把关,并提出相应的修改意见与建议,在授课教师修改定稿后,再交到学院统一送印。

3. 执行情况

教学质量管理控制的主要措施,学院及系部的各项制度规定,无论在系部层面还是在教研室层面、教师层面,均能够认真、严格地执行。

X校财税学院建立了相互独立又共同支撑的两个独立的教学质量监督执行体系,由院长和教学副院长负责教学质量管理控制的各种任务与措施的执行与实施,并由系党总支书记和教授等专家组成学院督导组监督检查实施情况。

三、税收应用型人才培养取得的成效

通过加强税收应用型人才培养的教学管理,提升了税收应用型人才培养的质量。近年来,税收学专业建设与发展从毕业就业和社会评价方面都取得了较好的成效。

1. 毕业生就业情况良好

立足"应用型复合型税收专业人才"的培养目标,通过本科阶段税收学专业课程的专业理论的系统学习和实践操作能力的培养,该专业毕业生具有很强的就业竞争力,社会认同度也较高。从各方调查情况看,该专业毕业生普遍受到用人单位的好评。调查显示,毕业生专业基础比较扎实,适应工作快,具有良好的学习能力。近3年毕业生就业情况均排在X校各专业的前三名。

2. 社会评价良好

2012年麦可思(MyCOS)提供的学校社会需求与培养质量年度报告显示:学院毕业生就业竞争力在全校排名第一。

武汉大学中国科学评价研究中心是我国高等院校中第一个综合性的科学评价研究中心,自2004年起,武汉大学中国科学评价研究中心开始按年度连续发布《中国大学及学科专业评价报告》。全国总共有50余所本科院校开设税收学专业,在2014—2015年和2015—2016年的中国本科教育税收学专业大学竞争力排行榜中,X校财税学院税收学专业都名列全国第8位。由此可见,社会各界对 X 校财税学院税收学专业应用型人才培养还是非常认可的。

四、税收应用型人才培养教学管理中存在的不足之处

1. 税收应用型人才培养实践教学环节的教学管理文件较欠缺

在税收应用型人才培养的过程中,我们加强了教学管理,出台了很多规范教学管理的文件,包括教学规范、教学管理岗位职责、实验室管理等,共有 10 多项。但是,这些教学管理文件中缺乏如何加强实践教学、推动实践教学发展的规范文件。由于没有实践教学管理的规范文件,实践教学的形式、内容、过程就得不到有效保证,因此,迫切需要建设税收应用型人才培养实践教学环节的教学管理规范文件。

2. 税收应用型人才培养教学管理中的档案管理还不够规范

目前,税收应用型人才培养的教学管理中还存在着教学档案管理不够规范、部分教师教学档案归档不及时、归档材料不齐全甚至材料中存在各种错误的现象。尤其在税收专业教师人数增加、学生人数也相应增加后,加上其他专业教师、学生人数相应地增加,X 校财税学院师生规模大幅扩张。教学管理工作量大增,教学管理的难度大幅增加,而教学管理方面的人员却迟迟难以到位,这给教学管理带来了极大的困难。

3. 税收学专业生师比高,导致专业教师指导学生人数超标

学生、老师人数大幅增长,加上 X 校财税学院税收学专业为满足市场需求扩张生源,而专业教师并没有增加,导致现在税收学专业生师比过高。由于每名专业教师指导学生人数过多,指导次数减少、指导质量下降,导师也无法满足学生实习实践方面信息和指导的需求。

五、加强税收应用型人才培养教学管理的改进措施

针对目前税收应用型人才培养教学管理中存在的不足,笔者建议从以下方面采取有效措施改进税收应用型人才培养的教学管理。

1. 加强税收应用型人才培养实践教学环节教学管理文件建设

针对目前 X 校财税学院税收应用型人才培养实践教学环节教学管理规范文

税收学应用型本科专业建设的理论与实践探索

件比较欠缺的现状,专门制定了"实务专家进课堂教学管理暂行办法",修订了"财税模拟实验室管理办法""校外实习基地建设管理办法""毕业生实习工作管理办法"等教学管理规范文件,明确了税收应用型人才培养实践教学环节所涉及的实务专家进课堂、实验室及实习基地的规范管理,为推动税收应用型人才培养实践教学发展提供了制度保障。

2. 多措施加强教学管理文件的归档管理

首先,加强教务办公室建设。根据 X 校规定,专门成立学院的教务办公室,通过加强教务管理办公室的建设来促进和加强教学管理的各项工作,把教学档案及时归档落到实处。其次,X 校专门制定了"学院教学档案资料管理办法",为教学管理档案资料及时归档提供制度依据。最后,加强教学管理档案资料的检查验收、交接签收制度,要求教务办公室对专业教师提交的各种教学档案资料进行检查验收,验收达标后再交接签收,确保档案资料管理的规范。

3. 采取多种措施增加税收学专业本科论文指导教师人数

一方面,从校内相近专业以及本市同类高校相同专业引进兼职的论文指导教师。另一方面,从有固定合作关系的校外产学研基地引进具有一定理论水平和丰富实践经验的税务专家参与学生指导工作,包括实践实习、毕业论文指导等,以缓解目前税收学专业教师指导学生人数过多的困局,逐步提高指导学生的质量。

参 考 文 献

[1] 林颖.基于应用型人才培养的税收专业实践教学改革探索[J].湖北经济学院学报:人文社会科学版,2017(9):139-141.

[2] 李永刚.应用型税务人才培养课程体系优化策略——以上海立信会计金融学院税收学专业为例[J].连云港师范高等专科学校学报,2017(4):74-77.

[3] 王旸.税收学应用型本科人才培养方案制定的几点思考——以上海政法学院为例[J].课程教育研究,2017(51):236-237.

[4] 王建聪.应用技术类高校基于会计平台的税收人才培养模式与实践——以辽东学院税收学专业为例[J].2017(20):242.

[5] 魏弘.基于应用型人才培养的税收学专业实践教学体系研究——以大连财经学院为例[J].经贸实践,2016(14):209.

应用型高校财经类本科毕业论文质量控制研究

罗小兰

内容提要：毕业论文是应用型高校财经类专业培养学生应用能力的关键环节。然而，近年来，随着外部环境和就业形势等因素的变化，毕业论文质量出现下滑趋势。对此，本文以应用型高校财经类专业为对象，从学校、学院及学生三个层面分析本科毕业论文存在的质量问题及其原因所在，进而提出相应的解决措施。

关键词：应用型高校　财经类　本科毕业论文

税收学应用型本科专业建设的理论与实践探索

本科毕业论文在培养大学生探求真理、强化社会意识、进行科学研究基本训练、提高综合实践能力与素质等方面，具有不可替代的作用，对于应用型高校而言尤其如此。它既是实现培养目标的重要教学环节，也是培养大学生的创新能力、实践能力和创业精神的重要实践环节，同时也是衡量高校教学水平的重要指标，确保高校毕业论文质量，是当前教学工作中的重要环节。

一、应用型高校财经类专业毕业论文存在的质量问题分析

应用型高校是以培养应用型人才为核心任务的教育机构，学生理论联系实际的应用能力是应用型高校毕业生求职、就业和职业成长的重要条件。因此，应用型高校，尤其是财经专业作为一般应用型高校着力打造的应用型专业，更要牢牢把握好毕业论文这一应用能力培养的关键环节。然而，随着近年来社会环境和就业形势的迅速变化，财经类本科毕业论文的总体质量也出现了一定程度的下滑，如选题不当、内容不深入、评价机制不严谨等。显然，这些现象都会降低毕业论文写作对学生总体素质应有的效果，影响应用型财经类专业人才的培养质量。

首先，部分毕业论文选题不当。选题是论文写作的起点，财经类专业毕业论文选题应符合专业培养目标的要求，还要符合学术性、应用性和可行性等基本原则。然而，当前一些论文在选题方面仍有待改进。例如，有些选题过大，超出了

本科生论文研究的范围，不具备可行性；有些选题又过窄，致使相关方面的数据、资料难以收集，无法开展具体研究，不具备可行性；此外，有些选题陈旧，缺乏创新，人云亦云等。

其次，论文写作能力有待提升。这主要表现为五个方面：一是一些论文内容空洞，论证乏力，表现为行政式的命令和号召较多，通篇呈现为领导式讲话。一些论文则从内容到形式都是定义、特点、作用及操作原理等类似教科书章节的翻版。虽然会联系实际做一些例证，但都是说明已定型的知识。此外，有些论文则是报告一连串的既成事实，将与题目相关的、已被广泛报道的事件又大量地报告，所用语言是当初事件发生时新闻报道的语言。二是论文缺乏逻辑性，表现为一些论文采用案例分析方法，但是其中大部分论文的案例分析过程与理论论述部分没有必然的联系，得出的研究结果也不是基于对既有数据和资料的分析、比较和讨论。三是论文写作功底薄弱。一些论文在论述的过程中语句之间和段落之间缺乏必要的递进和衔接。滥用各种连词和副词，且缺乏应搭配使用的关联词语。四是研究方法主要集中在规范研究。随着高校对论文研究方法的重视，当前，实证分析方法的运用日益增加。但比较而言，规范研究仍然是当前主要的研究方法。此外，就实证研究方法而言，大部分学生是通过案例、图表等进行数据分析，而对于通过计量方法进行数据分析的则非常有限，反映了学生对于这一知识点的缺乏及不重视。五是许多毕业论文在结构方面体例一般化。虽然大部分论文结构合理，没有明显框架缺项。然而，尽管在结构完整性方面问题较少，但大部分的论文结构都较雷同，除去前言及总结外，许多论文的主体部分都是现状、问题、对策三个方面，缺乏创新，显然，这种论文结构体例一般化的问题需要引起重视。

再次，学生搜集、整理资料能力有待加强。论文的撰写应对收集到的资料进行阅读、归类、分析研究和整理。然而，虽然当前大部分论文的参考文献时间为近5年，基本符合时效要求，但一些学生搜集、分析、整理资料能力较差，参考文献未得到足够重视。第一，部分学生搜集资料能力不足，对专业论文数据库知之甚少，引用的参考文献中不是以学术性期刊为主体，而是主要来自网络。第二，一些学生对论文内容并不理解，引用文献与论文相关性较差，以至于出现东补西凑的现象。第三，一些学生虽然搜集了相关文献，但不知如何进行分析、整理。结果是将自己搜集到的资料进行简单的堆砌，结果导致论文逻辑性较差，论据无法佐证论点，甚至出现前后自相矛盾的情况。

最后，论文评价制度存在一定的瑕疵。本科生的毕业论文成绩一般由三方面构成，即指导教师评定成绩、评阅教师评定成绩、答辩成绩。毕业论文成绩由三方面构成有利于客观、公正、恰当地评价一篇毕业论文的质量，但是在实际操作中，评阅教师评定成绩往往在指导教师评定成绩之后，评定的成绩往往与指导教师给出的成绩高度一致，评阅教师对论文质量的再一次把关变成了走过场。因此，毕业论文成绩由三方评定变成了实际上的主要由指导教师决定，三个成绩中的评阅教师评定成绩失去了原有的意义。

二、应用型高校财经类专业本科毕业论文存在质量问题的原因分析

就造成当前应用型高校财经类专业本科毕业论文产生上述各种质量问题的原因而言，应该是既有内部原因，也有外部原因。一方面，从外部大环境来看，当前财经专业的大学生就业形势欠佳，再加上许多用人单位对学生毕业论文的质量高低也不关心，显然，这对于毕业论文质量的提高有着非常不利的影响。另一方面，从内部因素来看，学校、学院管理欠佳，学生自身又不够重视，这些无疑更起着至关重要的作用。

第一，从学校层面来看，毕业论文定位不科学。毕业生写出合格的毕业论文所必备的基本技能，是要经过全方位与长期地学习、培养和训练，不可能在几个月时间内完成，也不可能是只由一位指导教师来传授完成的。然而，现行财经类专业本科培养计划中，没有对学年论文、课程论文的长期的、系统的安排，学生缺乏撰写毕业论文的相关知识，这使得学生缺乏写作方面的锻炼和相应技能，导致了学生的写作能力相当薄弱。与课堂教学中的学生评教、同行评价、院系领导评价、督导委员评价等多主体检查评价相比，学校对于毕业论文从论文选题、资料收集、撰写论文、定稿到论文成绩评定，都没有明确的标准与合理的成绩评定办法，更多的是停留在论文的格式、字数、参考文献数目等客观因素上，在过程管理和监控等方面缺乏有效的约束。

第二，从学院层面看，选题不严谨，激励机制欠缺。实际上，大部分学生在选题时，不了解毕业论文设计内容又不明白自己的能力，仅凭兴趣进行选题，导致选题带有较大的盲目性和随意性；而且很多学生只求毕业论文顺利通过，因此选题避难就易，缺乏创新和应用价值。同时，从激励机制来看，现有的分配制度也不能充分调动教师的积极性，指导教师的工作量只与其指导的学生人数有关，与论文质量无关，结果导致有的指导教师责任心不强，工作精力投入不够，对学生实习过程监控、检查不够，这是制约毕业实习、论文质量提高的又一因素。

第三，从学生自身的层面来看，许多部分学生对毕业论文写作不重视、态度不端正。一些学生主要以"如何能顺利通过"为目标，而不考虑通过论文写作能够获得哪些知识与技能。当毕业论文的写作与就业、实习、考研等工作产生冲突

税收学应用型本科专业建设的理论与实践探索

时,他们往往将论文放在最后来完成。不仅如此,部分学生甚至认为本科毕业论文只是一种形式,随便找点材料整理成符合要求的论文就会通过的,没必要花费太多的时间。事实上,从学生对毕业论文的认知状况来看,大部分学生认为毕业论文的作用一般或基本没有作用。

三、提高应用型高校财经类专业本科毕业论文质量的措施分析

为了提高应用型高校财经类专业本科毕业论文质量,根据上述原因分析,可以考虑从以下方面采取措施:

第一,学校应强化监督,加强对毕业论文的管理。一是对毕业论文重新定位,使学生认识到毕业论文是对本科教育质量全面的、综合性的检测。因此,作为一门实践课程,毕业论文的培训不能仅仅局限于写作论文期间,而是将培养学生实践应用能力和综合素质的任务贯穿于教育的全过程。可以考虑即将论文教学纳入教学计划,循序渐进地开设一些课程论文教学。具体来说,一是在大学一、二年级开设经济应用文写作基础课,教授学生如何选题、拟定提纲、查询资料和构思写作,为将来毕业论文的选题、文献检索等提供基本技能准备。二是在大学二、三年级通过布置专业课程论文,要求学生掌握论文的写法、学术规范、论文的格式,训练学生独立完成写作任务,同时引导学生明确学习和研究的方向,鼓励学生积极参加学术活动和专业讨论,为毕业论文的写作积累素材。三是在大学二、三年级的寒暑假要求学生根据所学的专业知识开展社会实践活动,训练学生进行社会调查的方法,在问卷设计、访谈提纲与数据处理方面加以培养,为毕业论文的调查研究做好准备。四是在大学四年级举办毕业论文的专题讲座,并有意识地使学生了解本专业国内外发展动态,着重提高学生的科研能力和创新精神。在学生搜集资料、撰写毕业论文期间,学校应组织校内有关领导和专家进行定期和不定期的论文指导检查工作,指出存在的问题,指明努力的方向。

第二,学院应严格执行相关规章制度,同时建立激励与竞争机制。为了真正提高毕业论文质量,学院要优化毕业论文选题,可以考虑进行选题方法的创新,充分发挥教师和学生的积极性。具体操作时,可以因才选题。学生学习方面的某些特长,如数学能力、设计能力、调查能力可以成为发挥其专长的选题范围。因趣选题,如果学生对某一学习领域或某一实践应用领域,或参与科技创新活动及教师科研课题有兴趣的话,教师可以帮助其从中选择恰当的论文题目。因需选题,一些学生较早地联系到工作,确定了工作领域,或者有的学生考上了研究生,大致能够确定未来的研究方向。这时,指导教师可以选择能够有效调动这类

学生研究积极性的选题。此外,也可以因事选题。有些学生比较关注经济与社会中的财经焦点或热点问题,积累了较多的相关资料和信息,对问题的理解也较为深刻。此时,可以拟定一个恰如其分的题目,鼓励其展开分析。

当然,为保证选题质量,在初步确定论文选题后,可以由专业教研室进行集中讨论和评定,对选题进行分析。学院在此基础上,根据制定的评价标准进行最后的审定,从而确定最终的毕业论文选题。凡在审查中发现与专业培养目标不相符的选题、缺乏理论和实际应用价值的选题、过大或过小的选题,均应进行调整。

第三,在实施过程中,学院可以提前一学期召开毕业论文设计动员大会,使学生了解毕业论文写作的意义、目的以及各阶段的任务,强调撰写毕业论文是应用型人才培养目标方案中十分重要的环节,是获得学位和继续深造的先决条件。对教师而言,通过定期召开论文指导工作会议,学习相关规章制度。学校强调毕业论文的指导质量是教师评优的重要指标之一,并与教师的津贴补助和评优晋级等相挂钩;学校设立毕业论文指导教师优秀奖,给予相应的物质奖励。

与此同时,调整毕业论文的写作时间,避免毕业论文写作与考证、考研和求职存在时间上冲突的现象。一是选题时间提前。将毕业论文选题时间提前到大三的第六学期,从而使学生有更充裕的时间展开各项前期准备工作。如学生可以在暑假广泛收集、整理相关资料和阅读相关文献,或是根据选题有针对性地进行社会调研或课程实习,基本完成毕业论文写作的基础性工作。二是写作时间提前。将毕业论文写作提前到大四的第七学期。一般来说,这一学期专业课程较少,学生有足够的时间接受导师面对面的指导,完成论文的撰写、修改和答辩,这样就为毕业论文的顺利完成提供了时间上的保证,也为高质量地完成毕业论文奠定了良好的基础。

第四,改革论文评审、成绩评定和答辩管理,建立论文匿名评阅制度,以改变指导教师与评阅教师评价高度趋同的情况。实际上,通过匿名评阅的方式,既可以促使学生、指导教师从思想上更加重视毕业实习及论文工作,并投入更多精力,也可以保证论文评阅过程的公平与公正性,有利于学校客观地评价毕业论文质量,对毕业论文也真正起到了二次把关的作用,加强了学校对毕业论文质量的监控。当然,在实施匿名评阅的过程中,也可能会出现指导教师与评阅教师评定成绩差距较大等问题,因此,学院可以在明确毕业论文成绩评定细则的基础上,建立复核、申诉机制。

当然,为了调动教师的积极性,学院应启动激励与竞争机制。允许个别教师指导学生数量超过学校标准,也允许个别教师落选。对在刊物上公开发表财经类专业相关论文的学生,可认定其已经能用财经类专业所学知识解决现实问题,

税收学应用型本科专业建设的理论与实践探索

具备了财经类专业本科生毕业论文写作的基本水平,允许其免于参加毕业论文写作。

要注意的是,在完成毕业论文的所有相关环节中,学院都应该严格执行相关规章制度,包括严格执行学校"本科毕业论文管理条例";规范夯实论文动员环节;细化学院对论文的中期检查;明确答辩后再修改、定稿、再答辩等环节的管理;细化指导、评阅、答辩意见撰写要求;试行院系两级答辩办法;增加论文撰写与指导过程的记录,在组织实施过程中,学院要进行阶段性的检查,通过学生和导师互相评分,了解学生与导师的见面次数、指导内容、工作态度、学习态度和论文进展,发现问题及时整改等。对学生毕业论文成绩严格把关,对综合评定成绩不及格者按学校的管理规定处理,绝不通融。

第五,创新毕业论文实践新模式,更新学生对毕业论文重要性的认识。针对当前学生普遍不重视毕业论文的现状,结合应用型高校发展的需要,学校及学院可以积极探索构建校企合作毕业论文工作的新模式,即鼓励存在合作关系的企业管理者提供论文选题和指导毕业论文。对于直接就业的学生,鼓励其毕业论文与就业结合起来,使毕业论文撰写紧密结合毕业实践遇到的现实问题,通过以企业遇到的问题为研究对象,撰写的论文既具有较强的实践意义,在加强用人单位与学生之间的沟通、了解,提高学生就业率的同时,也会改变学生对于毕业论文不重要的错误认识。

参 考 文 献

[1] 房红,于嘉,贾欣宇.应用型本科院校经管类专业毕业论文质量评价体系构建研究[J].高等财经教育研究,2014(3).

[2] 谭伊茗.财经类本科毕业论文存在的问题及质量控制措施[J].湖北经济学院学报:人文社会科学版,2014(3).

[3] 祝朝伟,刘智娟.毕业论文多样化改革及对教学的反拨作用[J].重庆理工大学学报:社会科学,2014(9).

[4] 王云芳,宇赟.财经类本科毕业论文质量提升的探讨——以延安大学财经学院为例[J].经济研究导刊,2013(5).

[5] 武云亮,丁宁,袁平红.财经类本科毕业论文形式与选题研究——基于学生能力培养的视角[J].高等财经教育研究,2013(6).

[6] 谢爱娟,童燕琴,唐晨,等.财经类院校本科学生毕业论文调查与分析[J].财会通讯,2013(3).

[7] 马卫红.经济类专业毕业论文教学改革与实践[J].网络财富,2010(9).

基于应用型本科人才培养视角下的教师教学评价体系研究
——以税收学专业为例

林爱琦

内容提要：教师教学评价是高校人才培养、教学管理与质量监控的一项重要内容。对于应用型本科高校来说，教师教学的好坏对人才培养的效果具有更直观的影响。目前，教师教学评价的内容比较单一，并未形成一个完整的评价体系。本文以应用型本科人才培养为视角，探索构建并完善的教师教学评价体系。

关键词：应用型　税收学　教学评价

教师教学评价体系是高校教学质量保障体系的重要组成部分，也是促进教师教学水平稳步提升的一个重要举措。作为应用型本科高校，进一步贯彻落实人才培养与教学中心地位，教师教学水平与质量是一个显著的指标体现，也是人才培养质量的生命线。目前，教师教学评价未形成一个完整的体系，基本以学生评教为主，细化到院系甚至专业层面，符合院系与专业的、科学的教师教学评价更是寥寥无几。因此，从专业发展与专业人才培养出发，亟需构建符合专业实际的教师教学评价体系以保障教学水平和人才培养质量。

一、目前税收学专业教师教学评价现状与存在的问题

1. 对教师教学评价不够重视

作为高校教师，教学与科研是两项最基本也是最重要的工作，同时也是校院对教师个人工作考核的两项内容。就目前而言，因科研成果的考核指标易量化、易评价的特性，加上教师教学水平难以量化、难以评价，尤其在教师职称评定的过程中，科研评价所体现出来的重要性可以说是占压倒性优势的。其中虽对教师教学的课时工作量有所要求，但事实上也仅停留在表面的考核，而教师教学水平如何、质量好坏却并不是关键依据。对教师个人发展而言，科研评价比教学评

价的性价比更高,也更有实际效益。由此导致的普遍现象是教师"重科研、轻教学",对自己的教学任务可能只是完成就好,备课马虎,授课松懈,教学质量自然也就放松了。对培养应用型本科人才的高校来说,教师教书育人的功能反而弱化下降,这对培养应用型人才是非常不利的。

2. 评价指标与体系不够健全

一些学校的教师教学评价最主要的指标就是学生网上评教和校院督导督查。学生评教只要针对教师课堂授课的部分进行评价,而忽视了其他教学过程,如课前组织、课后反思、课后指导等方面的评价。校院两级督导的督查主要包括听评课、试卷与毕业论文抽查。对教师教学评价也只是停留在课堂教学与考核层面,且督查结果对教师并无实质性的约束作用,比较流于形式。实际上,高校教学的过程是一个系统化的过程,各个专业、学科乃至课程自有其独特性,不能一概而论。仅仅针对教师课堂教学的评价无疑是有失偏颇的,也是不够全面和客观的。对税收学专业来说,税收学专业培养应用型的税务、会计相结合的复合型人才,其中的课程体系包含多门税务、会计等实务性的课程。无论是理论课程还是实务课程,以目前仅有的学生评教和校院两级督导督查来评价教师教学,并忽略了教学过程的评价,是不够全面与客观的。

3. 评价结果不够真实客观

教学评价是根据教学目标对教学过程及其结果进行评价和判断,并为教学决策服务的一项活动,其最根本的目的是监控和提高教学质量,最终保障人才培养的质量。通过对教师的教学评价,可以获知教师在教学过程中存在的问题,分析其原因并找到解决的办法,从而保障教学质量并稳步提升教学水平,实现教书育人的最终目标。在教师教学评价过程中,由于评价指标的不健全,也由于教师教学评价的评价者受人为主观因素的影响,无法给予客观真实的评价。同时,在评价结果方面,往往非常看重评价分数的高低,而忽略了规避干扰教学评价中不客观的因素。因此,如何客观、科学地做好教师教学评价,剔除人为主观因素,从而得出公平、合理且具有现实参考意义与价值的评价结果非常重要,也是实施教学评价的真正意义所在,才能真正提高教师教学水平与质量。

二、税收学专业教师教学与教学评价的特点

1. 税收学专业教学特点

应用型税收学专业以培养具备诚信品质和国际视野,具备较强实践能力和

创新精神,系统掌握税收学基本理论、基本技能和基本方法,通晓税收筹划、纳税审查等基础知识,具有涉税业务税务处理和涉税会计核算能力,能够胜任在各类企事业单位、政府财税部门、专业服务机构等从事税收实务与管理实际工作的应用型税务高级人才为目标,确立了"宽口径、厚基础、偏应用、重实践"的教学模式和方法,突出"诚信教育、学验并重"的办学特色,把握专业发展方向,适应社会需求,强调系统理论学习与逻辑思维训练,注重实践能力培养。其课程体系具有"宽经济管理学科领域、厚外语、计算机、会计专业基础、偏重应用专业课程设计、重视校内校外实践教学"的特点,理论与实务相结合,中文教学与英语教学相结合。

2. 应用型税收学专业教学评价的特点

根据应用型税收学专业的人才培养目标和专业教学特色以及课程体系的设置,针对其专业教师的教学评价必须具备以下几个特点:

(1) 教师教学过程评价与教学效果评价相统一。教师教学过程包括课前准备、课堂组织、课堂授课、课后总结与反思、作业与试卷等内容。目前的教学评价更多着重于课堂教学过程中的评价,对课前准备、课堂组织与课后等教学工作的评价有所忽视。当然,教学效果的评价也集中在试卷检查与评价方面,难免显得单一与片面。如何将涵盖教师教学全过程与全面的教学效果进行评价,两者有机结合作为参考评价的结果,非常值得商榷。

(2) 教师教学的即时性评价与延迟性评价相统一。目前,教师教学评价中学生评教以学期为单位,在学生选课之前按照系统设定对学生当学期的课程进行评价,属于"一边教一边评"。或者由学校组织教学评价与质量监控部门组织相关人员在课堂中即时对教师教学作出评价。事实上,因为学生对当下课堂的教学效果与体验是缺乏明确认识和深刻体会的,尤其应用型专业的教学很大一部分课程需要长期的时间积累,才能将其教学效果表现出来。所以,即时的评价结果的意义与价值不大,只能反映学生当下对教师教学的感受,包含了一定的人为主观性。因此,增加对教师教学的延迟性评价非常重要。尤其是一些实务类课程,通过学生后续集中性的实践环节如专业生产实习、毕业实习,根据实习实训的体验与表现来检验相应课程的实务教学的教学效果。由此,将即时性评价与延迟性评价有机整合相互统一,可以更客观、科学地体现评价结果。

(3) 教师"教"与学生"学"与"做"相统一。一般来说,教师教学评价着眼于教师的"教",并试图通过教师的课程教学态度、教学内容、教学方法、教学过程和教学效果等方面对教师教学进行定性或定量的评价。教师的"教"与学生的"学"与"做"具有直观的联系,也是一个有机整体。教师教学是为学生学习服务的。应

用型人才培养与教学非常注重培养学生的实践能力与实务技能,除了理论学习之外,各类实务课、实验实训课与实习实践环节,都对学生的"学"与"做"提出了更高的要求。同时,税收学专业已建立多个校院两级校外实习基地,在学生专业生产实习、毕业实习等过程中发挥了重要的作用。从实习到就业的过程,正是学生"学"与"做"的效果体现。因此,在对教师"教"的环节进行评价之后,教师还需对学生"学"与"做"进行评价,才是真实的教师教学效果的全面评价。

三、构建与完善税收学专业教师教学评价体系的对策分析

1. 加强对教师教学评价的思想认识与重视

"师者,所以传道受业解惑也。"由此可见,教书育人是教师的天职。教师教学的水平与质量直接决定了高校人才培养的质量高低。不论是通识类课程还是专业类课程,都离不开教师的教学工作。教师教学评价是教学质量监控体系的重要组成部分。首先,教师个人应该提高对教学工作与教学评价的重视程度,从教学组织活动、同行评价、师生沟通等方面进行改进并提高教学水平。其次,学校相关部门、院系也应提高对教师教学与教学评价的重要性认识,提高教师评价在教师个人职业发展中的参照比重。教师和教学部门、院系均从思想认识上提高对教师教学与教学评价的重视。

2. 建立健全教师教学质量保障组织,科学构建教师教学评价指标与体系

建立健全教师教学评价体系以及教学质量保障组织势在必行。在校院两级教学评价体系建设的基础上,充分结合税收学专业的特点与教学特色,成立教师教学评价考核小组,科学制定、增加与细化评价指标,确定考核与评价的内容,合理设置比例权重,做到教学全过程与教学效果评价相统一、即时性评价与延迟性评价相统一、教师"教"与学生"学"的评价相统一。在评价过程中,安排专人负责评价事务,加大对学生评教、同行听评课、督导督查的宣传力度。运用科学、客观的方法计算,汇集多方评价工作的成果,尽量剔除人为主观因素的影响,并及时反馈教师评价结果。对教学过程中的不足,及时反思、改进,相互学习、交流经验,切实提高教师教学水平与质量。

3. 客观、合理地运用教学评价结果

客观、科学的教师教学评价结果是真实反映教师教学水平的一个重要依据,

它包含了学生、同行、督导等多层级评价人员多方位的综合考评,具有积极的参考意义。首先,教学评价使教师个人对自身的教学水平有了一定的认识,及时得到评价者的反馈意见,认识到存在的不足和相互间的差距。其次,学校、院系可将教师教学评级结果列入教师个人职业发展、职称评定、年度考核中,作为一项重要的参评依据和标准,赋予其实际意义。最后,院系可根据教学评价的结果,针对教师教学存在的不足,开展集中性培训与交流学习,扩大教师教学改革的支持力度,鼓励教师发挥个人教学的特色和发掘潜力,整体提升学院与专业教师的教学水平。

四、税收学专业教师教学评价体系保障机制

1. 构建教学评价全过程监控机制

为了加强教师教学全过程与教学效果的有机统一,需重视对教师教学过程的监控与评价,形成全过程监控机制。一是组建检查小组,对教师课前教学准备的材料进行检查,如教学大纲、授课计划、教案、课件等。二是召开学生座谈会,针对性地访谈教师在教学过程中的工作,如课堂教学方式、课堂互动、学生感受等。三是开展教师自我评价,由教师个人对自己的教学评价作出评价。四是开展教师访谈,在同行、督导听评课后,结合课前检查、学生座谈、教师自评等,实时与教师开展访谈,做到即时性、有效性的沟通与反馈。五是开展全面跟踪检查,适时安排随机检查、听课、座谈、试卷核查、教学反思等环节工作,对教师教学的全过程进行全面跟踪。

2. 构建教学评价信息反馈机制

建立及时的教学评价信息反馈机制,可以将评价结果及时反馈参评者,最大程度地保证评价的有效性。一是建立学生信息员,选拔认真负责的学生信息员,及时反馈教师授课过程到评价工作小组,建立学生信息反馈备案机制。二是同行、督导评价反馈,将同行、督导检查与听评课的结果及时反馈评价工作小组,实时记录在案,形成反馈的累积性过程,使结果具有更真实、客观的参考价值。

3. 构建教学评价奖惩机制

完善的教学评价体系,真实客观的教学评价结果需要建立完善的奖惩机制保障落实实施。对于教学评价存在较大问题的,甚至是教学事故的,按照校院两级的规定,予以认定并给予一定的惩罚措施,比如,年度考核不合格,职称评定予

以否决或者延迟。对于教学评价中表现优秀的教师，可以在院系内部树立标杆，召开交流学习会分享先进经验，并给予一定的精神奖励和物质奖励，比如，年度考核优秀、职称评定优先或者推荐学校、院系的先进典型或荣誉称号等。奖惩分明的机制和措施可将教学评价体系和结果落到实处，对于教师切实提高教学水平与教学质量具有非常重要的现实意义。

对加强高校二级学院图书资料室建设和管理的思考

陈　婷

内容提要： 高校下属二级学院图书资料室在服务院系的教学、科研工作中发挥着校级图书馆难以替代的重要作用。本文立足于二级学院建立图书资料室得天独厚的优势条件，探讨高校应重视其建设与管理，为学院的建设与发展作出其应有的贡献。

关键词： 高校二级学院　图书资料室　建设与管理

高校院系资料室的主要任务是为本学院教学和科研服务，院系资料室依托在文献检索、报刊杂志、图书借阅的专业优势，为教师教学活动和本专业学生学习提供了很好的平台。院系资料室管理模式同高校图书馆建设和二级学院的专业特色是紧密联系的，两者都是学校信息化和社会信息化的重要场所。在实际工作中，如何改进提高图书资料室的服务工作，在使用图书资料室的时候，如何更好地开发院系资料室中丰富专业资料，使其可以更好、更系统地为广大读者提供阅读服务，这些问题成为目前影响图书资料室更好发展的主要障碍。本文对如何建设高校二级资料室提出了以下几个方面的看法。

一、二级学院图书资料室的特点

学院资料室作为图书知识的宝库，是高校图书馆的重要延伸部分，承担着学校的教育教研工作，为师生提供专业、全面的信息资源服务，其主要特点如下。

1. 资料室利用方便及时

相对于校图书馆广而杂、大而分散、人流量大等特点，二级学院资料室小而集，人流量小，资料借阅、查找方便，几乎具备图书馆的所有功能，而且图书管理人员对于专业资料熟悉，便于和各学科老师沟通、交流，能够及时、快速地订购最新的专业书籍和资料，也可以提供各种相关信息咨询和资料检索服务，因而不仅细致,而且服务更全面。

2. 读者群体具有针对性

学院资料室的信息资源具有很强的专业特色和一定的学术水平,其读者也多为有教学教研经验的科研人员、教师和有一定专业水平的高年级学生。其中科研人员承担着教研和学术研究的任务,因此要求有专业性很强的信息资源和文献资料,以满足其科研需要。教师队伍需要对教学内容不断更新,继承、发展并创新教学模式,因此也对文献的依赖性很强,需要长期阅读和研究,将更新的成果源源不断地运用到教学工作中。高年级学生对信息资源的需求主要是为了撰写论文或进行一定的学术研究,他们的目的性很强、针对性较高,因此希望高效、准确地获取信息资源。这些群体都对资料室提出了严格的专业要求。

3. 文献资源专业性强

学院资料室作为面对本学院的开放式服务机构,其服务群体的针对性决定了其文献资源的专业性。一方面,要求资料室根据本学院的专业特点购买资料,其服务范围局限于某学科或某领域,这就需要学校资料室管理人员了解学科构成和细化程度以购置相应的资料。另一方面,仅本学科领域的基础资料是不够的,由于广大师生对专业的需求不同,一些关于本学科研究方向和研究对象的资料也是必备的,因此,资料管理人员需要及时更新研究资料,尽可能使本专业的学术资料达到完备、详尽,便于研究人员、教师、学生查阅,使整个专业的学术资源更上一层楼。

4. 工作人员素质全面

电子型和微缩型文献资料的兴起和广泛应用,改变了资料室的工作方式,从而对工作人员提出了更高的要求。学院资料室的服务对象综合素质相对较高,他们的知识层次、阅读水平和文化素养都要求有较高的服务质量。因此,工作人员不仅要具备一定的情报学知识,还要具备计算机网络知识和外语知识。学校可定期对院系资料管理员进行统一的业务培训和继续教育,使他们能熟练掌握业务知识,了解专业新趋向,树立以人为本的理念。一般来说,读者往往会对这里的服务产生感性认识,因此服务者的态度和质量至关重要。比如,在与读者的对话中多用礼貌性的用语,微笑相迎,诚挚相送,以耐心、真诚的态度对待每一位读者,换来的将是读者的尊重与工作的效率。这在一定程度上也能增加读者的学习热情,营造良好的学习氛围。

二、高校二级学院资料室的作用

二级学院资料室是高校图书体系的重要组成部分,是校级图书馆的补充和延伸,服务于本学院师生,与学校图书馆相互补充、相互协调、取长补短,彼此发挥各自的优势,通过强化二级学院图书资料室建设,搭建起一座学校图书馆与各二级学院之间信息沟通的桥梁,服务于二级学院的教学和学科科研任务。

1. 学院资料室与学科建设

学科建设是高校的核心工作之一,学院发展离不开学科的建设与发展。高校二级学院资料室为本学院学科建设提供了信息资源支撑,既是工作重点,也是资料室建设的原则和方向。学院资料室的业务范畴主要是收集本学院学科相关的文献资料。学院资料室要根据学院的发展目标和学科建设目标,制定学院学科文献信息资源建设方案,运用专业技能和专业背景,为学科建设、专业设置以及科学定位的调研等方面收集相关信息情报,提供信息资源服务。学科建设信息收集整理的主要内容通常包括该学科在国内外的建设现状和发展趋势,目前该学科在国内主要院校中的主要优势和特色,以及本院该学科的现有条件和优势等信息,通过相关信息整理加工,为学院凝炼学科方向提供科学依据。根据学院学科建设和发展的需要,学院资料室一方面要收集与整理相关信息,为提供高质量、深层次的信息服务;另一方面要不断地丰富学科专著、专业期刊的文献资源,逐步形成具有本院学科特色的信息资料体系,为学科建设提供切实有效的文献支持。同时,学校和学院还要考虑确保学科建设需要的文献资源系统的延续性、科学性、合理性,为学科建设与发展优先提供文献信息资源提供经费保障。

2. 学院资料室与专业教学

高校二级学院资料室是为满足专业教学需要而设置的专业资料室,由于面对本学院师生服务,其文献信息资料比学校图书馆更具有专业性。学院资料室要着重对本学院相关专业的机读文献、档案文献、专业情报文献、优秀论文被引等数据进行采集,收集与本专业教学和发展方向相关的文献资料,并对零散资料进行整理与汇编、资料卡片进行制作,以便及时服务于师生的专业教学。学院资料室的工作人员应从本院系的专业教学实际需要出发,结合专业教学进度安排、专业课程设置和专业教学实施等具体情况,适时订购教辅参考资料,如专业教材与教参、专业优秀教学案例、社会调查报告、科技活动成果、学生的优秀论文,毕业设计以及专业教改研究与实践等方面的信息资料,为专业教学以及教改实践提供参考。学院资料室应经常性地征求专业教师和学生的意见,充分调动专业教师的积极性,做好专业相关的信息资源开发与管理,使学院资料室逐步建立利用价值高且具有专业特色的信息资源体系,以满足师生专业教学所需。

3. 学院资料室与科学研究

科研是高校的三大服务功能之一。学院资料室的工作人员要根据科研人员的需要,为不同层次的科研项目提供高质量、深层次的信息服务,并为科研技术人员创造良好的科学研究和信息环境。一是经常性地征集资料信息需求,根据科研课题、科研方向等具体情况,及时收集科研人员迫切需要与其所承担课题有关的国内外最新的研究动态、理论、数据和结果等信息,如期刊、论文、会议报告和书籍等资料以及先进的国家研究动态、可借鉴经验或参考数据最新的信息资料,及时提供给研究人员查询和运用。二是围绕科研课题,利用现代信息技术对网络上与本研究相关的信息资源进行鉴别、提取、筛选、整序,编制出高质量的二、三次文献,或编辑成具有与研究方向相同的专题数据库,方便研究人员借鉴和利用。学院资料室的工作人员甚至可以直接参加相关课题研究工作,以便更熟练地掌握信息资料加工与运用的技术和技能,为科研人员更加有效地提供最新、最完整的文献与信息资料。

三、二级学院图书资料室的管理现状和问题

虽然高校二级学院图书资料室有上述优势,但是在现实的建设与管理中,存在许多问题。

1. 认识不到位

长期以来,二级学院的工作重心是学科建设、教学和科研工作,但是各二级学院对图书资料室基本条件的优劣、管理水平的高低、图书资料对教学和科研的作用这层关系链的认识都存在着很大的差距。随着学院的不断发展和壮大,读者对图书资料的管理工作更加重视,但人员配备的现状,与高校图书管理上的规范化、科学化不相称,也不可能与学校的教学、科研水平及学校的发展相得益彰。

2. 制度不健全

制度不健全制约二级学院图书资料管理工作提升的另一重要因素。随着高等教育事业的不断发展,二级学院图书资料室相继建立了一些制度,这为加强学院的规范化建设奠定了基础。但是,仅有的这些制度离图书资料的规范化与科学化管理的要求还相差甚远。目前,许多学院还存在图书资料管理分散、各自为政、标准不一、资料重复保存、图书资料利用率低下、纸质文献既不编目也无总括登记等现象,造成学校图书资料资产流失浪费等问题。

3. 管理不规范

随着科技的进步,社会的发展,图书资料也在发生变化。特别是在高校,图书资料的范围由当初的纸质图书资料、照片资料等发展到实物资料、影像资料、光盘资料等。由于对纳入资料管理的内容没有明确的要求,各资料室根据自己的理解和实践各行其是,许多应该纳入管理的图书资料没有纳入管理。图书资料管理水平不规范,现代化技术手段应用较差。据了解,二级学院运用计算机及网络技术管理图书资料极少,基本还停留在手工作坊式的管理方式上。

四、二级学院图书资料室建设与管理的思考

1. 与时俱进,解决人员经费问题

校、院两级领导要解放思想、更新观念,要重视校级图书馆和院系图书资料室的建设与管理,不仅要在人员编制与配置上给指标、给政策,还要在经费投入上给予必要的倾斜或扶持。只有这样,下属学院才能通过多种途径选拔优秀的专业人才,充实资料室队伍,提高资料员的专业素质;才能在及时更新、完善基础设施的同时,加大信息化、现代化建设的力度,使院系资料室建设跟上时代发展的步伐;才能加大院图书资料的采购力度,在提高专业文献资源收藏量的基础上,改善文献资源结构,满足师生不同的教学、科研和学习的需要。难以为继的资金投入,使不少院系资料室的建设严重落后于时代发展的步伐,不仅文献存量有限,且资料陈旧率越来越高,无法满足院系师生的教学、科研和学习的需要。

2. 提高图书资料室的管理水平

在院资料室的业务管理,特别是在文献采购、分编、排架、检索、借阅等方面,院资料室要向校级图书馆那样,严格按照各类标准和图书馆、资料室的有关规章制度执行,确保"分编标引"的标准化和规范化,以有利于与全校乃至其他院校图书馆系统的正常接轨和并网,进而提高管理的水平。在行政和日常管理方面,各院系要加强对资料室人员和事务的全面领导与管理,对资料室工作人员提出严格要求,还要加强对资料员的业务指导与检查工作,使院图书资料室管理尽快走上规范化、科学化轨道。

3. 建章立制, 规范管理

建立健全各项规章制度, 是二级学院图书资料规范化管理的根本。二级学院同样要把国家的有关规定、标准作为工作的依据, 根据二级学院图书资料目标管理需要, 结合学院具体情况, 制定统一的管理细则, 确定二级学院图书资料管理员职责, 完善图书资料管理的归档、保管、利用、鉴定、销毁等管理工作, 使图书资料管理工作各环节有章可循, 这是使图书资料得以规范化管理的根本所在。

4. 全面提高图书资料管理员的业务素质

在信息化浪潮的不断冲击下, 图书资料员的工作已渐变成一种高知识、高技术含量的专业工作。学院图书资料员不仅要具备更专业的知识, 还要对本院的专业或重点学科的基本理论和教学、科研的前沿发展方向等有所了解。只有这样, 他们才能在当今高科技和信息化的大背景中, 快速分辨出各种有用的信息资源, 为教学和科研提供更多有价值的文献产品。因此, 要不断提高他们的综合素质, 使他们在实际工作中得心应手, 成为有实力的院资料室工作人员, 为学校的建设与发展作出应有的贡献。

四、结语

总之, 我们要不断总结成功的管理经验并应用于实践当中, 并正确面对在图书资料管理中存在的问题和漏洞, 加强学习、提高认识、理顺关系、建章立制、加强投入、强化硬件建设、规范管理、科学管理, 才能实现二级学院图书资料管理现代化和科学化, 在提升学院管理的整体水平上起到更积极的作用。

参 考 文 献

［1］高文辛. 高校二级学院图书资料管理之探寻[J]. 科技信息, 2010(32).

［2］李红. 高校基层图书资料建设中存在的弊端与制度完善[J]. 太原师范学院学报: 社会科学版, 2007, 9(2).

［3］张玉红. 高校下属院(系)图书资料室建设与管理中存在的一些问题及对策简析[J]. 黄冈师范学院学报, 2010, 30(2).

［4］张志. 关于高校院系图书资料室发展的几点思考[J]. 科技情报开发与经济, 2010, 20(15).

4

第四部分

教育探索篇

税收应用型本科学生就业能力现状与提升策略分析

孙黎黎

184

税收学应用型本科专业建设的理论与实践探索

内容提要：本文从大学生就业能力概念出发，分析了税收应用型本科学生就业能力的现状，包括就业能力相对不足、就业能力发展不平衡、创新能力不足、缺少职业生涯规划、就业意愿不强等。针对此现状，提出应丰富校园文化、完善就业能力培养模式、实施创新能力培养计划、切实做好就业服务工作、加强校企合作等提升税收应用型本科学生就业能力的策略。

关键词：应用型本科　税收学　职业发展　就业能力

就业是高校毕业生的出口，对于应用型本科院校来说更是检验其人才培养能否适应社会需求、能否吸引更多优质生源的重要标准之一。学生的就业能力是应用型本科院校人才培养成果的重要体现，培养和提高学生就业能力是高校人才培养的重要任务。税收专业作为应用性很强的一个专业，更需要在培养过程中注重提高学生的就业能力，根据学生实际情况和用人单位的需求设置培养计划，满足社会对毕业生的要求。

一、大学生就业能力的内涵

1909 年，英国经济学家贝弗里奇提出就业能力的概念。他指出，就业力是个体获得和保持工作的能力。2005 年，美国教育与就业委员会在此概念的基础上进一步增加了"实现良好职业生涯发展的能力"。从大学生角度看，就业能力应该具有以下特点：一是大学生在求职时所表现的就业基本能力，如阅读、理解、写作能力；二是大学生入职后所表现出的工作胜任能力和创新能力，如问题解决能力、执行力、自制力等；三是大学生重新就业时表现出来获取工作的能力，如毅力、抗挫折力等；四是大学生经过系统学习后所表现出来的与普通劳动者不同的能力，如专业技能；五是大学生在就业后能够对自己的职业生涯进行规划、发展自我的能力，如人际交往能力、协调能力、团队合作能力等。因此，本文将大学生就业能力界定为:大学生在校期间通过系统学习和培养所具备的成功获取初次就业、维持就业、在需要时重新获得就业以及实现良好职业生涯发展的能力,是一种与职业需求相关、动态发展的各种有利于成功就业的能力组合,包括基本能力、专业技能、适应能力、发展能力、交往能力五个方面。按照就业能力五个方面对大学生职业生涯发展影响的不同,可以将这五个方面的能力划分为短期求职能力和长期发展能力。短期求职能力包括:基本能力、专业技能;长期发展能力包括:适应能力、发展能力和交往能力。

二、税收应用型本科学生就业能力现状分析

就业能力是个广泛的概念,不同的大学专业,其对就业能力的具体要求也会有所差异。对于税收应用型本科学生来说,由于其"税收"和"应用型"的专业和培养目标设定,学生在求职能力上的要求也有着自身的特点。当前税收应用型本科学生就业能力存在以下特征:

1. 就业能力相对不足,跟不上就业目标

通俗点来讲,就是"眼高手低"。现在各种招聘会和求职网站上为大学毕业生提供的工作岗位非常多,但很多大学生并不满意这样的岗位,认为自己能够找到在公司实力、报酬水平等方面更优秀的工作。殊不知,这样的工作岗位对求职者在各方面能力上的要求也更高,很多毕业生的条件远远达不到对方的要求。在这样错位的相互需求中,很多大学毕业生不具备更好的工作岗位所要求的优秀就业能力,同时又不能根据劳动力市场供需情况及时调整对工作岗位的预期,从而觉得就业难。而很多用人单位又苦于招不到毕业生,或即使招到了,却存在流动性强、毁约率高的情况。

2. 就业能力各方面发展不平衡

从就业能力的各个方面来看,应用型高校大学生,尤其是一些专业成绩还不错的大学生,其短期求职能力基本能够满足用人单位的要求,但在长期发展能力方面,还存在很多不足,如与人沟通交流的能力、抗挫折的能力、协调沟通能力等。在实际工作的接触中,曾有不少税务师事务所或会计师事务所人员谈到财经类研究型高校与财经类应用型高校毕业生之间的区别,指出财经类应用型高校毕业生因为具有较为扎实的专业知识,以及更为丰富的实践操作练习,因此对于初级的会计和财务工作能够更快地上手,在早期也能更高效率地工作。但财经类研究型高校毕业生虽上手相对慢些,却表现出更强的长期发展能力,他们更

善于从宏观的角度思考和归纳总结；能够跳出当前的工作层面，从更高的高度看问题；在沟通交流和公文写作上的能力也更强。正是这些方面的突出表现，使财经类研究型高校毕业生在工作岗位上能够得到更长远的发展以及更快的提升，而财经类应用型高校毕业生则更容易留在基层工作岗位上。

3. 学生创新能力不足

在当前国家强调创新驱动发展的大背景下，大学生作为思想最为活跃的群体担当着国家未来创新强国的重要使命。税收应用型本科学生在校期间更侧重于基础知识、专业技能的学习和练习，但对知识创新、实践创新、观念创新、思维创新等创新能力的培养相对忽视。尽管我国整体人力资源竞争力在提高，根据《2015年人力资源强国评价报告》，中国人力资源竞争力提升速度居于首位，全球排名从第31位提升到第14位，但创新开发能力不足，质量有待提升。对于国家倡导的大学生创业，需要具有创新能力的学生作为后盾。创新能力需要有意识地培养，应用型本科学生更需要在实践操作的同时，加强创新观念、创新思维和创新素质培养；需要在社会和学校的引导下，在学习、实践、反思、提升、再实践的过程中不断获得和增强创新能力。这也是当前应用型高校乃至整个社会面临的、迫在眉睫的重大战略工程。

4. 职业生涯缺少规划导致职业发展能力不足

大学生职业生涯规划对大学生职业发展具有人生导航作用，明确、恰当的职业规划对于大学生有意识地培养和提高相关能力有着重要的指导作用，可以对大学之前教育的一些不足予以及时的弥补。但在应用型本科高校，学校对学生的就业指导主要体现在职业生涯规划课上。而职业生涯规划课的任课老师，大部分都是从学校毕业后就进入学校担任老师，并未在其他行业从业过。即使很多老师已经取得了"职业规划师"证书，但并不具有对学生职业生涯规划加以指导的能力。课堂中老师更多是讲授已有的职业生涯规划理论，无法根据学生实际情况提供有意义的帮助。在这种情况下，职业规划课形同虚设，导致大学生职业规划意识淡薄，职业目标模糊，求职能力欠缺。

5. 就业意愿不强，消极就业

很多应用型本科学生存在对自己所在的本科学校不满意的情况，而改变自己毕业时所在学校的唯一途径就是考入更好的学校继续深造。根据近几年的情况来看，税收应用型本科学生中越来越多的学生参加了考研。这对于应用型本科学校和其学生来说是一件好事：一方面，学生能够考入更好的学校读研是对本

税收学应用型本科专业建设的理论与实践探索

科学校教育水平的一种肯定。另一方面,学生也可以通过这样的方式迈入更好的学府,提升自己在未来就业市场的层次。因此,基本上所有的应用型本科院校都鼓励学生考研。但考研存在很大的失败概率,面对考研失败,现在越来越多的学生选择了"二战",即暂时不找工作,利用1年时间继续复习,准备参加下一次研究生考试。这虽然是学生的自我选择,但对学校来说,则无法体现学校教育成果。而在就业率的统计上,这部分同学也体现为"未就业"。对于应用型本科院校来说,不管毕业生"未就业"的原因是什么,较高的"未就业率"都将影响社会对学校的评价。应用型本科院校在学生考研的问题上,面临着两难。

还有一些学生,既不考研,也不积极求职。因为家庭条件不错,他们选择不就业。就业意愿虽不算就业能力的一方面,却是拥有就业能力的前提。这部分学生完全没有体现就业能力。

三、税收应用型本科学生就业能力提升路径

1. 丰富校园文化活动,全面提升应用型本科学生综合素质

校园文化活动是大学生展现自我、抒发个人情感、相互学习交流的平台,是培养兴趣爱好、扩展自身能力、扩大交友范围、丰富内心世界的重要方式,是学生思想政治教育的有效载体,具有重要的育人功能。丰富的校园文化活动对提升大学生就业能力具有积极的作用。学生通过组织各类活动锻炼活动策划能力、组织协调能力、人际交往能力;通过参加活动锻炼语言表达能力、团队合作能力和心理素质。应用型本科高校应通过开展内容丰富、形式多样的校园文化活动,提升大学生的组织协调、人际交往、团队合作等适应能力、交往能力和发展能力。

2. 完善就业能力培养模式,提高应用型本科学生职业长期发展能力

打好应用型本科学生的理论基础,通过公共必修课、专业基础课、专业课等,共同构建大学生在校期间学习的课程体系。对于大学生专业学习来说,这三类课程是同等重要的,因为学好专业必须具备一定的基础知识积累,科学、艺术、文史、哲学等方面的基础知识可以为大学生的专业学习奠定客观、辩证的思维,是大学生实现工作创新的内在潜力。大学生要适应未来知识和职业岗位的发展要求,达到"人职"匹配,就必须要打好理论基础,建立起以专业为核心的合理的知识结构。宽厚的理论基础是大学教育特征的具体体现,是实现工作创新的必要条件。对于税收应用型本科学生来说,要最大程度消除与研究型本科学生在长

期发展能力方面的差距,尤其需要加强对公共必修课的重视和学习,以提高思想的广度、高度和深度。

3. 实施创新能力培养计划,提升应用型本科学生创新能力

应用型本科高校应大力营造创新创业氛围,积极引导和鼓励大学生开展创新创业活动,如组织学生参加大学生创新创业训练计划、"挑战杯"大学生创业大赛、数学建模大赛、大学生创新创业立项等活动。对于税收型应用本科学生来说,需要积极培养根据国家宏观经济发展规划、开阔思维、寻找经济增长点及行业热点的能力,并学会通过对专业知识和技能的"知用、会用、善用",不断提升创新能力和创新素质。

4. 切实做好就业服务工作,提升大学生求职意识和求职能力

(1)为应用型本科学生提供系统职业发展规划指导,帮助学生尽早树立职业目标。从大学一年级开始设立职业生涯规划课程和讲座,邀请专业职业规划师和企业人力资源专家、专业知识行家、成功企业家等为学生做职业规划的指导,解答就业创业方面的疑问,提供相关经验和思路。在高校设立职业生涯规划咨询,为有疑惑的学生提供一对一的测试和评估,根据学生特点给出职业生涯规划建议。

(2)加强引导,帮助学生树立正确的就业观念。树立正确的就业观念是适应经济社会发展,有效应对严峻就业形势的必然要求。针对当前大学生在求职择业时表现出的理想化、功利化、盲目性、片面化、被动性的倾向,应用型本科高校应加强思想政治教育,引导学生转变盲目高攀的就业观念,树立能上能下的就业观念;转变片面的就业观念,树立跨地区、跨行业的全方位的就业思想;转变"一职定终生"的就业观念,树立先就业再择业,灵活就业的观念;转变被动的就业观念,树立创造性就业的观念。

5. 加强校企合作,发挥企业的就业能力信息反馈与平台作用

用人单位对应用型本科学生在各方面能力上的要求,是学校制定人才培养计划的重要考量因素。加强校企合作,一方面为学生提供更多的实习、实践机会,培养学生实践和运用专业知识的能力。另一方面也可以通过企业的视角来观察学生在就业能力方面的不足和特点,为进一步完善应用型本科教育提供有价值的建议。通过企业与高校的深度合作,双方发挥各自优势,形成资源共享、优势互补,推动产、学、研协同发展,提高学校和企业的生产创新能力。

总之,应用型本科学生的就业能力是衡量应用型高校"产出"质量的核心指

标之一。税收应用型本科学生作为财经类高校学生,在就业能力的表现和要求上,有其自身的特点。税收应用型本科院校应针对人才市场对学生的要求制订培养计划,提高人才培养与市场需求的契合度。应用型本科高校需要调动社会、学校、用人单位、家长和学生本人各方面的力量,共同促进学生就业能力的提升。

参 考 文 献

[1] 教育部教育发展研究中心专题组. 人力资源强国:中国正在跨越门槛[N]. 中国教育报,2016-1-28(3).

[2] 胡永青. 大学生就业能力结构与社会需求的差异研究[J]. 国家教育行政学院学报,2014(2).

[3] 马娟. 试论提高大学生就业能力的途径[J]. 太原城市职业技术学院学报,2011(5).

[4] 赵来. 应用型本科高校大学生就业能力提升路径研究[J]. 滁州学院学报,2014(2).

[5] 张颜梅. 应用型本科院校大学生就业能力培养对策[J]. 鞍山师范学院学报,2016(6).

应用型本科税收学专业学生就业动机分析

王 洁

税收学应用型本科专业建设的理论与实践探索

内容提要： 应用型本科高校学生就业问题向来是重要的社会现实问题，税收学在人才培养模式和目标上又有其特殊性，学生的就业动机继而对就业产生影响。就业动机端正与否，事关个人能力的正确发挥，也是能否真正实现知识转化为财富，实现大学生自身价值的关键。本文立足于应用型本科院校，陈述应用型本科税收学专业现状，阐释"就业动机"的概念，分析税收学专业学生的就业动机，并对端正和调整学生就业动机提出建议。

关键词： 应用型本科 税收学 大学生 就业动机

随着国内高等教育的发展，招生规模不断扩大，高校毕业生数量逐年递增，至 2017 年，全国高校毕业生数量达 795 万。大学生就业问题关系到高等教育的发展和全社会的和谐稳定，深受社会各界瞩目。然而，结合国内外高校入学率和就业率相关研究发现，毕业生数量的增加并不是造成就业问题的根本原因，毕业生的择业区域、行业分布、适应性、应用能力等都是影响就业的因素。

我国当前正处于经济体制转型和产业结构调整的重要时期，用人需求不断扩大，用人要求也在不断调整，高校的人才培养模式也随之改变，以满足市场对人才的需求。应用型本科院校人才培养注重宽口径、多学科的通识教育和厚基础、重应用的专业教育相结合，以符合社会对各类人才的共性及特定需求。同时，高校人才培养对于满足中国经济发展需求和对高层次应用型人才需要，以及推进中国高等教育大众化进程起到了积极的促进作用。

一、应用型本科税收学专业现状

应用型本科院校多为我国高等教育大众化进程中发展起的新建地方性本科院校，以本科教育为主体，以服务地方为宗旨，重点培养面向区域经济社会生产、管理和服务第一线需要的人才，通过完善课程设计和实习、实践，提高学生服务地方生产的能力，其对人才的培养更侧重专业性、技术性和应用性，其科学研究侧重于与地方行业发展紧密相关的领域。

税收学专业属于应用经济学科,该专业作为重要的财经类专业之一,在我国的学科历史较为悠久,具有较高的学科地位,目前已有百余所院校开设了此专业,重点培养具备税务及管理、法律等方面的知识,具有创新精神、实践能力和自我发展能力,具有良好的职业道德,能够胜任税务机关、企事业单位、税务中介机构等部门的实际工作及大中专学校和研究单位的教学与研究工作的应用型专门人才。

以 A 学院为例,其立足应用型人才培养,将税收学专业理念定位于"财税基本理论应用和财政税务实务操作",主要为培养:①具有诚信、创新和奋斗精神。②掌握税收学基本理论、基本技能和基本方法,通晓税收筹划、纳税审查等基础知识。③熟悉我国财税领域的制度与法规政策。④具有涉税业务税务处理和涉税会计核算能力。能够在各类企事业单位、政府财税部门、专业服务机构等从事税收实务与管理实际工作的复合型应用性人才。在培养方式上,坚持理论与实践相结合、教学与应用相结合,侧重财税基础理论和实践操作能力的培养,建立课堂理论学习、实验室模拟实验、实习基地实践操作的"三位一体"的培养体系,旨在使学生掌握扎实的财税基本理论知识,具有熟练进行财务会计操作的综合素质,满足社会对应用型、复合型人才的需求。

二、就业动机的相关概念

1. 动机

动机是产生行为的直接动力,并决定着思想行为的发展方向。个体的一切活动都是由动机引起的,并且指向一定的目标。"动机"一词最早来自拉丁语"movere",原意是推动或引向行动。心理学家关于"动机"也形成了多种理论,如"需要层次论""期望理论""归因理论"等都可以成为就业活动的理论依据。在心理学中,动机是由一种目标或对象所引导、激发和维持的个体活动的内在心理过程或内部动力,是人类大部分行为的基础。在组织行为学中,动机主要是指激发人的行为的心理过程。通过激发和鼓励,使人们产生一种内在驱动力,使其朝着所期望的目标前进的过程。

2. 就业动机

就业有广义和狭义之分。广义的就业包括升学、出国深造等有单位接收人事关系的毕业去向类型,狭义的就业指"劳动者同生产资料相结合,从事一定的社会劳动并取得劳动报酬或经济收入的活动"。本文的就业取其狭义,包括的就业形式有签订就业协议、签订劳动合同、灵活就业、自主创业等,不包括升学、出国等。

就业动机,也有学者称其为"择业动机",指的是选择什么职业以及为什么要选择该职业的思想认识活动。目前国内的大学生就业现状,用人单位最关心的问题是应聘者是否具有良好的就业能力,就业能力被认为是学生发现、获得并保持工作机会的一种综合能力。而大学生就业动机端正与否,事关个人能力的正确发挥,也是能否真正实现知识转化为财富,实现大学生自身价值的关键。

三、应用型本科税收学专业学生就业动机

就业动机的形成多受社会因素、家庭因素、同辈群体、大学思想教育体系等的影响,体现了大学生在就业中的主体意识。与学术研究型高校和职业技术类高校相比,应用型本科高校在就业上有着自身独特的优势,衡量一所应用型本科高校质量的重要依据就是学生的就业能力。尽管社会对应用型人才的需求越来越大,但是随着招生规模的扩大,以及毕业生能力与用人单位需求之间的差异,使得税收学专业的毕业生就业竞争压力逐年加剧。尽管如此,根据从事学生就业相关工作经验和访谈结论判断,税收学专业大学生的就业动机体现了多元价值兼容的特性,大学生重视经济价值,注重自我价值,追求社会价值。可以说,从物质利益到精神层面,从自我发展到社会利他,大学生的就业动机和就业目标是比较全面的,实现了利己与利他的统一、经济与情感的融合、个人利益与社会利益的和谐一致。

以 A 学院为例,经调查 2015—2017 年税收学专业毕业生就业情况发现,大学生总体上就业意愿积极务实,就业单位和就业去向涉及各大银行、中介机构(包括会计师事务所和税务师事务所)、事业单位(包括医院、研究所)、行政机关、除银行和中介外的其他企业,另有部分学生出国进修或升学(考取硕士研究生或双学位),鲜有学生放弃就业或就业困难。近 3 年也未有学生自主创业。也就是说,大部分学生是以就业为目标的,其就业动机既重视经济价值、自我价值,又追求社会价值。但社会价值的追求相对较低。综合分析,当前税收学专业毕业生的就业动机主要为以下几种类型:

1. 追求稳定的收入和生活

此类学生在就业动机上多受社会环境和家庭观念的影响,主要表现为实用主义。他们普遍认为,好的岗位能够为自己带来实惠,不仅有机会获得相对稳定的收入和社会地位,而且可以为未来建立家庭创造有利条件。

2. 追求有挑战性的工作过程和收入的持续增长

此类学生一般有较明确的职业规划,懂得不同阶段有不同的自我发展层次,因此能积极进取,追求个性化发展。在学习和生活实践中积极追求人生的意义和最大价值,以实现人格的自我完善。

3. 从众跟风

此类求职主体在动机上表现为被动性和虚荣性,他们大多没有从实质上理解工作的社会责任和应承担的社会义务,而是认为"别人都这样我也得这样""这样可以满足父母和亲友的期待",或者认为"这可以让自己增光添彩"。在现实生活中,持有这种求职动机的学生往往不太热心于工作,缺少工作热情和激情。

4. 实现自我价值同奉献社会相结合

此类学生有较理想的规划和设想,具有使命感。他们把大学学习生活作为人生道路上成长成才的铺路石,在求职行为和日常生活中能兼顾个人发展和社会发展,把理想和利益结合起来。

四、端正应用型本科税收学专业就业动机的建议

在严峻的就业形势下,端正应用型本科税收学专业学生就业动机需要社会、学校、用人单位和学生个人多方的共同努力。

1. 创造良好的社会环境

在改革发展的关键时期,经济体制深刻变革,社会结构深刻变动,利益格局深刻调整,思想观念深刻变化,影响社会发展的不稳定、不确定因素也在增多。因此,高校应该本着构建和谐社会的理念,为大学生树立正确的择业动机和创造良好的环境。

2. 优化税收学专业人才培养模式

设置税收学专业的不同类型和层次的院校应根据社会需求和自身条件,找准自己的办学定位、发展目标、办学性质和服务方向,明确人才培养目标,本着错位竞争的思想,构建与学校类型相适应的税收学专业人才培养模式。应用型本科院校应以社会需求和就业为导向,加强人才培养的针对性。第一,采用理论和

实践相结合的人才培养模式,加强一线岗位需要的能力和素质的培养,优化学生的知识和能力结构,切实提高学生的就业能力,满足一线岗位人才需求。第二,构建产学合作的人才培养模式,由学校和用人单位共同合作培养人才,共同探讨解决人才培养中存在的问题,加强岗位能力培养。

3. 优化课程体系和改革教学内容

应用型本科院校需对市场和社会需求及时给予反应,应根据专业特色调整课程结构,贴近实际,对接市场,改革课程以适应学生就业的需要。打破原有课程相对独立的学科界限,加大税收学与其他学科的交叉力度,形成不同领域的税收学人才培养特色,以更好地适应社会需要。在教学上,基础理论和实务操作并重,采取启发式、讨论式教学方式,增加学生课堂演示机会,培养学生的表达能力、团队协作能力。

4. 宣传就业先进典型

营造良好的教育环境,发挥环境特别是舆论环境的导向、监督和教育功能。积极宣传大学生就业意识教育的重要意义,通过正面宣传,树立典型,完善大学生就业动机。激励毕业生学有榜样,积极向上。

5. 加强就业指导和就业服务

应用型本科院校应引导学生树立正确的就业观、择业观,充分发挥就业指导课程的作用,尽早面向学生开展职业生涯规划、职业指导、创业指导、职业素质训练等,而不仅仅停留在就业信息发布、就业政策解读等就业服务方面。学校应形成"全程就业"氛围,就业指导应贯穿大学四年,而不是第四年才开始。学校需根据不同年级特点,分阶段、分步骤、循序渐进地进行,有计划地指导学生适应社会发展趋势,使个人理想与国家需要、个人发展与社会需求相结合。对税收学专业学生而言,另需针对专业特点和学生的实际情况安排课程。只有学生的就业意识被激活,学生具有明确的目标和方向,踏实学习知识和技能,努力实践,才能够有效提升就业能力。

6. 引导学生自我调适

高等教育大众化、普及化阶段,学生普遍存在就业难的问题。税收学专业学生需做好充分的心理准备,完善自我认知和社会认识,加强自我理解与分析,正确认识自己,以冷静的心态与思维来面对各种就业机会,孕育良好的就业心态。同时,学生应深刻认识社会的变化。在市场经济下,用人单位对就业能力的要求

税收学应用型本科专业建设的理论与实践探索

越来越高,市场的法则是"优胜劣汰",对人的心理造成巨大的冲击。因而,学生要打破传统的就业理念,树立新型且符合社会发展的就业观。

参 考 文 献

[1]教育部全国高等学校毕业生就业指导中心组.大学生就业指导[M].北京:高等教育出版社,1998.

[2]付凤莲,黄理稳.当前大学生的择业动机浅析[J].华南理工大学学报:社会科学版,2008(4).

[3]宋洁.90后大学生就业意识的调查分析——以上海电机学院为例[J].高等工程教育研究,2012(2).

[4]欧阳华生,裴育.财政学专业人才特色培养探讨——基于我国20所高校财政专业的比较分析[J].高等财经教育研究,2011(3).

第四部分 教育探索篇

高校突发事件网络舆论引导机制研究

王　亭

内容提要：当前高校突发事件时有发生，借助互联网信息传播的无界性及快速性，高校突发事件陷入网络舆论漩涡的比例和频率也更高、更快，这不仅影响了高校正常的教学秩序，而且对大学生的思想、行为也产生了极大影响，针对高校突发事件建立有效的网络舆论引导机制成为亟待解决的问题。本文分析了高校突发事件网络舆论形成要素、高校突发事件网络舆论的影响，在此基础上提出建立学校新闻发言人制度、加强辅导员网络技能培训、培养大学生"意见领袖"、完善网络监管机制的网络舆论引导机制。

关键词：突发事件　网络舆论　引导机制

高校突发事件是指由自然的、人为的或社会的原因引发的，在高校内部忽然发生的，大学生起主导作用的，不以高校管理者的意志为转移的，对学校的教学、工作、生活秩序造成一定影响、冲击或危害的事件。近年来，高校突发事件时有发生，借助互联网信息传播的无界性及快速性，高校突发事件的舆论影响力得到了迅速扩散，高校突发事件受到公众和媒体的高度关注，高校突发事件陷入网络舆论漩涡的比例和频率也更高、更快。这不仅影响了高校正常的教学秩序，而且对大学生的思想、行为也产生了极大影响。针对高校突发事件建立有效的网络舆论引导机制，成为亟待解决的问题。

一、高校突发事件网络舆论形成要素

1. 高校突发事件网络舆论的主体是大学生

舆论的主体是公众，网络舆论的主体是网上参与发表言论信息的网民。而高校网络舆论的主体是指网络上发表言论，或者受言论影响的大学生。在传统媒体的引导下，大学生的意见、主张由于缺乏表达诉求的渠道，表现出价值观的趋于一致和政治态度的相似。在互联网环境下，移动新媒体、自媒体成为学生学习、生活、社会交往、人际交流的重要载体,每个学生都可以成为新闻制造者。网络舆论自由性使更多学生参与讨论,改变了学生只能被动接受的状况。大学生是主体意识和民主意识特别强烈的群体,他们希望参与到学校的管理和建设过程中,希望与学校能够平等交流与沟通,拥有更多的知情权、参与权和表决权。特别是面对学校的突发事件,学生们会比之前更加关注事件的进展,借助网络传播的便捷快速,对自身利益相关的人物或事件进行分析与讨论,不仅本校学生,甚至其他学校的学生都会第一时间关注突发事件,并大量跟帖转发,从而使突发事件成为舆论的热点和焦点问题。

2. 高校突发事件网络舆论的客体是突发事件

所谓网络舆论客体,是指被网民高度关注并参与讨论的社会热点及现象中的人物或事件。大学是社会重要的组成部分,校园内外的时事焦点都会使大学生甚至社会关注并参与讨论。大学生作为社会中思想交流活跃的群体,对于一些敏感或者突发事件往往是反应最为迅速的。从近年来高校网络舆论事件的现状来看,能够引起大学生关注的高校突发事件即舆论的客体主要分为以下几类:学校的发展决策、学生个体事件、涉及学生发展及利益问题、偶然事件等。作为生活在校园中的大学生,他们对这些突发事件比较敏感,并能够结合自身所学发表对该事件的看法,由于他们超强的信息捕捉能力,在事件发生后能够迅速作出反应,并通过网络使信息得到最快的传播。这些突发事件与大学生的生活息息相关,比较容易引起大学生的关注,同时也能够满足大学生的猎奇心理,对于依然处在青春期的大学生来说有巨大的诱惑。这也是校园突发事件成为校园网络舆论的客体的原因。

3. 高校突发事件网络舆论的载体是网络媒介

舆论信息要通过一定的载体才能够从传播者到达受众。随着网络时代的来临,互联网以其信息传播速度快、易扩散等特点迅速占领了传统大众媒介的受众,变为舆论传播最重要的载体。对于高校突发事件来说,网络毫无疑问是最重要的舆论阵地。网络传播吸引了多数大学生,满足了他们的表达想法和诉求的需求,大学生可以利用网络这个平台,及时发表自己的言论、观点。任何人都可以参与或者传播,有可能形成一种新的舆论焦点,这对于思维敏锐、独立倾向强的大学生来说,网络正在改变他们的生活、学习和思维方式,网络成为大学生表达内心诉求更好的平台。由于缺乏实名认证以及参与的门槛较低,类似于百度贴吧一类的公共讨论平台讨论不时会出现一些攻击性或者歪曲事实的言论。除此之外就是一些社交网络,群体具有相当大的关联性,大学生喜欢在平台上分享校园内发生的新鲜事,以达到人际交往的目的。近年来,微博、微信也是大学生舆论形成的重要载体,微博文字精炼、转发迅速,往往在事件发生的第一时间,微博就刊登相关事件的报道。

二、高校突发事件网络舆论的影响

1. 对高校教学和管理的影响

在高校大学生突发事件中,一则相关的网络信息可能在极短时间内被高校师生、民众、国外网民获取,从而引起社会公众的热议。网络舆论对于高校教学及管理的影响逐渐向社会化、民主化方向发展,在这样的基础上,高校本身更加重视校园基础公共设施的建设与完善,在校园安全方面做到严格检查与监督,力求最大程度地保障大学生的生命与财产安全。网络舆论还使高校加强了对校园安全制度、管理制度及沟通制度的优化,从预防机制的角度尽可能降低校园突发事件的发生概率。然而,大学生突发事件的网络舆论对高校教学及管理的负面影响也是不容忽视的。受众在不了解整个事件的来龙去脉和真实原因的情况下,基于不同的目的和态度,会大量跟帖转发和发表自己的言论、观点,造成该事件舆论发酵,导致一定时间和范围内的舆论混乱。这不仅影响了高校正常的教学秩序,还会影响到高校的公众形象和社会地位。面对巨大的网络舆论压力,高校不得不对突发事件作出必要反应,一旦高校教育与管理工作不能及时落实到位,那势必会导致恶意言论的肆意蔓延,影响到高校正常的教学与管理工作开展。

2. 对大学生民主意识和价值判断的影响

在高校,突发事件网络舆论的形成和传播对于大学生民主意识和价值判断的影响都是直接且巨大的。大学生能够平等地参与到网络舆论的讨论中,将自身鲜明个性化的主张加以阐述,进而引起同类群体的广泛关注,大学生民主参与意识不断增强,也使人人平等的价值观念在大学生的思维认识中得到落实。但校园突发事件的网络舆论对大学生的价值判断造成了一定冲击,在高校突发事件舆论的传播过程中,很多大学生对于网络舆论的真假以及真相是难以有效分辨的,大学生的爱心和同情心会被很多心怀不轨的人利用,会出现过分宣扬西方的人权自由观念,甚至出现对我国政治的抵制言行与行为,一些极端化的网络言行使大学生的价值与道德观念极其模糊,出现了严重的价值观念背离问题。由于大学生校园突发事件的网络舆论造成的群体极化问题,一些大学生网民对校

园突发事件随意乱发或不加侦辨转载各种言论,肆意进行言论哄抬,引起不必要的校园混乱,甚至发布不良的社会信息混淆视听,这些都是道德与责任失范的不良行为,有些行为可能已经触犯了法律,大学生却完全不知,甚至认为网络的虚拟性不会对个人造成影响而更加肆无忌惮。

3. 对大学生学习和生活的影响

大学生舆论则是指借助各大网站的论坛、博客以及微博等方式就社会现象、问题所发表的感受、情绪、态度、观点等各个层面的内容,是当前影响大学生思想和行为的新兴力量。大学生网络舆论的主要表达形态有新闻报道、跟帖评论、论坛争鸣等,大学生参与高校突发事件的网络舆论传播,不仅让学生及时掌握到时事政治的发展状况,对校园主流思潮有一定了解,而且在学生个体与社会融合方面也有一定的促进意义。针对校园内部发生的突发事件,大学生可以就特定事件发表自己的观念与看法,通过网络媒体的传播实现讨论的互动性。同时,大学生还可以利用网络的开放性特征浏览他人的微博、论坛及校园公众贴吧,将生活中积淀的疲惫和压力释放出来,这对不良情绪的宣泄以及情感表达的诉求有着积极的促进作用。校园突发事件的网络舆论对于大学生学习和生活的影响也有一定的负面效应。这主要是因为针对网络舆论的虚拟性和隐蔽性的特征,校园突发事件的网络舆论也有可能在网络推手的恶意诽谤下充斥着暴力与色情内容,或是大学生对于一些社会问题、校园负面新闻进行不负责任的传播和转载,从而带来舆论和道德的谴责、批评,甚至被"人肉",使学生压力增大,影响正常的学习生活,这对大学生的身心健康发展极为不利。

三、建立高校突发事件网络舆论引导机制

1. 建立学校新闻发言人制度,第一时间对外发布事件动态

在新媒体的网络环境下,大学生通过网络对高校突发事件会更加关注,更加渴望知道事实真相,高校突发事件发生后很容易被媒体炒作,在大量负面信息面前,如果高校没有合理处置突发事件,没有很好地引导网络舆论,将会带来很多负面的评论和对学校的负面影响,因此需要从学校层面建立新闻发言人制度,在第一时间代表高校面向社会和网络舆论予以回应。新闻发言人制度是一种新闻发布制度,是指在一定时间内就某项重大事件或政策问题,举行新闻发布会,或者约见记者,发布新闻或阐述所代表的政府、社会组织的态度与立场,并且作为部门或社会组织的代表回答提问。建立和完善新闻发布机制和新闻发言人制度

的主要功用在于：通过及时、主动地发布新闻、信息和及时向公众通报相关重要信息，保证公众知情权的实现，在舆论引导中把握主动权、减少不利报道。学校新闻发言人由校党委常委会讨论确定，一般由党委宣传部部长兼任，同时设置副发言人，副发言人由学校根据具体情况指定人选。如果发生重大的、需对外发布的突发性事件，经学校党委同意，新闻发言人或副发言人（学校指定的相关负责人）在第一时间向社会媒体、校内师生公布突发事件的过程和学校采取的措施，保证重大新闻、重要信息的权威性、公开性与可信度，引导舆论的正确方向，树立依法治校、积极向上的现代大学的公众形象。

2. 提升辅导员网络舆论引导能力，及时发现和预判网络舆情的走向

高校辅导员工作是学生教育管理的第一线，也最容易发现和掌握学生思想和舆论动向，因此辅导员是引导网络舆论的有力力量，在高校突发事件网络舆论的引导过程有着得力的优势。辅导员不仅要具有责任感和使命感，还要有高度的政治敏锐性和深邃的洞察力，能够有目的地引导网络舆论的发展走向，从而使网络舆论引导工作行之有效。在日常的思想政治教育中，辅导员一定要积极开展理性爱国主义教育、网络道德教育和安全法制教育，通过主题活动、集中教育等方式加强对大学生的理性爱国教育和网络常规教育，提高学生信息的识辨能力，引导学生在网络舆论中不良倾向的转变。辅导员要密切留意学生在论坛、QQ群、微博、短信、邮件中关注的热点问题，掌握所带年级或班级的学生的思想情况，全面、及时地掌握学生网上动态，及时发现不稳定因素，准确分析信息，对于错误舆论和突发事件要在最短的时间内掌握事件的真实情况，及时发布出去，占据网络的制高点，及时做好教育引导工作。辅导员还要做好特殊学生的思想工作，对于家庭经济困难、心理疾病、学习困难和少数民族学生要做到思想关心、学习关心和生活关心，避免矛盾冲突引发突发事件。

3. 培养大学生"意见领袖"，发挥网络舆论中的正向引导作用

拉扎斯菲尔德"二级传播"理论认为，在传播过程中，常有少数人是消息和影响的重要来源，这部分人频繁接触媒体，比一般人更留心媒体信息，对有关事情有更多的了解，他们在一般网民中发表一些信息和表达看法，能影响普通人，这些人就是"意见领袖"。在突发事件背景下，网络上的相关信息不仅"量"大，而且"音"杂，很多言论是颠覆性而非建设性的，甚至包括大量的虚假信息和极端言论。当受众面对各类信息感觉无所适从时，他们对于权威声音的反映就更加强烈，需要诸如"意见领袖"的人物来为自己解惑。大学生是高校突发事件网络舆论的载体，因此需要培养大学生的"意见领袖"。大学生的"意见领袖"与大学生

有着天然的关系和联系,他们更了解学生的思想和情感,更容易与学生产生共鸣。可以选择具有较强政治立场、是非观念、理论素养和网络经验丰富的大学生骨干来担任"意见领袖",通过学生"意见领袖"发布事情的真相及最新的进展,对于错误的言论及时予以纠正,取得学生的信任,在网络中起到一呼百应的效果。大学生"意见领袖"对网络舆论的发展将会起到很大的推动作用,甚至在一定程度上决定了舆论走向。

4. 完善网络监管机制,做好突发事件网上舆论的监测和管控

网络信息海量多样、鱼龙混杂,学生对很多社会热点问题以及涉及学生利益的校园管理、学生奖惩乃至学生个体事件等,出于个人的好奇心和正义感,在还没有调查清楚之前就会随手发布到网上,并转发跟帖,被网络上别有用心之人利用,引发网络舆论酝酿发酵,对事实真相歪曲抹黑,使本来很容易解决的问题变得复杂棘手,对学生和学校造成很多不良社会影响。为了反映正确的舆论导向为目标,学校和政府应加大对网络的监管。尽管网络传播的交互性弱化了网站的"把关人"作用,但网站经营者还是拥有大量的监管权利。学校网站在建立自身的监管章程的同时,更要严格把关每个网络言论者对网站规定条款的执行程度,一旦发现有突破网站限制的言论,就可以对其言论进行处理,同时强化网站网络负责人在信息选择、引导舆论方面的作用。政府网络部门要加大对网络的监管,关注微信、微博等平台上各类信息的发布和传播,发现有不良舆论苗头的,在网络舆论未造成负面影响前进行及时、准确地处理,在不断规范的网络言论的监管中引导网络舆论,促成正确舆论的形成。

参 考 文 献

[1] 薛锟.大学生突发事件的网络舆论形成及引导研究 [D].陕西:陕西科技大学,2014.
[2] 樊艳丽.高校突发事件的网络舆论引导探析[J].山西高等学校社会科学报,2011(3):96.

税收专业转型背景下的学生就业指导研究

金　旸

税收学应用型本科专业建设的理论与实践探索

内容提要：当前税收学科专业教育不仅要完成本专业领域内的知识的学习、要适应税收专业转型背景下对于税收实务的实践要求，还要具备相邻领域的人文素养和社会学视角等，才能契合新时期社会主义教育改革的总体要求。高校在传统职业生涯规划理论课程的基础上，可增设"HR教你写简历""面试工作坊"等项目，可开展有关课程和项目，包括：思维、沟通、表达能力建设；文化修养；学习能力、团队协作训练；领导科学、社会心理学和性格分析等。注重学生软实力的培养，积极寻求校企联合的机会，带领学生进入实际工作场合。

关键词：税收专业转型　学生就业指导　人才培养　实践应用

就业是大学教育的最后一环，是学生身份转变、收获学习成果的时刻，也是社会检验学校专业知识传授、学生专业素养和品德的重要方式。随着我国产业结构的变化，为了顺应社会主义市场经济建设、紧跟时代步伐，向国家输送理论扎实、具有实践能力、能学以致用的复合型人才，税收专业在学科培养模式和授课内容等方面都进行了革新，模式上由偏重理论传授向注重实践经验改变，内容上由偏重税务管理向注重市场实务转变。传统的税收专业毕业生的就业方向主要有公务员、政府税务机关及其他经济管理部门，近年来由于社会生产结构的变化、专业知识体系的更新，学生的就业方向日趋多变，在企事业单位和机构的会计、财务、咨询等领域都有涉及，学生不仅可以选择与税收对口的工作，还可以选择经济学、管理学、社会学等相关专业的工作。

《国务院关于进一步做好普通高等学校毕业生就业工作的通知》指出："高校毕业生是国家宝贵的人才资源，是现代化建设的重要生力军，做好高校毕业生就业工作，是促进经济发展和社会和谐的重要举措。"然而，由于高校毕业生数量仍将持续增长，促进高校毕业生就业任务依然十分繁重。当代大学生的就业选择有其自身的特点，反映90后大学生人生观、价值观的整体风貌，研究他们的就业思维、价值取向是取得税收专业就业工作成功的关键。高校就业指导人员在新的背景下，开展税收专业毕业生的就业工作，需适应税收专业转型、社会转型和大学生群体转型的态势,满足不断更新的市场需求,实现"十三五"规划中对于高校就业工作的要求。

一、当前税收学科专业教育

1. 主干课程与知识技能

在 20 世纪 80 年代之前,税收问题一般都是在财政学中加以研究。改革开放以后,社会对税收问题越来越重视,税收理论研究也越来越深入,税收学也逐渐成为一门相对独立的学科。税收学的主干课程包括:税收理论、中国税制、外国税制、际税收、税收管理等。主要学习到的知识技能有:税收方面的基础理论和基本知识、税收领域的基本规律、分析和解决实务问题的能力。

以 X 校为例,该校税收学专业的核心课程有:微观经济学、宏观经济学、财政学、金融学、财务会计、税收学、中国税制、国际税收基础、纳税审查、税收筹划、税务代理实务、纳税评估。

2. 应用型专业转型

为了响应"十三五"规划关于部分高校的专业向应用型专业转型的要求,财税学科在传统主干课程和理论体系的基础上进行了更新,在课程设置上注重实践的内容,如税务代理实务、税务管理、财税信息化、税收筹划等实务课程,同时也注重相关学科的知识介绍和人文科学素养的培养,增加了宏观经济学、微观经济学、计量经济学、经济法、国际经济学等相关学科的内容。税收学专业注重实务,注重培养学生国际化的视野,由专业向应用转型。学生不仅在专业中有所专长,还需积极参加社团活动、知识竞赛、访学交流等。

3. 学科交叉的特点

税收本质上是一种资源配置活动,应被归属为经济学研究对象,学生应掌握西方经济学的原理。税收是经济活动的同时也是典型的法律活动,因此有必要从"法学＋经济学"的角度对税收问题进行探讨。税收是由政府征收的,因此涉及政治学命题。要全面把握这些关联关系就必须把税收学放在整个人文、社会、科学体系中进行探讨,包括伦理学、管理学、历史学、社会学等。

因此,税收学专业从本质上对开设此专业的高校的教学模式和质量提出了严格的要求。以上海财经大学为例,税务学本科专业旨在培养具有扎实财税理论、熟悉国内与国际税收制度的税收征收、管理、筹划及咨询等的高级专门人才。

主要专业课有：财政学、中国税制、公共预算、税务管理、外国税制、国际税收、税收筹划、税务会计、中国赋税史等。可以看出，该校税务学专业更注重学科交叉的培养。

二、当前学生就业指导教育

1. 就业指导课程流于形式

就业教育是以培养具有综合素质和实践应用能力的人才为目标，以培育学生的职业意识、职业能力与素质、创业精神和人生规划能力为主的教育，促进学生主动就业和积极创业，使其更加适合经济社会发展的需求。目前，高校普遍开设针对就业工作的课程，但由于师资、调研力度、缺乏教材等原因，一直无法有效地促进大学生就业率的提升。

很多学生反映很反感就业指导课程，认为是一种无效的、浪费时间的活动。还有一部分学生表示讲授的内容并不能切实帮助解决实际找工作过程中遇到的问题。不可否认的是，我国的创业、就业教育尚处于初级阶段，仍存在许多问题和弊端。

2. 应试远大于素质

就业教育的短板，并不是单纯从就业这一条块的工作内部可以解决的。追溯其根本原因，还是在于整个大学教育乃至中小学教育模式的僵化。

目前，大学教育仍以知识灌输为主导，尽管增设了实践教育的课程，但由于有理论课程的压力，学生仍然更注重考试、成绩、学分等，轻于培养综合素质。而在职业生涯中，除了必要的工作技能，胜任工作岗位不仅需要优秀的专业知识背景，还需要团队合作的能力、抗挫折的心理素质、人际交往能力等。目前高校普遍缺乏情绪辅导、社会角色训练、品格学习等相关的课程，这些都是学生离开校园后胜任各种角色所必须的知识储备。

3. 学校—社会衔接不够

税收学应用型专业转型，不仅对学生提出了适应性要求，也对学校和整个社会提出了新的要求。而目前仅有的改变仍然只是停留在课程的改变、课本的变化，由于缺乏学校—社会的衔接，学生无法在大学阶段很好地理解知识技能如何运用于实务，导致很多学生对于自己的就业兴趣一无所知。校内实践活动的选择范围较小，社会实践活动通常不能体现所学习的专业知识，给将来就业问题带

税收学应用型本科专业建设的理论与实践探索

来不小的麻烦。

三、就业指导课程探索

1. 职业生涯规划教育新思路

传统的职业生涯规划教育,大多流于形式,职业生涯课的教师没有受过专业培训和考核,授课模式趋于照本宣科,缺乏与实际相结合的探索。针对当前学生就业指导教育的弊端,结合学生工作的实际,笔者提出职业生涯规划教育的新思路。

(1)举办求职工作坊。在传统职业生涯规划理论课程的基础上,可增设"HR教你写简历""面试工作坊"等项目,邀请相关领域企事业单位人事部门资深工作人员来校向学生介绍简历撰写和成功面试的要点。学校可以邀请企业的人力资源部门工作者来校园举办讲座,向学生讲解企业对于大学生的实际需求,让学生明白应该从哪些方面提高自己的能力以适应社会需求。

(2)进行模拟面试。学校可推荐学生好的学习网站进行简历和面试的学习,这种方式不仅成本低、效率高,还容易产生群体效应,相比传统的职业规划课,学生更能适应网络课程,他们互相之间的影响比传统的课堂教育大。教师也可以在课堂上分组进行模拟面试,让学生互相评价模拟面试的表现。

(3)注重心理辅导。除了对求职环节的辅导,当代大学生对于工作以后角色转变、心理调适和危机处理等方面并不太熟悉,在以往职业课程的基础上,可增设心理健康教育、情绪管理工作坊、积极型思维模式训练等课程内容。大四学生在毕业之际面临比较关键的心理调适,关系到他们是否能顺利进入职场,也影响他们之后的工作状态。

2. 学生软实力培养

就业能力培养工作并非大四阶段才开始进行的工作。其实在新生进校就应注重学生软实力的培养。指导人员可开展有关课程和项目包括:

(1)思维、沟通、表达能力建设课程。学校可以引入国际知名院校的公开课程集中学习,还可以举办专门的课程和讲座,邀请社会各界人士和大学生进行分享,进行教师培训,开设口语和书面语表达能力建设课程的教师,通过朗诵比赛、演讲比赛等提高学生对于口语表达的热情,通过读书日、读书月、写作课程、作文比赛等活动提高学生的书面表达能力。

(2)文化修养课程。学生的综合素质离不开文化修养。目前有相当一部分学生,具有完备的专业能力,但个人修养和文化品位却比较欠缺,也不能适应竞争激烈的职场。因此有必要开设相关课程,学习中西方文化和礼仪,学习文学、绘画、音乐、电影等领域的基础知识,举办文化沙龙、新书推荐、电影论坛等活动,提升学生校园生活的文化修养和眼界。

(3) 学习能力、团队协作训练课程。团队建设活动锻炼了学生的体格,增强了学生之间的联系,减少了寝室矛盾、学生间关系问题的发生,对于性格内向、不善与人沟通的学生是一个很好的机会,对于有心理问题的学生也不失为一种积极的心理干预和治疗方式。

(4) 领导科学、社会心理学和性格分析等课程。高校可以针对学生在择业、就业和工作中面临的问题进行相关理论知识的传授,包括领导科学、社会心理学和性格分析等课程,也有助于学校就业部门掌握本校学生就业的基本情况,从而进行今后就业工作的规划。

税收学应用型本科专业建设的理论与实践探索

3. 校企联合

针对目前的税收专业设置中学校—社会衔接不足的情况,高校就业指导人员应积极寻求校企联合的机会,带领学生进入实际工作场合,一方面可以让他们了解不同行业、不同岗位具体的工作内容,及早地找到自己的就业兴趣。另一方面也可以培养他们的社会责任感。在选择合作企业的时候,应注意避免如下情况:

(1) 局限性。事实证明,大学生在就业时多数倾向于选择自己本专业对口的工作。"专业对口"虽然解决了专业方面的问题,并不能解决工作内容的问题,因为如今许多工作要求从业人员不单具有本专业的基础知识,同时还要了解相邻领域的知识,而表面上可能与本专业无关的工作,却有可能需要该专业所培养的基本素质。

(2) 粉饰性。在进行校企联合的时候,就业指导人员应与对方企业洽谈,尽力为学生展现真实的工作场合,避免为了展示效果做过多粉饰,否则会影响某些学生的就业,误导其择业。实践完后,校方、学生与企业代表可开展小型交谊活动,增进感情,也互相了解。通过学校和社会的双向交流,学校和企业可以更好地探讨未来人才培养和流动的方案。

参 考 文 献

[1] 左志刚,谢芳.税务信息化与税收专业教学改革[J].中国管理信息化,2007(4).

[2] 冯鑫烨.税收学专业学生实践应用能力的考察与分析[J].中国管理信息化,2015(3).

[3] 覃庆寅.适应社会需求的税收专业人才培养研究[J].经济与社会发展,2008(4).

财经类应用型高校学生干部人文素养缺失现状分析及对策研究

李海洋

内容提要： 财经类应用型高校是我国高等教育的重要组成部分。伴随着我国经济的快速发展以及社会对财经类人才需求的扩大，财经类应用型高校发展速度逐渐加快。但由于学科种类相对单一，该类高校中特殊群体——学生干部在人文素养方面存在诸多问题，如人文精神缺失、缺乏信仰、功利心偏重等。本文从学生层面和学校层面分析了导致这些问题背后的原因，并指出财经类院校的管理应该重视提升学生的人文素养，有必要采取措施改进目前思想政治教育不理想的现状，促进人文素养的真正提升。

关键词： 财经类应用型高校　学生干部　人文素养

人文素养是人文科学的研究能力、知识水平和人文科学体现出来的以人为对象、以人为中心的精神，即人的内在品质。"人文"为确定的"人文科学"（如政治学、经济学、历史、哲学、文学、法学等）；而"素养"是由"能力要素"和"精神要素"组合而成。财经类应用型高校教育走专业学院道路，强调实用和专业化学习，但是类似的单一学习模式和长期的应试性教育环境使学生缺乏很多基本的常识，导致学生综合素质不高，缺乏创新精神，近几年社会上关于探索文化素质教育的呼声也层出不穷。但是，财经类应用型院校的学科设置相对单一或者发展不均衡，人文科学的教育师资往往十分匮乏，导致学生很难接触到高质量的人文科学的熏陶。另外，由于长期习惯专业教育，这类高校的管理也通常带有明显的实用性的印记，学生很难在思想上认识到人文素养的重要性，尤其是对于学生干部这一特殊的学生群体而言，他们作为学校管理中重要的一个环节，人文素养的提升显得更加尤为重要。本文试图以财经类应用型院校中的学生干部为研究对象，分析当前此类高校学生干部人文素养的缺失现状，进一步强调财经类应用型院校开展人文素质教育的重要性，并提出对策，以更好地推动财经类应用型高校学生干部人文素养的提升。

一、培养财经类应用型高校学生干部人文素养的重要性

高校在管理方式上强调学生的自我教育、自我管理、自我服务的模式,使学生干部在广大学生中的作用更为突出,这就导致学生干部人文素养的高低对周围学生有着直接的影响。因此,注重高校学生干部的培养是加强学生教育管理的重要措施。这对引导大学生健康成长、促进高校健康、有序发展有着重要意义。目前,高校学生干部队伍中存在的素养问题,在一定程度上影响了学生干部的号召力与良好形象。例如,缺乏学习意识,不能正确处理专业学习和社会工作的关系;缺乏表率意识和脚踏实地干工作的精神,存在着一定的自满情绪;部分学生干部责任心不强、服务意识不够,存在官僚作风;缺乏机遇意识,不能够认真投入工作、锻炼自我;等等。

为了解财经类应用型高校学生干部人文素养情况,本文对 X 高校的 200 名学生进行了问卷调查,发放问卷 200 份,回收 188 份,有效卷 100%。笔者通过整理和分析发现,很多学生干部看重人文素养,但是大部分未能积极主动地去提高人文素养,把人文素养当成专业外可有可无的辅助品。

二、大学生干部人文素养缺失现状分析

1. 学生干部普遍功利心偏重

随着大学教育的普及,社会就业压力不断增大,为了应对未来激烈的竞争,学生干部在校工作和学习的同时,往往将更多的精力用于考各种证书,如英语等级考试、计算机等级考试以及各种职业证书等,财经类应用型院校的学生尤其更甚。学生在疲于应付各种考证和本身专业学习之后,真正培养自己兴趣爱好和阅读课外书籍的时间少之又少。在这种环境下,学生对于很多工作的态度也大都是有目的而来,而不是真正地从责任和兴趣出发。除了专业书籍外,他们对其他书籍特别是人文类书籍涉猎较少,甚至有 16% 的人几乎不看人文类课外书,而每个学期看 3 本以上文史哲、绘画、音乐等人文作品的学生比例不足 18%,在购买人文书籍学生,比例仅有 34%。

2. 学生干部专业外知识储备较少

绝大多数学生干部在学习之余,对专业以外知识的摄取不够重视,大部分人

读书时间减少,学习人文知识相对被动,对文化知识的主动学习缺乏兴趣。笔者调查发现,学生干部对人文方面的阅读很少,他们更热衷于娱乐类读物,这类读物不需要较高的文化功底与阅读能力,以及偏重言情、武打类人文含量相对较低的书籍,这些书籍中有一些内容会对学生产生不良影响,如沉溺小说情节不思学习、沉迷于虚拟世界等。

3. 学生干部普遍存在人文精神的缺失

人文精神以人为中心,是对人类和生命的关怀,人文素养包含的对人的重视和价值的肯定的具体表现之一就是爱和悲悯情怀。然而,调查发现,68％的学生觉得人与人之间的冷漠大于热情,加上学生中独生子女居多,我行我素、任性而为的现象较多,缺少为他人考虑的奉献精神。在"如何艺术性的开展工作"这一问题上,50％的学生表示不是很清楚,只有27％表示"了解,并能在生活中体现出来"。

人文精神的核心体现是爱,不仅是亲人之爱,还应包含儒家所说的大爱。高校学生人文精神缺失还表现在同学之间沟通不畅、人际交往出现障碍、容易与他人发生矛盾。在"与工作伙伴发生矛盾时怎么办"这一问题上,9％的学生表示"主动与对方交流,打开心结",25.7％表示"一定要等到对方找自己再道歉",54％"看矛盾情况而定",也有一些表示"看他(她)与自己的关系而定",还有2％表示"无所谓,对自己的生活没有影响"。

4. 学生干部理想信念和政治信仰存在缺失

信仰可以和理想一样,能成为人生的灯塔。笔者在调查中发现,关于"是否拥有坚定的政治信仰"这一问题,24％的学生表示有信仰,66％表示迷茫,5％不清楚信仰是何物,6％明确自己没有信仰。他们在面对"是否明确自己的入党动机"这一问题时拥有类似的状况。

三、财经类应用型高校学生干部缺乏人文素养原因分析

自身层面:功利心偏重是财经类院校大部分学生干部的通病。有调查显示财经类院校的学生知识结构不合理,表现为自然科学、人文社会科学知识基础薄弱,价值取向出现偏离,过分注重个人价值和经济利益,社会价值意识和社会责任感缺失。大多数学生上学为了拿文凭,考试为了拿证书,对于通识课程这样看似没有直接经济价值的课程往往都不重视。学生选修这类课程,并不是出于自身的需要,而是迫于学校规定,这种出发点本身就和通识教育着眼于非专业领

域、拓展学生视野的宗旨相违背。

学校层面：专业院校的专业发展不均衡。综合类高等学校肩负着为社会培养高素质、高质量人才的重大任务，但财经类应用型院校在办学理念上很难达到学习内容的平衡调配的同时又重视校园文化建设、社会实践活动的展开，因此也就一直没能形成完整的人文环境教育体系。在教学中重视专业知识、轻视人文素质教育的现象十分严重，很多学生在学习过程中对专项训练特别重视，而对非专业知识的需求比较低，对专业课之外的学习内容基本没有需求。

四、提高财经类应用型高校学生干部人文素养的途径

税收学应用型本科专业建设的理论与实践探索

1. 学校要重视传统文化教育，加强校园文化建设

中华民族有悠久的历史，在历史进程中创造了具有强大生命力的优秀传统文化，这些传统文化不仅体现了崇高的民族精神和民族气节，而且涵盖了哲学、社会科学、自然科学、文化艺术等诸多领域。它对人的整个人生发展、思维方式、思想观念及行为模式都有深层次的影响。组织学生干部参观革命纪念馆、文物馆等精神教育基地，通过教师和学生的共同参与，更直观地培养学生的民族认同感；举办文学艺术类学科讲座，鼓励学生参与研讨，潜移默化地进行人文科学教育和熏陶，多渠道地提高学生的人文素养。

在专业技能教育中融入人文素质教育内容。课堂的功能不仅是传递知识，还具有实现交往的功能、情感归属功能、个性发展功能和社会适应功能。在课堂教学中培养具有深厚专业基础，又有广博社会科学知识、较高人文素质的现代化人才是现今社会的迫切需要。开展课堂教学并不会使人文教育取得成功，更深层次的目标是使他们对真理的追求和价值的追求趋于统一。

2. 学校要提高教师的人文素养，创建高素质教师队伍

人文素质教育的关键在于教师，大学教师的人文素养是大学教师在师德、学识水平、人格魅力、教学艺术等诸多方面内容的综合反映。为人师表，教师要有高深的学科造诣和高尚的人文精神。教师在讲授过程中要注意用人文修养吸引学生，用良好的人格魅力教育学生，用良好的教育手段帮助学生。在授课过程中做到由此及彼、由里及外，用生动活泼的教学模式和有深有浅的教育形式引导学生加强学习。

3. 学生干部要注重提升思想政治素养

思想是一个人的灵魂精髓所在。积极、健康、向上的思想品德，也是一名优

秀学生干部必备的素质之一。具备优秀的思想政治素养的学生干部,必然会在学习、工作等各方面都有自己明确的价值观,更能够适应复杂的社会环境。因此,提高学生干部的思想政治素养是培养他们政治素养的第一项任务。高校学生干部要提高道德素质就必定先要做到谋事要实、做人要实。学生干部要加强对自身道德素质的修养,坚定理想信念,提升个人道德情操。学生干部在工作中要严格要求自身,在处理工作问题的过程中不滥用权力;在工作过程中不存私心杂念;在工作、生活和学习中杜绝低级趣味并抵制歪风邪气。除此之外,学生干部要树立正确的世界观、政绩观和权力观,要重视学习、善于学习,发扬评批和自我批评的优良作风,不断增强自身的自制能力,努力的做一名德才兼备的好干部。作为学生群体的一份子,学生干部对学生的成长有着极为重要影响,所以学生干部必须时刻站在学生们的立场,尽心尽力未他们办实事、办好事、解难事,真正把工作做到实处。

4. 学生干部要注重理论知识和文化素养同时提升

学生干部提高理论知识,就要掌握科学知识和文史知识。学生干部要不断学习,提高理论素质进而提高政治素养,辩证地看待各类事件,端正立场,尽量地学会运用自身已掌握的理论知识,做到"知行合一"。

学生干部提高文化素养,就要丰富理论知识并坚定科学观。学生干部要提高自身的科学文化素养:第一,掌握科学知识和文史知识。正所谓"书籍是人类进步的阶梯""以史为鉴,可知兴衰",这就要求学生干部"多读书,好读书,读好书"。用知识来武装自身,才能促进个人文化的提高。第二,崇尚科学,坚持辩证唯物主义。

5. 学生干部要注重提高心理素质

提高心理素质,有助于高校学生干部坚定理想信念和政治立场。心理承受能力不强,在开展学习工作中更难克服困难,容易迷失。因此,学生干部要站稳政治立场,遵守政治纪律,提高政治鉴别力,心理素质需要过硬。学生干部在提高自身心理素质时要正确评估自己,树立自信心,在日常工作和学习生活中,应多考虑,多锻炼心理承受能力,做到能吃苦、不怕困难。

五、小结

财经类应用型高校学生干部人文素养的培育是漫长的、持续的过程。在这一过程中,既要实事求是,又要创新思想。财经类应用型高校学生人文素养教育最终要落实到对生命的意义和人生价值的认定中,这才是人文素养最后的落脚点。

大学生暑期社会实践有效机制构建研究
——以税收学专业为例

陈　婷

税收学应用型本科专业建设的理论与实践探索

内容提要：开展大学生暑期社会实践活动有助于校外教育与校园教育互补，提高人文素养；与课堂教学互补，强化专业知识和技能；与教育模式互补，提升综合素质。本文以税收学专业为例，针对暑期社会实践活动内容和形式单一、专业结合度不紧密、学生参与率低、缺乏活动考评机制等问题，提出创新内容形式、针对性开展暑期实践活动、确立暑期实践活动学分制、制定社会实践规章制度等建议。

关键词：大学生　暑期社会实践　有效机制　税收学

一、引言

学院定位于培养高素质、有特色、拥有创新精神和实践能力的应用型税务人才，一方面要依靠课堂教学、学校教育培养学生扎实的理论功底；另一方面要借助社会实践活动让学生理论知识结合实践，培养动手能力和研究能力。《关于进一步加强和改进大学生思想政治教育的意见》明确提出："要积极探索社会实践与专业学习相结合、与择业就业相结合、与创新创业相结合的管理体制"和"社会实践是大学生思想政治教育的重要环节，对于促进大学生了解社会、了解国情、增长才干、奉献社会、锻炼毅力、培养品格，增强社会责任感具有不可替代的作用。"大学生暑期社会实践是实践教育、素质教育、社会教育的有效载体，也是高等教育育人目标实现的重要抓手。

二、开展大学生暑期社会实践的意义

大学生暑期社会实践是在学生课堂教学之外，按照党的教育方针和应用型大学的培养目标，在暑假期间走向社会、深入实际的一系列物质与精神活动。它要求学生将专业知识与社会需求紧密结合起来，利用学生专长服务社会，回报社会,不仅让大学生提升人文素养,强化专业知识和技能,而且培养大学生的实践能力、社会责任感等综合素质,对于促进应用型大学人才培养具有重要的作用。

1. 与校园教育互补,提高人文素养

目前,高校人文素质教育的教学活动主要是依托课堂、学校环境等硬设施以及校园文化、校训学风等软设施展开,教学模式发展已经较为成熟。但是,从效果来看,学校人文素质教育失真、枯燥等问题却长期没有得到合理解决。因此,高校应突破校园教学的制约,谋求更多的社会教育资源,成为进一步深入加强人文素质教育的必然要求。大学生暑期社会实践可以弥补校园人文素质教育的不足,拓宽了高校人文素质教育的教学渠道,既符合人文素质教育的内在要求,又切实提高了人文素质教育的教育水平。

2015年暑期学院组织学生赴西安、延安开展红色之旅纪念世界反法西斯暨抗战胜利70周年,通过问卷调查、参观访谈等形式开展红色资源对大众革命精神教育影响的调研活动。2016年暑期学院为纪念建党95周年暨红军长征胜利80周年,充分发掘长征精神的历史内涵和时代价值,赴贵州、遵义、赤水开展了"重走长征路,传承红色精神"的实践活动。通过重走红军长征路线、深入调研红色根据地等形式,学习宣传红色文化,弘扬和培养大学生"长征精神",传递爱国主义正能量,使红色文化和"长征精神"深入人心。2017年暑期学院组织学生至青岛、曲阜进行诚信文化调研活动,宣传诚信文化。由此可见,暑期社会实践活动可以有效地弥补校园教学人文知识教育的不足,是高校课堂教学形式的有益补充。

2. 与课堂教学互补,强化专业知识和技能

暑期社会实践让大学生走出校园,深入企业,服务社会,以更形象、更直观的方式认识所学专业,通过理论与实际的结合,使理论知识得到充实、巩固,有利于对后续课程的理解。

2017年暑期学院组织学生前往青岛税务局调研,与青岛税务局的专家和领导进行交流和学习,了解了办税大厅的运作模式,以及在信息化背景下税务局如何利用网络减少人民群众现场等候的时间提高办事效率。学生还参观了海尔集团,见识了很多海尔旗下的新领域如房屋一站式装修,对海尔集团的企业文化和工作经营模式有了更深更细致的了解。暑期社会实践为当代大学生走出教室、融入社会大课堂搭建平台,有助于提高大学生的专业素养,促进全面发展。

3. 与教育模式互补,提升综合素质

通过开展形式丰富多样的实践活动,如企业调研、座谈交流、知识宣传、问卷

调查、采访行业领域专家等,可以使教育模式多样化,从而增强教育效果。在开展各类形式的活动中,队员之间互帮互助、团结友爱,既锻炼了学生的沟通交流能力、组织协调能力、团结协作能力、思考总结能力、写作拍照能力、敢于担当能力和不怕吃苦精神,又彼此收获了深厚的友谊,通过"自我教育,自我管理,自我服务",提高发现问题、分析问题和解决问题的思维能力,让学生得到了较为全面的锻炼和考验,有效提升了综合素质。

2015 年暑期社会实践——延安和西安红色之旅,活动形式包含开展红色资源对大众革命精神教育影响的调查问卷、参加延安大学教授关于白求恩精神的讲座、采访南泥湾当地民众,以及革命遗址参观等。在短暂的时间里学生完成了多重任务,锻炼了各方面技能,提升了综合素质。

税收学应用型本科专业建设的理论与实践探索

三、税收学专业学生暑期社会实践的现状与不足

近 3 年学院开展的大学生暑期社会实践活动取得了一定的成果,如 2015 年"寻根革命圣地,传承红色精神——关于延安红色资源对大众革命精神教育的调研"荣获"2015 年上海市大学生暑期社会实践活动优秀项目奖",为以后暑期实践活动的开展积累了经验,但在社会实践内容、专业融合度、学生参与率、考评机制方面还存在一些问题。

1. 活动内容和形式单一,创新性不足

就近 3 年暑期社会实践活动情况来看,实践活动内容单一的问题较为突出。具体表现在:近 3 年暑期实践活动均是以参观革命老区感受传统文化、发放调查问卷、开展访谈为主,这些活动能够使学生感受到中国的传统文化,培养学生的爱国情感。然而,这些活动的意义与开展社会实践活动的目的不完全一致。暑期社会实践的真正目的是让学生将平时在课本中学到的专业知识应用到实践中,充分地发挥专业知识的优势。但是当前开展的一系列活动未能全面地落实暑期社会实践的目的,对学生创新能力和专业实践技能的提高作用不大,理论与实践联系在一起,才是提升大学生综合能力的最佳途径。

2. 与专业结合不够紧密,专业教师指导不足

大学生暑期社会实践地目的是要通过实践,将所学专业知识运用到社会中去,紧密联系社会,将书本知识和社会认知相结合,更好地了解社会、服务社会、提高自己。而现实的状况是,当前组织的暑期社会实践模式都是相近或单一的,如走访革命老区、重走长征路、参观博物馆、参观红色景点等。不可否认,这些活

动虽然能够激发在校大学生的爱国热情,增加学生对社会的了解和对历史的感悟,但与暑期社会实践的目的和要求有差距,不能让学生将所学专业知识充分运用和发挥,和实践联系不紧密。但存在专业教师指导不够的问题,在一定程度上影响社会实践效果。

3. 活动普及与学生参与率低

参加暑期实践的学生是经过多次选拔,最终入选的学生,其中绝大多数是学生党员和团委学生会干部。社会实践成为只有少数学生才能参加的活动,这达不到社会实践培养锻炼大多数学生的要求和目标,也在一定程度上打击了大部分学生参与实践的积极性和主动性。出现此问题的原因是多方面的,而缺乏活动经费是主要原因。如果学校组织大部分学生参加暑期实践活动,将难以提供足够的经费支持。在宣传方面,学校未能及时地进行宣传,都是由辅导员推荐优秀学生,一些在校生对此活动一无所知。同时,如果参与学生人数多,配备的老师相应增多,学院管理难度增大。

4. 学生主观能动性低,缺乏科学的考评机制

学院对于暑期社会实践活动的考评是要求学生撰写一篇图文并茂的心得体会,活动期间的任务是完成参观、调查问卷、采访,但对于调查问卷和采访的结果却不了了之,可见考评力度低,考核制度不完善。学院对于报告内容也没有具体要求,这就导致一些学生对此漫不经心、敷衍了事,只求完成任务,毫不关心自己是否真正有所收获。活动前期的任务如制定日程安排、联系对应实践基地、购买车票、预定住宿等,以及后续的活动整理、经费报销也都一并由带队老师完成,这就导致学生无法全程参与暑期社会实践的各个环节,无法独立开展暑期社会活动。对参与社会实践活动的人员现实表现、取得的成果没能进行科学的分析考评,没有建立学生社会实践成绩档案,对参与的指导教师未能给予相应的肯定。由于缺乏科学和规范化的考评机制,专业教师参与暑期社会实践的积极性不高,社会实践指导老师多为辅导员,他们在带领学生参与跟专业知识要求较高的实践活动时往往无法为学生提供专业的帮助。

四、构建税收学专业学生暑期社会实践活动有效机制的方法

基于以上税收学专业学生暑期社会实践的现状与不足,为进一步丰富实践内容、提高参与率、完善考评机制、增强专业实践效果,切实发挥暑期社会实践活

动育人的目的,应从以下几方面作出努力。

1. 创新内容形式,向优秀暑期实践团队学习

从"2017年全国大学生百强暑期实践团队名单"来看,可供学习的活动形式有志愿者服务、公益服务、支教服务、与专业相关的实践活动等,暑期实践活动可以向优秀暑期实践团队学习,从以上几方面进行尝试和拓展。除此之外,学校层面要做好顶层设计,在草拟暑期社会实践通知的过程中,可以结合学校特色和社会需求,针对性地设计一些"接地气"的暑期社会实践主题。在学院层面,可以尝试开展多项暑期社会实践活动,确保一个有特色、有影响、有活力的品牌活动,在此基础上再开展分支活动。在学生团队层面,重视对团队骨干成员的培训,鼓励他们多学习、多思考、多实践,开拓互联网思维方式,将社会实践活动与新媒体融合,线上、线下同时开展,扩大实践活动的影响力和覆盖面。

税收学应用型本科专业建设的理论与实践探索

2. 提高专业融合度,针对性地开展暑假社会实践活动

目前,大学生从事暑期社会实践大多以完成任务的心态进行,不注重自身专业能力的锻炼和运用。因此,可以从以下三个方面进行改进。第一,根据税收专业的特点,学校与税务相关的企事业单位共建一批长期、稳定的校外实践基地,提供更多的暑期社会实践机会。第二,以专业教师的科研项目或课题为依托,积极引导其参与到暑期社会实践活动中来,做到专业知识和社会实践相融合,提升学生专业技能。第三,鼓励大学生选择与专业相关的实践单位或实践地点,针对性地开展深化专业认识、提升专业能力的实践活动。

3. 暑假社会实践活动学分制,扩大学生受益面

《关于进一步加强和改进大学生社会实践的意见》指出:"要把社会实践纳入学校教学计划,规定学时学分"。给社会实践规定相应的学时和学分,一方面从教学计划上强制了学生必须参加社会实践活动,增加受益面;另一方面可以充分调动师生参与社会实践的积极性,让学生走出校园、深入基层。学校可以规定:参加社会实践或者暑期社会实践并完成相关活动任务的学生,可以凭借活动成果抵修学校2学分创新实践学分中的1分,该措施会激励学生更多地参与暑期社会实践。

4. 加强制度化建设,构建科学的考评体系

如何更好、更科学地开展大学生暑期社会实践活动,制定规章制度、构建科学评价体系是有效途径。学院层面应制定相应的社会实践管理办法,从实施、考

核、奖励、经费使用等方面对学院的社会实践的组织和管理做相关说明,对暑期社会实践的开展起到很好的指导作用。考核要注重实效,将参加暑期社会实践的过程与成果结合起来,不能仅凭一篇感想定高低,要通过学生的答辩、实践经验的交流会和成果的展示等多种形式来定夺,要定量与定性相结合,全面考察学生在开展暑期社会实践的过程中是否增长了知识和才干。只有这样才能让学生注重参加的过程,而不仅仅是走过场。所以教师要对学生提出更为具体的考核要求,要让考核比较科学具有可操作性,让学生以日记的形式来记录每天的活动内容,对于字数要提出限制,要结合每天的实践活动拍摄相应的照片,通过微信平台实时发布,督促学生全心投入暑期社会实践活动。

五、结论

大学生暑期社会实践是在校大学生增长知识才干的途径,是促进大学生综合素质发展的渠道,也是培养大学生创新实践能力的载体。要提高税收学专业大学生暑期社会实践的效能,就应直面问题,结合学院发展,不断丰富、创新暑期社会实践内容,使专业知识与社会实践相融合,把社会实践纳入教学计划,制定管理制度和构建考评体系,使学生获得全面发展,早日成长为国家所需的应用型税务人才。

参 考 文 献

[1]孙冰,韩玲.大学生暑期社会实践活动的人文素质教育功能初探[J].教育时空,2017(3).

大国公关形象与大学生民族自信培育
——应用型人才培养与课程育人思考

汪宜丹　曾琳智　李　响

218

税收学应用型本科专业建设的理论与实践探索

内容提要：本文从应用型人才培养与课程育人的角度，分析了大国形象与大学生民族自信培育之间的关系，梳理了西方对中国形象的认知过程以及新时代中国大国形象的构建过程，提出了从知、情、意三方面塑造大学生民族自信，构建公共关系学育人机制，阐述了课程育人的基本内容和方法途径。

关键词：大国形象　大学生　民族自信　课程育人

改革开放后，我国一方面越来越注重自己的大国形象，另一方面用西方的话语和标准衡量自我。因此，中国的大国形象与大学生民族自信培育迫切地摆在学校面前。随着"一带一路"和构建人类命运共同体的深入，这一研究愈发深刻而长远。

我国应用型人才培养是大国崛起的重要战略，而树立民族自信是激励大学生认识其历史使命的先决条件，鼓励当代大学生焕发创新、创造活力，成为面向未来面向世界的中国崛起的中坚力量，从而在未来更好地塑造新型大国形象。本文以应用型人才培养为契机，从公共关系学课程育人角度研究当代大学生民族自信培育和中国大国形象之间的关系。

一、中国大国形象的发展和流变

1. 长期以来西方对我国大国形象的认知

早期的马可波罗和西方传教士描绘了一个神奇和完美的中国，伏尔泰和莱布尼茨等对中国大唱赞歌。1936年，斯诺写了"红星照耀中国"，提出"红星说"。1972年，尼克松访华，中国的形象慢慢恢复常态。改革开放后中国迅速发展，中国又经历了形象变迁。

纵观古今中外，西方对中国的看法比较矛盾，比较模糊，他们大多从西方中心论出发，对中国存在着不解和误解，各种新提法层出不穷。

2. 新时代中国新型大国形象的构建

（1）1949 年,毛泽东同志在天安门城楼上宣布"中国人民站起来了"。毛泽东同志提出"三个世界"的划分,这一划分使中国在全世界树立了强硬、正直、自立的形象,但由于当时中国奉行独立自主外交政策,注重多做少说。

（2）改革开放后,邓小平同志认为我国应积极扩大对外开放,一心一意谋发展。1979 年,邓小平同志访美,当他头戴牛仔帽出现在休斯顿时,美国刮起了"邓旋风",中国的形象变得"开放、竞争、富裕。"

（3）习近平总书记上任以来,我国国力日升,他倡导"一带一路"和"人类命运共同体"思想,中国的五大发展理念,即创新、协调、绿色、开放、共享,成为全球化的新标杆。习近平总书记强调展示中国历史底蕴深厚、各民族多元一体、文化多样和谐的文明大国形象,政治清明、经济发展、文化繁荣、社会稳定、人民团结、山河秀美的东方大国形象,坚持和平发展、促进共同发展、维护国际公平正义、为人类作出贡献的负责任大国形象,对外更加开放、更加具有亲和力、充满希望、充满活力的社会主义大国形象。2011 年中国政府第一次以国家公关的名义,在纽约时代广场播放了一部长约 30 秒、由 59 个华人出演的中国国家形象片(人物篇),中国愈发自信、强大、文明、和谐。

二、中国大国形象与大学生民族自信塑造

1. 中国新型大国形象塑造的公关实践

从国家角度来说,因为"大国",所以才有了"公关"。抛掉官僚僵硬、缺乏互动的沟通方式,中国"大国公关"之路的转型其实早已开启。2003 年非典时期,我国对疫情信息的公开透明,成功对外展示了中国卫生医疗系统的成熟与开放。2008 年的北京奥运会和 2010 年的上海世博会,将中国的两座商业城市展现在世界面前。2009 年,商务部制作了"中国制造"的宣传片,主题为"中国制造,世界合作"。《中国进入新时代》《中国制造》《超级工程》《俯瞰中国》等的制作与宣传,每每引发轰动效应。

2010 年 6 月至 2010 年 11 月,上海交通大学发布了"美国人眼中的中国"大型实证调研结果。调查由上海交通大学与美国杜克大学、印第安那大学联合组织,最终收集 810 份有效问卷。调查结果显示,逾六成美国人眼中的中国已在世界政治中具有影响力、在世界经济中具有竞争力。以"情感温度计"来评估,中国在美得分为 47.97 度,好感度为中立。

2014 年,习近平总书记在中法建交 50 周年纪念大会上发表演讲,再次提及拿破仑的名言"中国是一头沉睡的狮子,当这头睡狮醒来时,世界都会为之发抖"。但习总书记说:"中国这头狮子已经醒了,但这是一只和平的、可亲的、文明的狮子。"习总书记的发言给中国大国形象塑造提供了很好的借鉴,既承继了西方长久以来的"睡狮说",同时又给中国这头雄狮赋予了新的涵义。

2. 大学生对国家形象认知和教育现状

我国当代大学生独立、开放、热情、创新,他们处于互联网时代,对国家的认知是多元的:好的和坏的、先进的和落后的、愚昧的和文明的等各种信息交织在一起,造成当代大学生在国家形象上的主要特点就是:多元和焦虑。尤其是在高校,大学生对国家形象的认知很大程度上受到教师的影响。

税收学应用型本科专业建设的理论与实践探索

2014 年 11 月 13 日,《辽宁日报》刊登了《老师,请不要这样讲中国》后,辽宁日报的记者奔赴各地,深入北京、上海、广州、武汉、沈阳 5 座城市的 20 多所高校,用了半个月的时间,听了近百堂专业课进行调查,大致得出"大学课堂上的中国"存在的问题。

这就使现实中中国的国家形象出现两极分化的格局:一方面是我国改革开放取得的辉煌成就;另一方面大学课堂正面引导学生认识中国存在的局限。所以将大国形象和大学生健康的民族自信培育相结合,进而激发大学生为大国崛起而奋斗的动力就成为当务之急。

3. 从"知、情、意"三个方面塑造大学生民族自信

一般认为,1956 年美国政治学者肯尼斯·布尔丁(Kenneth E. Boulding)在《形象:知识在生活与社会中的应用》一书中首次提出了国家形象的概念,[1]时至今日,国家形象研究已历经半个多世纪,研究成果颇丰。从学科归属看,政治、经济、法律、文化、历史、语言、传播等领域较为活跃。从研究视角看,"要素说""关系说""建构说""传播说""认知说"等占据主流。如李寿源认为国家形象是"第一性"的,大众传播媒介是国家形象的载体和建构渠道。[2] 而持认知观点的学者则将国家视为一种客观实在,形象是一种主观意识。

(1)认知。国家形象作为认知主体的心灵上的投射,其认知主体是人,传播对象也是人,可见人居于国家形象研究的核心位置。李普曼指出:"人们通过头脑去认知,主体的人慢慢地,在头脑中描绘出的一幅关于外部世界值得信赖的图

① KENNETH E B. The image. knowledge in life and society[M]. Ann Arbor, Mich: University of Michigan Press, 1956:120-121.

② 李寿源. 国际关系与中国外交——大众传播的独特风景线[M]. 北京:北京广播学院出版社, 1999:305.

景。"[1]大众对于中国的看法,一部分是由中国的客观现实决定的,另一部分是由个性中有意识的利益和潜意识的需求决定的。马克思认为:物质决定意识,而意识对物质具有反作用。作为意识的认知也被认为"是一个为进入大脑的信息赋予具体含义的过程",也就是说"客观现实"是"个人认知"或"个体头脑图景"构成的基础。感知国家形象的主体是人,而国家形象传播的落脚点也是人,因此作为主体和客体的人,在国家形象建构中居于中心位置。

作为个体的人并不是孤立的存在,个体的自我意识是在不断地与外界交往后产生的。而人类往往会把自己看做一切的中心,从而形成"焦点效应"。如库利的"镜中自我"理论关注了人与人之间所存在的互动关系,他认为个体的人只有在互动中能够形成自我认知,也正是"我想象在你眼里我是什么人,我就是什么人"[2]。我国大国形象来自中国的事实,也来自人们的认知。通过课程育人来帮助大学生正确认知中国形象,引导大学生分析、鉴别传统思想文化中哪些是与当代社会相适应、与现代文明相协调的,理清科学与愚昧、传统与现实、中国与世界文化的关系,理性认知新时代大国形象。

（2）情感。近年来,当更多大学生走出国门后,他们突然发现:很多同学不自觉地成为坚定的爱国主义者,但也有同学坠入了情感迷境。

培养大学生建立在正确认知基础上的理性爱国情感,对于非理性"爱国"言行,能够分析原因并克服其负面影响,支持大学生理性表达爱国情感,尤其是在新媒体上自觉维护国家安全和利益,展现大国文明形象,为实现国家富强、民族复兴和世界和平发展贡献热情和智慧。

（3）意志。心理学研究认为通过认知会产生情绪情感,然后通过锻炼、唤醒意志,充分释放出自身的能量,可以有助于意志的形成。国家意志,包含着公共意愿和公共追求,是人民对国家事务整体性的意愿表达,即人民意志的体现。提升大学生的意志力首先需要认同国家意志和人民意志,激发大学生为中华崛起而读书的意志,落实到坚定的行动意志。

三、公共关系学育人的机制

1. 营造育人的小环境

大国形象与民族自信培育作为育人目标,应塑造大国公民形象,引导大学生

① 沃尔特·李普曼. 公众舆论[M]. 阎克文,江红译. 上海:上海人民出版社,2006:187.
② E·M·罗杰斯. 传播学史:一种传记式的方法[M]. 殷晓蓉,译. 上海:上海译文出版社,2013:154.

自觉担负起对国家的责任,消解历史虚无主义和颓废。大学不仅是知识的积累、传播、创新的所在,更是中华文明传承的重要渠道。必须构建以社会主义核心价值观为中心的校园文化体系,为大学生精神的培育营造积极的育人环境。公共关系教师要支持校园文化艺术节、党团组织、学生会、学生社团、国际交流等平台,开展演讲比赛、摄影展、讲好中国故事等主题教育实践活动,使大学生在活动中培养中国自信和自强的情怀,将在校园文化中获得的精神财富转化成实际行动。

2. 突出育人的主渠道

课堂教学是培育大学生民族自信的主要阵地,学校应当继续发挥课堂教学作为培育大学生民族自信主渠道的功能,构建公共关系学课程育人模式。在公共关系学课堂上梳理中国大国形象的历史发展和流变,客观、准确地讲授中国现状,把积极、建设性的心态跟专业的知识一起传授给学生。要改变传统的以讲授为主的授课方式,增加更多讨论的环节,特别是结合时事,引导大学生主动思考,回答重大社会和全球问题,同时提出解决问题的有效办法;改变传统的以课堂为主的方式,增加更多的社会实践环节,促进理论与实践相结合,通过组织学生对社会的考察、调查、分析和思考,使学生既从公关理论的高度,又从社会发展的现实中认识中国;改变传统的以分数为主的考核方式,体现弹性考核机制,增加"我为中国形象公关策划"等考核内容。

3. 改革育人的教学方法

在公共关系学教学中,采用"问题探究""情境模拟""案例分析"等互动式、体验式教学方法和手段,将大国形象与公关的相关知识和内容,融入课堂教学中,运用问题探究法引导学生追寻中国形象要素和新媒体时代的中国形象传播特点;情景模拟法可以设置中外交流情景下中华礼仪的展示和文化交流;案例分析法将充分挖掘公关实践中塑造大国形象的优秀案例资源,切实提高课堂培育大学生民族自信的实效性,增强其认同感。创新公共关系学学科的观点和方法,使其能立足现实、面向未来,为提升大学生文化自信甚至中国文化现实和未来的发展迸发出更多有价值的思想资源。

4. 文化欣赏传承和典礼仪式是培育大学生民族自信的有效途径

中华文化经典传承是国家形象建设传播的重要内容和核心要义,在欣赏的过程中塑造大学生对民族文化认同,培养大学生成为面向未来、面向世界的优秀文化传播大使。庆祝典礼和各种组织仪式是社会组织开展公共关系活动的一种重要形式,应组织学生观看国家重大庆典活动,这些活动是体现中国国家意志并展示中华民族文化形象的活动,庄严、大气的仪式能够给予人强大的精神力量。高等学校也可以结合重大节日、纪念日和重要纪念场所定期举行庆典仪式和纪念仪式,增强学生的民族自豪感和爱国情怀,通过仪式发挥传承民族文化的作用,激发大学生的民族自信情怀。

学生只有对自己的民族有坚定的信心,才能鼓起奋发进取的勇气,焕发创新创造的活力。坚定民族自信,为强国自信提供更基本更深沉更持久的力量,是教师必须面对的时代课题。应用型本科教育应该在人才培养的精神建设方面起到积极的促进作用。

参 考 文 献

[1] 张昆,王创业.时空维度下的国家形象模型探析——基于认知互动的视角[J].新闻界,2017(5).

[2] 李希光,刘康.妖魔化中国的背后[M].北京:中国社会科学出版社,1996.

[3] 周宁.专题研讨:后殖民主义文化批判与中国形象研究——西方的中国形象史:问题与领域[J].东南学术,2005(1).

[4] 蒙象飞.中国国家形象建构中文化符号的运用与传播[D].上海外国语大学,2014(3).

[5] 黄成华.新媒体时代中国大国形象的建构[J].社科纵横,2017(7).

[6] 隗金成.当代中国民族自信研究[D].辽宁大学,2017(5).

高校财经类人才诚信道德培养的方法创新探讨

杨陆锋

内容提要： 目前，高校财经人才的诚信道德具有很强的必要性，这是历史发展和社会现实的必然要求。高校应通过方法创新不断提升诚信道德培养的能力。"诚信货架"是某校诚信教育创新的一个重要项目，开展一年后取得了良好的成绩。该项目还存在三方面的不足和限制：诚信率仍存上升空间，可以通过教育、技术手段和公众舆论监督等三种途径提升；项目实施范围的有限性制约道德培养的有效性，可以通过全社会的信用体系建设，联合推动中国整体诚信道德水平的提升；项目的人力成本过大，可以通过创新管理方式和经营方式，提升项目的管理效率。从长远考虑，诚信必将突破目前的客观必要性领域，成为社会个人的内在本性要求之一。

关键词： 高校财经人才　　诚信货架　　方法创新

一、高校财经类人才诚信道德培养的必要性

道德对于人而言是立身之本。人的本质是社会关系的总和，也就是说，人处于社会关系网中，而社会的存在建立于社会关系的有序构建中。秩序的构建得益于道德的建立，随着人类文明的发展，人与人的关系范围不断扩大、领域不断深化、阶级不平等导致阶级社会的产生且催生了国家的诞生。国家对于秩序的要求，使某些道德要求进一步形成法律。从道德的这段极简史可知，道德是社会的要求，道德是社会标准，人的道德要求来自社会，虽经内化形成一种人的自我品性，但从其来源和维系来说都是社会存在的要求。道德随社会的变迁存在历史演进，每一个时期具有不同的侧重点，同一种道德名称在各时期有不同的内涵和行为表现。不同的道德在不同的时期会有不同的位序与等次。

诚信作为一种道德德目在我国具有很长的历史，所有道德从原始社会就已经存在。"信"从现在的解读与诚信等同，孟子说，"诚者，天之道也，思诚者，人之道也"。可见，道德品性在孟子看来已经上升为本体论含义了。但是从儒家所表述的五种德行看："信"的位次置于最末，远在"仁"之后。在儒家的经典文献中

"仁""义"也确实高于其他德目。这种位次与如今对道德的安排可能有很大不同。特别对于诚信的道德要求,从其更广泛的应用讲,具有更重要的地位,远超传统文明对于它的要求。

为什么诚信在当今社会具有如此崇高的地位?①现代社会最明显的特征是商品社会,或者市场经济。市场经济的一个特征是人与人之间常常要进行平等地商品交换。商品交换对于道德的内在要求之一即是"诚信",所谓的公平买卖、童叟无欺即符合诚信之义。②商品交换,随着商品交换的演进所诞生的以货币交换为中介的商品间的扩大交换,它所反映的都是人与人之间的一种关系。当货币转化为资本,人与人的关系形式上和实质上转化为一部分人对另一部分人的支配和剥削,进一步是资本对人的支配。资本文明的巨大作用是能够最大程度地调动各类资源实现资本的自我增值,包括自然资源和社会资源,人与人的关系也被资本构建为一种重要的资源要素。信用和银行业的巨大发展即始于资本文明的扩展期。诚信、信用成为现代文明和商业社会的必然要求,通过立法规范,与其本身的道德要求一起建构完备的以"诚信"精神为内涵的制度体系,支撑了以信用为媒介的行业和行规,它们成为现代文明的重要内容。中国实行的基本经济制度是社会主义市场经济,作为现代经济,诚信不仅是基本的道德要求,更是产业和行业规范的建构标准。③作为财经类高校的学生,毕业后主要进入经济类部门,或为经济服务的部门,这些部门对于诚信道德具有很高的要求,是其部门规范标准和内在精神,所以对于财经类人才而言,诚信具有突出地位。

二、高校财经类人才诚信道德培养的方法创新——以"诚信货架"为例

1. 诚信道德培养的模式及方法创新的必要性

诚信道德的培养模式主要有:①灌输模式:通过理论说教,向学生灌输有关诚信的知识。这种知识传播的方式可能会让学生发生厌烦情绪,或者在日常行为中发生言行不一的举动。②规范模式:即通过行为规范方式要求学生在一些具体行为上养成遵守诚信的良好习惯,当诚信变为习惯,它就会逐渐内化为学生的道德禀性。当然这种模式可能产生诚信只在某个限定的领域范围内的某些限定行为发生效应,一旦学生跨入社会,当这些外在压力去除后,诚信的良好品德可能会被重新权衡,极有可能会丢失。③实践模式:通过道德实践,边实践边感受。道德的养成其实就是学生社会化的过程,学校教育只是社会化的一种方式,更多时候学生是通过生活,通过社会实践,通过与人的交往,通过思考形成道德

观念。

除此之外,诚信道德培养在元理论方面还存在着绝对主义、功利主义、德性论、个人主义等多种道德模式,元理论的不同会对道德培养方式的采用产生很大的影响。此外,在培养模式采用后,还存在的问题是:如何创造性地采用一种对施教对象而言,更容易接受的方式,或者更容易培养他们的道德感的方法。"诚信货架"项目是某校诚信教育方法创新的一个重要项目。

2. "诚信货架"项目介绍

税收学应用型本科专业建设的理论与实践探索

"诚信货架"始于 2017 年 5 月 9 日,至今已运营满一年。作为 A 校诚信创新教育项目的两个重要项目之一,"诚信货架"取得的成绩总体令人满意。诚信创新教育项目主要试图在教育的载体和平台上下功夫,超越过去的"满堂灌",构建学生能参与、乐参与的新形式,通过因事而化,实现诚信教育的实效性。

"诚信货架"可以说是对全校整个诚信教育体系的最有效的测试,通过这一项目可以折射 A 校诚信教育的大体情况。A 校诚信教育经过多年的摸索已经形成一套富有特色的诚信体系,这套体系包括诚信教育课程,课程使用本校开发的诚信教材,诚信分系统,学生发展银行,校园诚信文化的图标设计和布置(如诚信校训、诚信柱等)、诚信考试。此外,校史、诚信故事是新生教育的主题内容。通过日常宣传,文化感受和日常实践(包括诚信伞和诚信货架项目)等多种形式的开展,诚信教育形成一套有始有终,全覆盖、多方面、形式多样的体系。

作为"诚信货架"的主要承办者,学院授权学生会公关部负责开展实施,方案设计、环节构成、项目宣传、货物购买、货物清点、数据收集等都由学生自行构思设计。从整体货架运行来看,这些负责维护的学生参与性高、认真负责。在运营货架过程中,不仅锻炼了他们的管理能力和做事能力,而且对于出现的不诚信购物情况他们也不断反思,不仅关心如何最大程度地弥补损失,而且也思考诚信在日常生活中的作用和意义。

"诚信货架"是在公共环境下、无监视器的情况下完全凭学生自身的诚信品质完成货品交易的项目。其交易情况可以较为真切地反映全校学生诚信的总体概况。从一年的交易数据发现,如果把货物的折损率情况作为判断学生诚信度的判断依据,那么大致得出学生的诚信度在 86% 左右(详细情况见附表)。从这个数据可以看出,全校学生总体诚信情况指标良好,这说明学生本身对诚信的认识已达到较高的水平,虽然这很难衡量诚信教育体系在其中到底起到多大的作用,但不可忽视学校整体氛围和诚信文化对学生的影响。

该项目虽然在整体的人力成本上花费不少,需要 15 名左右的学生维持日常的进货、清点等工作,这对学生考验不小,但学生从这一项目中能真切地体验到诚信的价值,不仅是社会道德价值还有真实的经济社会价值。不过最重要的是,对学生来说,他们通过该项目对诚信进行日常的体验,逐渐形成良好的行为习惯,养成诚信品格。从现实考虑,学生从该项目得益不少,货架为同学们提供了便利,从这个角度讲,诚信是"诚信货架"的生存前提,而学生要想保持这种便利的长期存在只有始终坚持诚信。

3. "诚信货架"的不足

(1) 诚信率仍有上升空间,需要开拓路径予以提升。从三个学期的情况看,总体诚信率排徊在 86%,还有 14% 的上升空间,可以通过以下途径提升:第一,加强诚信教育,通过课堂教学、诚信文化宣传、诚信活动的开展,不断提升学生的诚信修养。第二,利用高科技提高对交易行为的监督。如利用摄像头等方式,通过监督比对,对于不诚信的学生,通过诚信分系统或者其他警示手段,给予违反诚信学生一定的惩罚,通过惩罚和警示教育规范学生的诚信行为。第三,通过舆论宣传,提供公众的监督能力。让所有同学都养成"诚信为美"的道德信念和行为习惯,对于不诚信的行为可以大胆地抵制。通过公众强有力的监督,形成校园良好的诚信氛围。

(2) "诚信货架"实施范围的有限性制约道德培养的有效性。"诚信货架"毕竟是在校园开展的一个诚信创新项目,这个项目有很多外在的限制条件。总体而言,高校大学生的整体素养较高,大部分学生都具有良好的道德品行,这是维持学校诚信率数据较高的最重要的先天优势。所以学校的诚信体系对大学生的诚信道德修养提升的作用,很难具体被估量。"诚信货架"只能大致测算目前在校大学生的诚信情况。此外,学生有时容易受外在因素影响,校园外不诚信者总体比例要高于校园内,我国应加强公民信用体系建设,通过设置与失信相关各种限制性因素,规范全社会的诚信行为。这样高校等学校教育的诚信建设才能和整个社会的诚信氛围产生良好的互动效应,共同推动我国诚信道德的提升。

(3) "诚信货架"经营的人力成本过大。"诚信货架"需要一定的人员细心、长期地维护,其经济效益明显不如其社会效益。但是该项目的出发点主要不是为获得经济效益取得的社会效益,特别是对学生的能力培养和道德教育上的效益更可观。负责运营的学生团队可以通过管理创新,理念创新,进一步优化"诚信货架"项目,从而有效地减少人力成本的投入,提升工作效率。

三、高校财经类人才诚信道德培养方法创新的意义与影响

目前，诚信具有很高的社会效益和经济效益，对于社会秩序的维护具有不可低估的功能性作用，所以诚信成为社会要求人内化的一种重要德目。如果按照道德的元理论来讲，人的道德要求是从功利主义出发的，特别是经济关系、法律制度等方面的规范要求，很多时候是遵循成本—收益要求作出的行为标准和法律规范。从道德的更高层面讲，道德是作为人的一种自由意志，是人的内在目的性，所以诚信道德具有更高的内在价值。

税收学应用型本科专业建设的理论与实践探索

上海市应用型本科院校学风建设思考

——基于学生管理的视角

孙黎黎

内容提要： 上海市应用型本科院校的学风特点包括：学生学习目标明确与缺乏学习动力的情况并存；重视专业课程学习，忽视人文社科类课程学习；重视考取各类资格证书，却相对放松校内的课堂学习和实践；学生在各类信息的获取上途径多、速度快、范围广，但缺乏对信息进行辨别优劣和深入分析的能力，缺乏将信息转化为知识的能力；注重社会实践和实习，放松校内学习等。这主要是因为社会整体环境、学校管理水平、教师和学生自身情况导致的。为加强学风建设，学生管理角度建议从强化班级整体学习氛围、开展职业生涯规划指导、增加人文类及专业知识类学生竞赛活动、减少娱乐性学生活动，开展多元化的评奖评优等方面入手。

关键词： 上海市　应用型本科院校　学风建设

应用型本科教育是一种新的教育现象和教育类型。直到 20 世纪末，我国才出现一批明确定位于应用型的本科高校。建设应用型本科院校是在当前高等教育大众化背景下为社会培养所需创新型、应用型、复合型人才的有效途径。不同于传统的学术型、研究型高校，应用型本科院校更注重学生的实践能力和专业技能。随着应用型本科院校招生数量的不断增加，生源质量出现下降，如何保持良好的学风状态，保证学生学习质量和学校的健康长远发展，保证为社会不断输送合格建设人才，是每一个应用型本科院校需要思考的问题。

一、上海市应用型本科院校的学风特点

学风是指学生在学习过程中表现出来的态度和学习风气，良好的学风、扎实的知识和能力是构成合格人才内在素质的重要组成部分，学风是影响校风优劣的决定因素之一。应用型本科院校很大一部分是由新升本院校、地方性院校组成，是一批正在成长发展中的新型院校，学术底蕴、学习氛围、生源质量和教学水平等方面与传统的学术型、研究型高校有一定的差距，在学生管理和教学管理等

方面也在不断积累经验。在探索自身发展途径的同时,应用型本科院校也呈现出蓬勃的生机与活力。

上海市应用型本科院校多为上海市属高校,虽然很多应用型本科院校为二本院校,但在外省市招生录取分数线普遍高于一本线,这在一定程度上保证了上海市应用型本科院校的生源质量。同时,上海市生源的减少,外地生源增加,也给上海市应用型本科院校的学风带来了新的特点。

1. 学习目标明确与缺乏学习动力的情况并存

近几年,上海市应用型本科院校招收外地生源学生的数量已逐渐超过学生总数的50%。很多外地学生以超过一本线的分数考入上海的二本院校,其本身在高中时就是各方面比较优秀的学生,对自己也有着明确的要求和目标。进入大学后,面对未来社会的激烈竞争,他们能够逐渐找到自己在学习或职业上的目标并为此付出努力。这部分学生的积极与自律对于形成良好的学风有着至关重要的作用。另外,也有学生由于大学以前就未形成良好的学习习惯,缺乏自我约束能力,进入大学后,失去了来自外界的约束,也失去了学习目标和学习动力,容易沉迷于游戏、网络聊天、网络小说等,成为班级的学习困难学生,是学风建设中的重点帮扶对象。

2. 学生重视专业课程学习,忽视人文社科类课程学习

应用型本科院校重视学生的实践能力和专业技能,同时也重视对学生人文素质和综合能力的培养。但由于社会竞争的日渐激烈,学生在学习上也呈现出功利性的特点,在学校的学习中,更重视能够在工作中直接使用的专业技能类课程的学习,在这类课程学习上出勤率更高、听课效率更好,课后所用复习、预习时间也更多。学生相对忽视提升思想道德素质和综合素质的思政类、人文类课程,由此出现这类课程逃课率居高不下、课堂学习氛围弱,学生看手机、聊天情况普遍的情况。功利性的学习态度,对于提升学生综合素质、提高其对社会问题的思考能力以及未来职业发展的后劲都是不利的。

3. 学生重视考取各类资格证书,相对放松在校内的课堂学习和实践

各类资格证书是学生专业水平的证明,是毕业求职的敲门砖之一。在大学期间,很多学生非常重视考取各类资格证书,以提升自己未来的求职竞争力。各类资格证书的培训和辅导通常是由校外培训机构组织,通常利用晚上、周末或假期的时间开展。在上海市,各类培训与辅导机构也非常多。很多学生从大一开

始就积极投身于各类证书的培训和辅导中,虽然在时间安排上会尽量避开学校课程安排,但难免会产生冲突,这时由于校外辅导费用较高且针对性强,学生很可能会放弃校内课堂学习来保证辅导班学习的连续性。从学习态度上来说,由于辅导班是学生的自主选择、收费高、进度快,学生通常会更重视和更认真。由此会出现学生积极主动报名、交费、参加各类辅导班学习,而需要老师督促、提醒以保证课堂学习的情况。考取资格证书对学生的求职和专业技能提升都有重要的作用,但校内课堂学习和实践对学生的全面发展更为重要,若因为参加辅导班而忽视和放松了校内的系统学习,对学生的发展来说是得不偿失的。

4. 学生各类信息的获取途径多,将信息转化为知识的能力较弱

如今学生可以从网络、电视、报刊等各种途径获得各类信息。现在的大学生使用手机就可以随时查阅和了解到需要的信息。很多学生的阅读面甚至比老师更广泛,信息获取也更及时。有时老师在讲课,学生使用手机随时可以搜索到知识点的相关信息。但受限于自身的阅历和对知识掌握和思考的深度,大学生对于各种信息的辨别能力不足,容易受到不良信息的误导。另外,手机、电脑上的阅读多为浅层次、碎片化阅读,对于深入理解和掌握知识,以及将信息转化为知识并没有太多帮助。长期的浅层次阅读也会降低学生深层次阅读的能力和深入思考的能力,减弱学生学习能力。

5. 注重社会实践和实习,放松校内学习

上海市应用型本科院校的学生非常重视社会实践和实习,从大一开始,就会有很多学生利用课余时间、周末和假期参加各类社会实践,或参与实习,既可以赚取部分生活费,又可以积累与人、与社会交往的经验,若参加的是与专业和未来求职相关的实习,更可以为以后找工作提供积累。但过于频繁的实习,会影响学风氛围,形成浮躁的心态,不利于学习任务的完成。特别是学生进入大四后,虽然学校安排的正式外出实习与求职时间是大四下学期,但从上学期开始,就会有很多学生以求职为目标,每天在实习的公司工作,这种情况严重影响了正常的课堂教学秩序,甚至影响了一些学生的正常毕业。

二、上海市应用型本科院校学风特点形成的原因

1. 生活节奏快,求职竞争压力大

当今社会,竞争非常激烈。尤其在上海,虽然在这里生活的人们有很多机

会,但也有竞争压力。上海的生活节奏非常快,办事效率高,受此影响,高校学生在学习方面的目的性和功利性更强,更关注对自己能够产生快速、短期效果的行为。

2. 学校管理水平有待提高,对良好学风的形成缺乏有效的影响力

应用型本科院校多为地方性高校或专升本院校,其中很多为新办本科院校,教育管理水平和教学体制改革滞后于学校的发展速度,表现在专业设置不合理,课程内容陈旧,实践与理论不能完全结合,教学质量保障和监控体制不健全等方面。在学生管理体制上,也存在管理思路与管理手段与学生特点和需求脱节、学生活动媚俗化、娱乐化过强等问题,对于良好学风的形成缺乏有效的影响力。

税收学应用型本科专业建设的理论与实践探索

3. 教风建设不到位影响学风建设的开展

应用型本科院校完善的教师评价机制尚未形成,"重科研轻教学"的思想普遍存在,教师科研压力大,教学工作不被重视,致使部分教师对教学工作处于应付状态,投入教学工作的精力不足,不仅自己不认真,对学生的旷课、迟到、作弊等不良现象也听之任之。而有的教师由于自身能力有限,上课时照本宣科,不注重因材施教,无法引导学生培养创新精神和实践能力。很多学生不重视课堂学习、旷课、迟到早退或上课玩手机等情况屡禁不止,与教师在课堂上的教学态度和教学水平不良有着直接的关系。教风不正对学风建设带来消极的影响。

4. 学生自身存在自主学习能力不足、眼高手低等问题

上海市应用型本科院校虽然因具有区位优势,生源质量得到一定的保障,但随着高校招生的扩张,生源质量仍难免有所下降。同时,现在的大学生绝大部分为独生子女,若父母忽视了对其自制力和良好学习习惯的培养,会导致其自主学习能力不足。一旦来到没有外界约束的大学中,会出现学习目标丧失、学习动力缺乏、沉迷于网络、旷课等现象。一直生活在顺境和表扬中的大学生,独自面对在学习、工作和生活上的挫折时,也容易出现心理失衡,导致消沉和自暴自弃。

三、加强应用型本科院校学风建设的路径

学风建设是一个系统工程,需要与学校的校园文化、管理思路、管理制度和教风建设等各方面结合起来。笔者作为一名学生管理工作者,从学生管理工作实践的角度,对加强上海市应用型本科院校学风建设、应对学风问题提出建议。

1. 强化班级整体学习氛围

加强学风建设,需要为学生创造一个整体学习氛围。每个班级都有学习态度端正、学习习惯良好的学生,也有忽视学习、自控能力极弱的学生,剩下的很大一部分则是易受周围环境影响的学生。若能发挥学习先进学生的影响作用,塑造积极、好学的班级氛围,则能够形成学风建设的良性循环。因此,要把握班级刚刚组建、班风尚未形成的良好契机,积极发挥高年级学生的作用,通过高年级同学担任班导,及时解答同学们在学习上的疑问,引导其指定大学学习计划;积极发挥班委作用,开展以促进学习为目的的各类班级活动,包括集体活动和"一对一"帮扶等;辅导员对学习困难学生单独谈话,帮助解决学习和生活中的困难,端正学习态度,必要时与家长沟通,共同查找问题;加强与任课老师的交流,共同解决课程学习上存在的问题等。

2. 开展学生职业生涯规划指导

除了上海市高校统一开展的职业生涯规划课,学生管理工作者要有意识地加强对学生的职业生涯规划指导,特别是对刚刚入学的大学生。刚刚进入大学校园的学生,对大学生活充满好奇,也充满迷茫,面对没有班主任监督、没有家长约束的自由生活,他们需要重新树立目标、激发学习动力,否则容易陷入以网络、玩乐打发时间,更加无力寻找目标的恶性循环。及时、深入开展职业生涯规划指导,帮助学生了解自己适合的工作类型、未来的职业可能,以及为了实现职业目标,在大学各个阶段可以一步一步完成的准备工作,有利于学生制订大学具体学习计划,度过充实而有意义的大学生活。

3. 增加人文类及专业知识类学生竞赛活动

娱乐性学生活动由于能够紧跟时尚潮流、轻松欢快,更受大学生的欢迎。但开展过多的娱乐性学生活动,对于引导学生形成良好学风、关注专业领域发展和提升人文素养都有不利的影响。近几年,随着媒体各类娱乐性节目的蓬勃发展,学生活动的娱乐性也越来越强,尺度越来越大,出现低俗化、媚俗化的倾向,且备受学生追捧。而高质量的人文类及专业知识类学生竞赛活动却开展不多,参与学生也不够积极。因此,在开展学生活动时,应合理控制娱乐性活动的比例,围绕社会主义核心价值观,保证娱乐性活动内容的积极向上。增加人文类和专业知识类学生活动的数量,丰富此类活动的形式,引入活泼、轻松的元素,加强此类活动对学生的吸引力,引导学生同时重视人文素质培养和专业技能培养。

4. 开展多元化的评奖评优,鼓励学生发挥自身特长

现代社会中对个人的评价体系更加多元化,良好的学风建设并不是鼓励所有学生"死读书""读死书"。为了适应社会对创新型、复合型人才的要求,学校应鼓励学生根据自己的实际情况,在保证大学学业的前提下,充分发挥所长。学校应制定多元化的评奖评优政策,除奖励专业领域的学习外,对能够挖掘学生潜力、拓展学生知识面、提升学生综合能力的项目设立奖项,如科研能力、思辨能力、创新创业能力等方面,对学生在专业学习以外的学习和进步予以肯定和鼓励,促进学生的全面发展。

税收学应用型本科专业建设的理论与实践探索

参 考 文 献

[1] 张蓉. 应用型本科院校学风建设长效机制构建策略研究[J]. 科教文汇,2014(2).

[2] 唐小玲,高路. 应用型本科院校学分问题及对策研究[J]. 经济研究导刊,2015(2).

[3] 孟波,白云. 地方普通高校大学生学风建设的思考与对策[J]. 国家教育行政学院学报,2016(5).

[4] 宋诚生,黄林. 地方新建本科院校学风建设的问题与对策[J]. 皖西学院学报,2016(4).